12지도자를 통해 배우는 영적 리더십

실패의 습관을 끊어라

실패의 습관을 끊어라

2004년 11월 20일 초판 발행
2005년 6월 20일 초판 2쇄

지은이 • 김상복
발행인 • 김수곤
진 행 • 기태훈
편 집 • 드림북
발행처 • 도서출판 선교횃불
등록일 • 1999년 9월 21일 / 제54호
등록주소 • 서울시 송파구 삼전동 103번지

전   화 : 02)2203-2739
팩   스 : 02)2203-2738
이 메 일 : ceo@ccm2u.com
홈페이지 : www.ccm2u.com

ISBN 89-5546-002-3 03230

정가 9,000 원

총판 : 선교횃불
전화 02)2203-2739   팩스 02)2203-2738

ⓒ김상복 2004
이 출판물은 저작권법의 보호를 받는 저작물이므로
무단전재와 무단복제를 금합니다.

12지도자를 통해 배우는 영적 리더십

실패의 습관을 끊어라

김상복 지음

신교횃불

| 차례 |

시작하는 글 · 6

서론 · 9

1부 시대는 리더를 원한다
새로운 리더가 필요한 시대 (사사기 1:1~36) · 22
하나님을 잊어버린 사람들 (사사기 2:1-2) · 33

2부 하나님이 찾으시는 영적 리더
하나님의 테스트 (사사기 3:1-31) · 48
여성의 리더십 드보라 (사사기 4:1-24) · 60
쿵짝이 맞아야 교회가 산다 (사사기 5:1-31) · 69
리더십은 소명에서 나온다 (사사기 6:1-40) · 79
영적 리더의 조건 (사사기 7:1-23) · 93
어떤 리더가 될 것인가 (사사기 7:24~8:32) · 102
하나님이 세우지 않은 리더 (사사기 9:1~27) · 116
영적 리더십을 가지라 (사사기 10:1~18) · 125

리더는 환경을 정복한다 (사사기 11:1~28) · 135
불만이 다스리지 못하게 하라 (사사기 11:29~12:15) · 146
영적 리더가 꼭 가져야 할 것들 (사사기 13:1~25) · 159
이런 사람과 결혼하라 (사사기 14:1~15:20) · 175
회개하는 영적 리더가 되라 (사사기 16:1~31) · 192

3부 시대를 이끄는 영적 리더가 되라

가정을 교회 목회의 중심으로 삼아라 (사사기 17:1~13) · 204
각 지역의 영적 통치자가 되라 (사사기 18:1~31) · 219
윗물이 탁하면 아랫물도 탁해진다 (사사기 19:1~30) · 228
영성을 업그레이드하라 (사사기 20:1~48) · 244
당신이 영적 리더다 (사사기 21:1~25) · 256

| 시작하는 글 |

　　여호수아를 읽으면 기운이 납니다. 그러나 사사기를 읽으면 속이 상합니다. 여호수아는 승리가 주제인 반면 사사기는 패배가 주제입니다. 그것도 반복되는 패배입니다. 사사기에서는 열한 번이나 잘못을 반복하는 이스라엘 백성들을 보면서 '이 사람들이 왜 이러지? 한심한 사람들이네!' 이런 생각을 하게 됩니다. 자신의 경험을 통해 죄가 고통을 가져온다는 것을 뻔히 알면서도 왜 속히 깨닫지 못하고 고통의 사이클을 반복하고 있는지 한심합니다. '이 사람들, 정말 못 쓰겠네! 미련한 바보들이야. 왜 반복적으로 하나님을 떠나 우상숭배를 해서 쓸데없이 고생을 거듭하는지 정말 이해가 안 되네.' 이런 생각들이 우리 뇌리에 지나갑니다. 정말 그렇습니다. 이스라엘 사람들은 잘못을 통해 배우지 못하고 그 잘못을 반복한 백성들입니다. 그 결과로 고생을 죽도록 했습니다. 범죄, 형벌, 간구, 구원, 평화라는 사이클이 반복되는 이야기가 사사기입니다. 그런데 한참 그들을 나무라다 보니 바로 그들의 모습이 우리 자신의 모습임을 깨닫고 할 말을 잃습니다. 우리 속에도 반복되는 불순종이 아직도 도사리고 있고 그로 인해 반복

되는 고난과 시련을 경험하고 그 고통을 견디지 못해 회개하며 하나님의 자비를 구합니다. 영적인 지도자들을 통해 우리를 깨우쳐 주시고 은혜를 베푸시며 우리를 회복시켜 주십니다. 그러나 얼마 동안 하나님의 평화가 계속되면, 또 얼마 동안 하나님의 은혜가 임하여 잘 나가면 그때는 우리가 잘나서 그런 줄 알고 다시 하나님의 길을 떠나 우리 멋대로 헤치고 다니며 교만해집니다. 사사기의 사이클이 또 시작됩니다. 인간은 너무도 어리석고 연약한 존재입니다.

완전한 순종과 헌신이 있어야 하는데 대강대강 살다 보니 우리 속에 죄와 죄의 습관을 다 소탕하지 않아 그 죄의 뿌리가 한때는 조용히 있다가 어느 새 솟아올라 우리를 강타하고 우리는 적의 노예가 되어 고생을 하고 있는 것입니다.

한 사람의 죄는 한 가족을 괴롭히고, 한 가족의 죄는 한 부족을 괴롭히고, 한 부족의 죄는 이스라엘 전 민족을 괴롭히고, 있는 이야기가 사사기입니다. 한 민족의 평화는 한 사람에게서 시작합니다. 그 시련의 사이클 속에서도 하나님은 리더를 보내주셔서 그들의 탄원을 들어 주시고 구원해 주십니다. 여호수아 한 사람이 '나와 내 집안은 여호와를 섬기리라'고 헌신할 때 한 민족이 승리에 승리를 경험하며 중부 전선에서 승리하고 남부 전선에서 승리하고 북부 전선에서 승리했습니다. 지도자 한 사람의 헌신과 결단이 그 공동체를 살립니다.

지도자 부족으로 위기를 당하고 있는 우리 가정과 교회와 사회에 하나님은 헌신된 리더를 부르십니다. 가족의 리더는 가장입니다. 하나님은 가장의 헌신을 요구하십니다. 교회 지도자들의 충성을 요구하십니다. 철저한 순종을 원하십니다. 왜 사사기의 사건들이 일어납니까? 이스라엘 백성들이 하나님의 말씀을 철저히 순종하지 않고 대강 순종했기 때문입니다. 남겨 놓은 적은 언젠가 다시 일어나 반드시 우리를 괴롭힙니다. 우리 삶 속에 남겨 놓은 죄와 죽이지 않은 악한 습관들이 우리를 계속 괴롭힙니다. 하나님께는 철저히 순종해야 합니다. 순종은 마음의 자세인데 예수를 믿을 바에야 마음을 완전히 주님께 드려야 합니다. 대강 순종하는 것은 위험합니다. 하나님은 헌신된 지도자를 사용하십니다. 그들을 통하여 우리를 도탄에서 구하십니다. 가정도 교회도 사회도 국가도 세계도, 그 곳이 어디든지 간에 어떤 공동체이든지 곳곳마다 헌신된 리더들이 필요합니다. 사사시대의 고난을 통해 우리 자신을 살펴보고 우리를 바쳐 우리가 속한 공동체를 살려 내는 데 모두 공헌하게 되기를 기도합니다.

2004년 11월
김상복 목사

서론

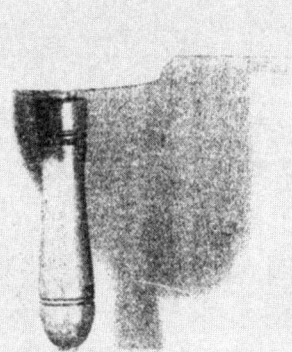
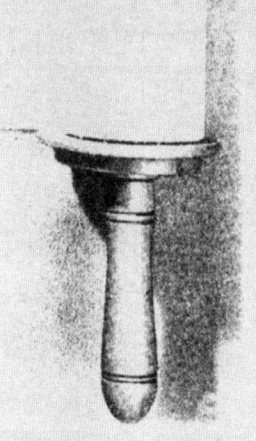

서론

사사기는 고난의 시기의 기록입니다.
여호수아의 승리와는 정반대로 사사기는
패배의 사이클을 경험하게 됩니다.
여호수아 서가 하나님의 백성으로서 어떻게
살아야 하는지를 말해 주었다면
사사기는 그 반대를 말해 주는
책이라고 볼 수 있습니다.

여호수아 시대의 이스라엘에게는 가나안 정복과 그 땅의 분배로 인한 감격과 승리가 있었습니다. 그리고 여호수아는 다음 세대에게 이스라엘의 하나님 한 분만을 섬기라고 당부하고 눈을 감았습니다. 그러나 그 후에 일어난 세대들은 하나님을 떠나 불순종하게 되었고, 그 결과 외국의 침략을 당하게 되고 수많은 고난을 겪게 됩니다.

사사기는 바로 이런 고난의 시기의 기록입니다. 여호수아의 승리와는 정반대로 패배의 사이클을 경험하게 되는 것입니다. 여호수아서가 하나님의 백성으로서 어떻게 살아야 할 것인가를 말해 주는 것이었다면 사사기는 어떻게 살면 안 되는가를 말해 주는 책이라고 볼 수 있습니다.

사사기의 저자와 저작 시기

사사기의 저자에 대한 전통적인 견해는 사무엘이거나 그의 제자들 중 하나로 보는 것입니다.

이에 대한 확정적인 내적 증거는 없지만 바빌로니아 탈무드(Baba Bathra 14절 하)에서는 사무엘이 사사기, 룻기, 사무엘 서의 저자라고 기록하고 있습니다. 그러므로 대부분의 내용은 사무엘이 쓰고 사무엘 사후에는 제자들이 이어서 썼을 가능성이 많습니다.

그런데 최근의 자유주의 신학자들은 신명기와 여호수아를 편집한 사람들이 J문서와 E문서를 배경으로 주전 550년 경에 쓴 것이라서, 사무엘과는 상관이 없다고 주장하고 있습니다. 전통적인 신학자들은 이런 것을 외적 증거라고 말합니다. 외적 증거는 성경 안에 근거를 두지 않고 성경 외의 자료에 의해서 학설을 세우는 것을 말합니다.

사사기 저작의 시기는 왕정이 시작된 사울 시대 후기와 다윗 시대 초기로(주전 1050~1000) 보는 데 다음과 같은 세 가지 내적 증거가 있습니다.

첫째, 사사기에는 여러 차례 반복되는 한 문장(17:6, 18:11, 19:1, 21:25)이 있는데 이것은 "그때에 이스라엘에 왕이 없었더라"라는 말입니다. 이는 사사기가 왕이 있었던 시기, 즉 왕정 시대 동안에 쓰여졌다는 것을 보여줍니다.

둘째, 여부스 사람들이 아직도 예루살렘에 살고 있었다는 것입니다 (1:21). 여부스 사람들은 다윗 시대에 이스라엘에서 쫓겨난 사람들입니다. 주전 990년 경에 다윗이 예루살렘을 정복하고 여부스 사람들을 다 내쫓았습니다. 따라서 아무리 늦어도 주전 990년 전이라야 합니다 (대하 11:4~9).

셋째, 가나안 사람들이 아직도 게셀을 점령하고 있었다(1:29)는 말이 나오는 것으로 보아 솔로몬 시대 전이라고 볼 수 있습니다. 게셀은 애굽 왕이 점령한 후 솔로몬이 자기 딸과 결혼하자 그에게 결혼선물로 준 땅입니다(왕상 9:16). 그런데 가나안 사람이 살고 있었다는 기록이 있으므로 아무리 늦어도 솔로몬 이전의 기록이라는 증거가 되는 것입니다. 이런 내적인 증거들을 보면 자유주의자들의 말이 맞지 않습니다. 이러한 내적인 증거들을 무시해 버리면 안 됩니다. 주전 550년이면 주전 990년보다 440년이나 뒤의 이야기가 되는데 이것은 여러 가지 증거들을 무시하는 것입니다.

사사기의 기록 목적

사사기는 이스라엘의 죄와 불의에 대한 하나님의 심판과 이를 회개할 때에 주시는 용서를 기록하여 하나님의 공의와 사랑을 나타내고 있습니다. 또 사사기는 신정시대의 이스라엘 백성들에게 의로운 왕이 필요하다는 것을 보여 주기 위해서 쓰여졌습니다. 왜 왕정시대를 필요로 하게 되었는지 배경 설명이 자세히 기록되어 있습니다.

여호수아 서와 사사기의 비교

여호수아 서와 사사기를 비교해 보면 정반대인 면이 많이 있습니다. 여호수아 서는 영적으로 오름세인 반면에 사사기는 내림세입니다. 여호수아 서에는 승리의 기록들이, 사사기는 패배의 기록들이 많이 나옵니다. 발전과 쇠퇴, 점령과 억압, 믿음과 불신, 자유와 노예, 성결과 오욕, 기쁨의 노래와 슬픔의 노래 등 여호수아 서와 사사기는 여러 가지 면에서 비교할 수 있습니다. 그래서 여호수아 서와 사사기를 읽으면 그 대조가 선명하게 드러납니다.

사사기의 구조

사사기는 세 부분으로 나눌 수 있습니다. 첫 번째 부분은 1, 2장인데 이는 사사기의 서론으로서 이스라엘의 실패와 그 원인이 나타나 있습니다. 두 번째 부분은 3~16장까지로서 사사들의 이야기인데 이는 타락과 압박과 구원으로 되어 있습니다. 세 번째 부분 17~21장은 부록으로서 역사적인 순서로 되어 있지 않습니다. 사사기의 주된 내용은 16장으로 일단락되어지고 17~21장은 다른 이야기들이 첨부되어 있습니다. 여기에 기록된 사건들은 주로 단 족과 베냐민 지파와의 사건들인데 이는 하나님의 말씀에 순종하지 않는 세대라면 어느 세대든지 필연적으로 당하게 될 몰락과 실패의 과정을 보여 주고 있습니다.

사사기의 주제

여호수아 서의 주제가 '믿음을 통한 승리'인 반면 사사기의 주제는 '타협으로 인한 패배'입니다. 하나님께서는 순종하는 자에게는 복을, 불순종하는 자에게는 형벌을 약속하셨습니다. 긍정적인 대책과 부정적인 대책, 즉 당근과 채찍을 동시에 사용하시는 것입니다. 어떤 사람은 축복의 말씀을 듣고 믿음의 동기가 유발되는가 하면, 또 어떤 사람은 저주의 말을 듣고 하나님을 두려워하게 되어 주님의 뜻대로 살겠다는 동기가 생기기도 합니다. 즉, 천국의 이야기를 듣고 감동을 받는 사람이 있는가 하면 지옥의 이야기를 듣고 겁이 나 회개하는 사람도 있다는 것입니다.

신앙에는 타협이 있을 수 없습니다. 타협을 하는 사람은 결국 실패합니다. 제가 사사기를 통해서 느낀 것 중 하나는 하나님께서 축복하실 때 겸손해야 하며 조심해야 한다는 것입니다. 축복 주실 때일수록 더욱 주님께 순종해야 합니다. 그러나 우리들은 일이 잘 될수록 해이해지고 게을러지고 교만해집니다. 그러면 그 다음은 내리막길입니다.

우리 각자의 영의 상태도 그렇습니다. 제가 제 자신을 살펴보아도 하나님께서 은혜를 주시고 모든 것을 순조롭게 도와주시면 저도 모르는 사이에 제 멋대로 가고 있습니다. 사사기에 나오는 일들이 고대 이스라엘에만 있었던 이야기가 아닙니다. 바로 지금 우리의 이야기입니다.

사사의 역할

사사기의 '사사'는 '구원자'라는 뜻을 가지고 있습니다. 영어 성경의 이름은 'Judges'로 심판관, 재판관이라는 의미인데, 이는 적합하지 않은 제목인 것 같습니다. 물론 사사들이 행정적인 문제나 법적인 문제가 생기면 그것을 해결하는 역할을 하기도 했지만, 이스라엘의 사사는 재판관의 역할과 더불어 군사적 정치적 지도자였습니다.

외적의 침략이 있을 때마다 하나님께서는 사사들을 세우셔서 적들을 막아 내는 임무를 주셨습니다. 여호수아 이후 사울 왕을 왕립하기 전까지 이스라엘을 이끌었던 사람들은 사사들이었습니다. 이들은 군사적 종교적 지도자였으며 정치적 책임도 함께 가지고 있었습니다.

사사기에 나타난 패배의 원인

사사기에는 패배의 근본적인 원인 세 가지가 나타납니다.

첫째, 불순종입니다. 하나님께서는 가나안을 완전히 정복하고 가나안 사람들을 다 쫓아내라고 하셨습니다. 그러나 이스라엘 백성들은 그렇게 하지 않았습니다. 베냐민 자손들은 예루살렘에 거주하는 여부스 사람들을 다 몰아내지 못했습니다(1:21). 므낫세는 가나안 거민을 다 쫓아내지 못했습니다(1:27). 또 에브라임은 게셀에 거한 가나안 거민을 쫓아내지 못했고(1:29), 아셀(1:31), 스불론(1:30), 납달리(1:33)는 그곳에 거하는 거민들을 몰아내지 못했습니다.

하나님께서 하라고 한 것은 아주 철저하게 행해야 합니다. 95% 정도 순종하고 '이만하면 되겠지'라고 생각하면 안 됩니다. 이상하게도 5%가 나머지 95%를 약화시키고 오염시켜 결국 타락시킬 가능성이 있습니다. 사탄의 힘은 이렇게 무섭고 잠식력이 강합니다. 5%를 소홀하게 여기면 100%를 모두 잃게 됩니다.

다른 부족들은 가나안의 족속들을 쫓아내지 않은 반면에 단 족속들은 오히려 아모리 사람들에게 쫓겨서 평야에서 살지도 못하고 산꼭대기로 올라가서 살아야 했습니다(1:34). 마지막에 가서는 거기서 살지도 못하고 북쪽으로 이민 가는 결과가 생깁니다. 하나님께서 '그들을 네 손에 붙였다' 고 하셨으니 죽기를 각오하고 싸워서 그 땅을 얻으려 했으면 얻을 수 있었을 것을 그렇게 하지 않은 것입니다. 우리는 철저히 순종해야 합니다. 신앙생활은 철저하게 해야 합니다.

둘째, 우상숭배입니다. 이스라엘 자손들은 하나님보다 우상을 숭배하고 하나님보다 더 중요하게 여기는 것들을 가지고 있었습니다(2:12). 하나님께서는 우상을 미워하라고까지 말씀하셨습니다. 다른 어떤 것도 미워하라는 말씀을 하지 않으시지만 악과 우상은 미워하고 하나님을 사랑하라고 명령하십니다. 우상은 내 부모나 아내나 형제나 자식일지라도 허락하지 않으십니다. 하나님 우선주의가 모든 면에서 이루어질 때라야 비로소 승리와 축복의 삶을 살 수 있는 것입니다.

셋째, 금지된 결혼입니다. 이스라엘의 자손들은 가나안의 자녀들과 금지된 결혼을 했습니다(3:5-6). 영적인 타협을 한 것입니다.

예수를 잘 믿는 어떤 여자분이 계셨는데 믿지 않는 남자와 한참 교제를 하고 있는 중에 저에게 상담을 요청했습니다. 상의를 하려고 했으면 사귀기 전에 와서 했어야 하는데 이미 정이 들 대로 든 상태에서 아주 근본적인 질문을 하는 것입니다.
저는 물론 그 교제는 안 되는 것이라고 반대했습니다. 그런데 그분은 제가 안 된다고 했어도 고민을 하면서 계속 교제했습니다. 그래서 저는 만일 두 사람이 계속 만날 생각이라면 나에게 와서 기도해 달라는 말은 하지 말라고 했습니다. 믿지 않는 사람과는 멍에를 같이 메지 않는 거라고 말했습니다(고후 6:14). 그랬더니 한동안 만나지 않다가 다시 전화를 해서 그 사람 아니면 못살겠다고 호소했습니다. 그래도 저는 강경하게 나갔습니다. 성경이 금하고 있는 것이니 마음을 돌리고 깊이 기도해서 평안을 얻어 보라고 했습니다. 만일 그 남자가 예수를 믿겠다고 하든지, 교회를 나오겠다고 약속한다면 모르겠는데 그렇지 않으면 그 만남을 지속해서는 안 된다고 강하게 만류했습니다.

그 후에 그 남자분이 교회에 나왔습니다. 저는 그에게 말하기를, 이 여자는 영과 혼과 육을 가진 사람이고 당신은 혼과 육만 가진 사람이니 두 개를 가진 사람이 세 개 가진 사람을 어떻게 이해할 수 있겠냐고 했습니다. 영이 없는 사람이 어떻게 영의 세계를 이해할 수 있겠습니까? 새와 물고기는 함께 살 수 없습니다. 하늘을 날던 새가 어떻게 물속에 들어가서 살 수 있겠습니까? 함께 살 수 있는 방법은 당신이 새가 되는 것이니 그렇게 할 생각이 없다면 여자를 포기하라고 했습니다. 결국 그 남자는 그날 저녁에 메시지를 듣고 나서 예수님을 믿기로 작정했습니다. 두 사람이 결혼을 할 수 있는 해결점을 찾은 것입니다.

하나님의 자녀인 이스라엘 사람과 우상을 섬기는 가나안 사람의 결혼은 안 됩니다. 하나님의 자녀는 믿지 않는 세상 사람과는 근본적으로 다르기 때문에 결혼을 한다고 해도 갈등이 많아 행복하게 살 수 없습니다. 그런데도 이스라엘 사람들은 가나안 사람들과 결혼을 했습니다. 철저하게 순종하지 않았을 경우의 결과는 너무도 뻔합니다. 죽도록 고생하고 망하는 것입니다.

사사기에 나타난 죄의 악순환

사사기에는 인간의 가장 본질적인 범죄 심리를 계속해서 보여 주고 있습니다.

첫째, 반항(Sin)의 단계입니다. 이스라엘 사람들이 여호와의 목전에 악을 행하여 우상들을 섬겼다고 기록되어 있습니다(2:11-13). 이러한 범죄는 사사기 3:7, 12; 4:1; 6:1에 계속해서 나타나고 있습니다.

둘째, 형벌(Servitude)의 단계입니다. 범죄하면 하나님께서 채찍으로 치십니다. 그러면 다른 나라의 종이 되어 고생합니다(2:14). 이러한 하나님의 진노는 3:8; 4:2; 6:1~2에 계속해서 나타납니다.

셋째, 회개(Supplication)의 단계입니다. 이러한 형벌을 받게 되면 더 이상 못살겠으니 살려 달라고 호소하고 부르짖습니다(3:9; 6:6). 이러한 부르짖음은 극심한 고통 중에서 간절히 기도함을 의미합니다.

넷째, 회복(Salvation)의 단계입니다. 이렇게 부르짖으면 다시 하나님께서 주의 사자를 보내시고 그들을 고통에서 구해 주십니다(2:16). 그 후에는 평화가 유지되는데 그것이 오래 가지 못하고 다시 타락합니다. 그리고 이러한 악순환이 반복되는 것입니다. 이것이 인간의 모습입니다. 그래서 인간은 순간순간, 성령님과 함께하지 않으면 안 됩니다. 그것이 신앙생활입니다.

하나님의 평화를 계속 누리기 위해서는 하나님께서 복 주시면 주실수록 겸손하게 엎드려서 주님의 은혜에 감사하는 생활을 해야 합니다. 하나님께서 복 주실 때 그것으로 인해 교만해지고 우쭐해지면 그 축복은 오래 가지 못하고 오히려 불행의 씨앗이 됩니다.

이런 이야기가 있습니다. 어떤 파리가 기차를 타고 부산에서 서울을 가려고 했습니다. 그래서 기차를 타고도 가만히 있지 않고 계속 날개를 움직이면서 힘을 썼습니다. 그러다가 힘이 들면 잠시 벽에 붙어서 쉬고 다시 날갯짓을 계속했습니다. 이렇게 해서 서울역에 도착한 파리는 기차에서 내리면서 말했습니다. "나는 참 위대한 파리다. 부산에서 서울까지 날아 왔으니."

이 얼마나 우스운 이야기입니까. 서울 가는 기차를 탔으면 그저 기차가 가는 대로 안심하고 맡기고 가만히 있으면 됐을 것을, 마치 자기 힘으로 서울 가는 것처럼 생각하고 그 고생을 했으니 어리석은 일 아닙니까?

믿는 사람들도 마찬가지입니다. 예수 그리스도를 믿는 사람들은 예수님께서 십자가에 달려 돌아가실 때에 이미 우리의 죄를 대신 다 지신 것을 믿어야 합니다. 그리고 자기 죄를 십자가에 못 박은 후 그리스도와 함께 부활했다는 사실을 믿어야 합니다. 그분과 나는 하나가 되었으므로 그리스도께 모든 것을 맡기고 그분이 인도하는 대로 따라가기만 하면 되는 것입니다.

실패한 신앙의 결과

신앙의 실패 사이클을 끝없이 달리던 이스라엘 백성들은 세 가지로 반응을 합니다(17~21장).

먼저, 배신사상이 생겼습니다. 그들은 아비 없는 자식처럼 하나님을 버리고 방탕하고 타락한 생활을 합니다. 17장 이후에 보면, 당시 이스라엘 민족의 종교는 매우 혼란했고, 정치적으로도 구심점을 잃고 있었음을 알 수 있습니다. 다음에는 우상을 숭배했습니다. 그들은 자신들을 구하신 하나님을 신뢰하지 않고 가나안의 우상들을 섬겼습니다. 또, 민족 내에 분쟁이 일어났습니다. 19장에서는 첩을 가진 레위인의 성적 도덕적 문란을 말하고 있습니다. 이런 죄악은 결국 20장에서 이스라엘과 베냐민 전쟁으로 막바지에 이르게 됩니다. 그 결과 베냐민 자손이 거의 전멸되었고 많은 이스라엘 자손들이 죽었습니다. 성경의 이야기 가운데서 사사기의 마지막에 나오는 이야기처럼 비참한 이야기가 없을 것입니다.

침략자들과 사사들

사사기 3~16장에는 외적들의 여섯 번에 걸친 침략과 이에 대한 여러 명의 사사들의 이야기가 보입니다. 첫 번째, 메소보다미아가 침략할 때는 사사 옷니엘(3:8~11)이 있었습니다. 두 번째, 모압이 쳐들어 왔을 때는 사사 에훗, 삼갈(3:12~31)이 있었습니다. 세 번째, 가나안이 침략했을 때는 사사 드보라(4:1~5:31)가 있었습니다. 네 번째, 미디안이 침략했을 때는 사사 기드온, 돌라, 야일(6:1~10:5)이 있었습니다. 다섯 번째, 암몬이 침략했을 때는 사사 입다, 입산, 엘론, 압돈(10:6~12:15)이 있었습니다. 여섯 번째, 블레셋이 침략했을 때는 사사 삼손(13:1~16:31)이 있었습니다. 이들 중에 드보라, 기드온, 입다, 삼손의 이야기가 가장 많이 기록되어 있는데 그들을 통해서 철저한 신앙을 가져야 하는 이유들을 알 수 있게 될 것입니다.

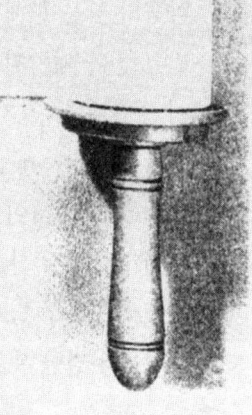

1부
시대는 리더를 원한다

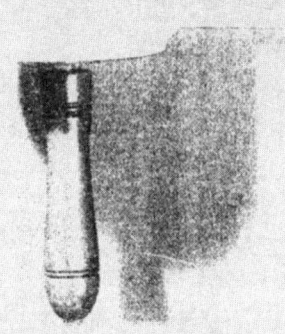

새로운 리더가 필요한 시대

사사기 1:1~36

위기는 하나님의 기적을 체험하는 기회입니다.
지도자는 위기를 기회로 만들어야 합니다.
하나님께서 모든 일에 앞장서도록
내어드리면 위기를 너끈히 넘길 수 있습니다.

❧

사사기 1장에서는 이스라엘 민족이 왜 실패하게 되었는지 설명하고 있습니다. 이스라엘 민족은 대부분의 적을 정복했습니다. 그리고 약속의 땅을 분배받았습니다. 그런데 하나님의 명령대로 그 땅의 거민들을 다 내쫓지는 않았습니다. 바로 여기에 이스라엘의 실패 요인이 있습니다. 철저하게 순종할 때 큰 복이 임하는 것입니다. 그러나 이들은 철저하게 순종하지 않았습니다.

적들은 그 사이에 다시 힘을 길러서 반격했고 단 족과 같은 경우는 적에게 쫓겨서 산으로 올라가는 지경에 이르렀습니다. 이것이 완전히 순종하지 못한 결과입니다. 적당히 말씀을 지키는 것으로는 하나님이 주시는 완전한 복을 받을 수 없습니다.

새로운 리더 나타나다

여호수아 서가 모세의 죽음으로 시작하듯 사사기도 여호수아의 죽음으로 시작합니다. 한 시대가 끝나고 새로운 한 시대가 출발하는 것입니다. 여호수아 시대에는 가나안을 정복하고 그 땅을 분배했습니다. 그러나 그곳에 정착하는 데는 350여 년이라는 긴 세월이 걸렸습니다. 사사기 1:1~3에는 여호수아의 죽음과 그에 대한 상황이 나옵니다. 한 사람의 리더가 떠나면서 한 시대가 가고 다른 시대가 출발하는 모습을 보여 주는 것입니다.

"여호수아가 죽은 후에 이스라엘 자손이 여호와께 묻자와 가로되 우리 중 누가 먼저 올라가서 가나안 사람과 싸우리이까 여호와께서 가라사대 유다가 올라갈지니라 보라 내가 이 땅을 그 손에 붙였노라 하시니라"(1~2절).

여호수아 사후에 이스라엘 백성들은 분배받은 영토를 점령하라는 여호수아의 명령에 따라 가나안 사람과 싸우기로 했습니다. 그래서 누가 이스라엘의 지도자가 될 것인지 하나님께 여쭈어 보았습니다. 여기서 '가나안 사람'이라고 하는 것은 가나안 지역의 모든 이방인을 대표하는 상징적인 용어입니다. 그 속에는 여러 이방 족속들이 포함되어 있습니다. 하나님께서는 여호수아 뒤를 잇는 지도자 족속으로 유다를 말씀하셨습니다. 유다는 그 당시 가장 큰 부족이었으며 40년 광야 생활 중에도 앞장섰던 족속이었습니다.

그러나 야곱의 아들인 유다는 자기 며느리를 속였다가 나중에는 그 며느리에게 속아 그와 동침하는 일을 저지른 사람입니다. 자기 며느리가 임신을 한 것을 알자 그 아이의 아버지가 자신인 줄도 모르고 그를 불태워 죽이겠다고 흥분하기도 했지만, 나중에 그 며느리의 이야기를 듣고 자신의 잘못을 깨달아 그 아이를 낳게 했습니다. 그 후로는 유다가 야곱을 대신하여 실질적인 지도자의 역할을 하게 되는 것을 볼 수 있습니다. 애굽에 베냐민을 데려가야 했을 때에 겁이 많은 야곱을 설득한 사람이 유다였습니다. 그리고 요셉이 의도적으로 베냐민을 포로로 잡으려고 했을 때에도 정연한 논리로 그를 설득한 사람이 유다였습니다. 유다에게는 용기, 논리, 설득력, 즉 리더십이 있었습니다.

야곱은 유다 지파에 대해 예언하면서 그에게서 왕이 나올 것이라고 했습니다. 후에 그들에게서 실로가 나왔고 왕족들이 나타나게 됩니다. 유다는 열두 형제 중 넷째였지만, 논리적이고 용기 있는 사람으로 지도자적 자질을 갖추고 있었습니다.

조상 한 사람이 이렇게 중요한 역할을 합니다. 손양원 목사님의 책을 보면 그것을 아주 절실하게 느끼게 됩니다. 손양원 목사님이 그렇게 훌륭한 분이 된 것은 그분 아버지의 영향이 컸습니다. 손 목사님의 아버지는 자신의 마을에서 처음으로 예수님을 믿은 분이었습니다. 그분은 아주 철저하게 예수님을 믿었습니다. 심지어 젊은 열정에 제상(祭床)을 뒤엎기도 했습니다. 그리고 돌아가실 때에도 유언으로 네 아내나 아들이나 어머니보다도 하나님을 더 사랑해야 한다는 말씀을 남기셨습니다. 그런 분이었기 때문에 일본에 유학을 갔다 온 아들이 목사가 되겠다고 했을 때 쌍수를 들어 환영한 것입니다. 지금도 공부를 많이 한 아들이 목회자가 되겠다고 하면 말리는 부모님들이 많은데, 그 시대에 유학까지 갔다 온 아들이 목회자가 되겠다는 것을 전적으로 찬성한다는 것은 보통의 믿음으로는 할 수 없는 일이었습니다. 그런 아버지를 모신 분이었기 때문에 손양원 목사님이 하나님의 종으로서, 인격자로서의 삶을 훌륭히 살 수 있었던 것입니다.

유다에게는 장점만 있었던 것이 아닙니다. 그는 이중적인 성격을 가진 사람이었습니다. 선과 악이 섞여서 어떤 때는 선하고 어떤 때는 악한 행동을 하기도 했습니다. 그러나 그가 하나님 앞에 회개하고 나서부터는 아주 훌륭한 지도자적 소양을 갖춘 사람이 되었습니다. 그리고 그 자질은 계속 이어져 그의 후손 중 다윗 왕과 예수 그리스도가 나오게 되었습니다. 그리고 이스라엘 전체를 유대 민족이라고 부르는 영광을 얻었습니다.

한 사람이 훌륭한 전통을 세워 놓으면 후대까지 그 영광이 이어집니다. 결국 이스라엘 민족도 아브라함 한 사람에게서 출발해서 그 믿음이 사천 년이 지나는 동안 이어져 오는 것 아닙니까? 그래서 저는 처음 예수님을 믿는 사람들에게 "당신이 바로 당신 집안의 아브라함입니다"라고 말합니다. 후손들의 역사는 당신에 의해서 이루어질 것이라는 이야기를 해 주는 것입니다.

여덟 아들이 있는 집에 맏이가 예수님을 믿기 시작했습니다. 그 부모님은 모두 불교신자였기 때문에 많은 핍박이 있었습니다. 그런데 그분은 굴하지 않고 셋째 여동생을 교회로 인도했습니다. 핍박은 더욱 심해졌고, 그 셋째가 병이 들게 되자 모든 가족은 예수 믿어서 집안에 재앙을 가져왔다고 말했습니다. 저는 그 이야기를 듣고 중보기도 위원들을 총동원해서 전심으로 기도했습니다. 그리고 그 여동생은 열

두 시간 걸리는 수술을 여덟 시간만에 성공적으로 마치게 되었습니다. 우리들은 하나님께 찬양을 돌리고 기뻐했고 그분은 자기 집안의 아브라함이 되기로 했습니다. 이 얼마나 큰 축복입니까.

"유다가 그 형제 시므온에게 이르되 나의 제비뽑아 얻은 땅에 함께 올라가서 가나안 사람들과 싸우자 그리하면 나도 너의 제비뽑아 얻은 땅에 함께 가리라 이에 시므온이 함께 가니라"(3절).

하나님께서 유다 족속에게 올라가라고 말씀하시자 유다는 그 형제 시므온과 함께 갈 것을 요청하고 시므온은 그 요청을 받아들여 함께 올라갔습니다. 시므온 지파에게 분배된 기업이 유다 지파의 남쪽 경계에 있기 때문에 유다와 함께 전쟁에 참여하는 것은 아주 자연스러운 일이었습니다.

이기게 하시는 하나님

"유다가 올라가매 여호와께서 가나안 사람과 브리스 사람을 그들의 손에 붙이신지라 그들이 베섹에서 일만 명을 죽이고 또 베섹에서 아도니 베섹을 만나서 그와 싸워 가나안 사람과 브리스 사람을 죽이니 아도니 베섹이 도망하는지라 그를 쫓아가서 잡아 그 수족의 엄지가락을 끊으매 아도니 베섹이 가로되 옛적에 칠십 왕이 그 수족의 엄지가락을 찍히고 내 상 아래서 먹을 것을 줍더니 하나님이 나의 행한 대로 내게 갚으심이로다 하니라 무리가 그를 끌고 예루살렘에 이르렀더니 그가 거기서 죽었더라"(4~7절).

여기서는 유다의 승리를 기록하고 있습니다. 예루살렘 근방에는 베섹이라는 도시가 있었는데 이 도시에서 만 명이나 되는 사람을 죽이는 아주 큰 승리를 거두었습니다. 그리고 그 도시의 왕인 아도니 베섹의 엄지발가락과 엄지손가락을 잘라 버렸습니다. '아도니 베섹' 이라는 말은 '베섹의 왕' 이라는 말입니다. 엄지발가락과 엄지손가락을 잘라 버리는 일은 아주 잔인하다는 생각도 들지만, 무기를 잡지 못하게 하고 도망도 가지 못하게 하기 위해서 그런 조치를 한 것입니다. 그런데 아도니 베섹 자신이 옛날에 칠십 왕의 손가락과 발가락을 그렇게 잘라낸 적이 있었습니다. 자신이 남에게 한 그대로 당한 것입니다.

"유다 자손이 예루살렘을 쳐서 취하여 칼날로 치고 성을 불살랐으며"(8절)라고 되어 있기는 하지만, "베냐민 자손은 예루살렘에 거한 여부스 사람을 쫓아내지 못하였으므로 여부스 사람이 베냐민 자손과 함께 오늘날까지 예루살렘에 거하더라"(21절)라는 구절 또한 기록되어 있습니다. 이는 그 땅에 거하는 사람들을 모두 내쫓지는 못했다는 것을 말해 줍니다. 일단 정복하기는 했지만 그 땅을 계속해서 장악하지는 못한 것입니다. 유다가 다른 땅을 정복하러 간 사이에 다시 여부스 사람들이 전열을 정비하고 그 땅으로 들어왔던 것입니다. 완전한 정복을 하지 못하고 대강 정복을 했기 때문에 이런 결과가 온 것입니다.

위기를 기회로 만든 리더

12~15절까지는 옷니엘의 이야기가 나옵니다. 그는 갈렙의 조카로

서 헤브론을 점령해서 갈렙의 딸 악사와 결혼 한 사람입니다. 여호수아 15:13~19에서도 이미 한 번 언급했었습니다. 그는 갈렙의 도전을 받아들여서 기럇 세벨을 쳐서 점령하고 갈렙의 딸과 결혼했습니다. 도시를 점령할 수 있는 기회는 공정하게 주어진 것이었습니다. 그러나 용기 있는 사람만이 그것을 차지하는 것입니다.

여기서 배울 수 있는 좋은 원리 가운데 하나는 '위기는 기회' 라는 것입니다. 많은 사람들은 위기가 오면 도망갈 구멍을 찾거나 실패하면 어떻게 하나 걱정부터 합니다. 그러나 리더는 위기를 절호의 찬스로 생각해야 합니다. 미국에서 증권을 하는 사람들이 쓴 글을 읽어 보면 증권가가 불황이고 값이 막 떨어질 때 투자를 잘 하는 사람이 나중에 큰 소득을 얻게 된다는 것을 알 수 있습니다. 증권이 폭락할 때 사 들였다가 오름세가 되면 파는 것입니다. 다른 사람들이 위기라고 생각하는 때를 어떻게 보내느냐에 따라서 큰 성공을 거두기도 하고 실패하게 되기도 합니다. 불황을 어떻게 타개할 것인가를 연구해서 움직이는 사람들이 지혜 있는 사람들입니다. 리더십은 나쁜 때나 좋은 때나 성공을 끄집어내는 것입니다.

리더는 위기를 기회로 만들어야 합니다. 지도력이 있는 사람에게는 손해되는 때가 없습니다. 다같이 잘 될 때는 함께 잘 되는 것이고, 다른 사람들이 잘 안될 때에도 그 시기를 타개해 나가는 방법을 찾아내기 때문입니다. 결국은 어느 때도 손해 될 것이 없는 것입니다.

성경에서도 위기는 하나님의 기적을 체험하는 기회로 나타납니다. 홍해를 건너는 것이 얼마나 큰 위기였습니까? 요단강을 건너는 것이 얼마나 큰 위기였습니까? 그러나 그 위기들은 이스라엘 백성들이 하나님을 체험하는 기회가 되었습니다. 모든 성경의 위기는 기회였습니다. 먹을 것이 하나도 없을 때에 만나를 주시고 메추라기를 주셨습니다. 마실 물을 얻을 수 없는 광야에서는 바위에서 물이 나왔습니다. 옷을 만들 수 있는 재료가 하나도 없었는데 그들이 처음 입은 옷이 헤어지지 않았습니다. 위기였기 때문에 하나님을 체험했습니다.

유능한 비즈니스맨들이 말하는 원리와 신앙인들이 말하는 원리를 비교해 보면 비슷한 점이 많습니다. 저와 미국에서 함께 신학공부를 했던 윌리엄 목사님은 십대의 문제소녀들을 선도해서 새 삶을 찾게 하는 일을 하십니다. 국가로부터 아무런 도움을 받지 않고 혼자 믿음의 힘으로 일을 하자니 어려울 수밖에 없었습니다. 그런데 그분과 전화 통화를 하면, 아무리 어려운 일이 생겼어도 문제가 생겼다는 말을 하지 않습니다. 그저 '복잡한 기회'가 왔다고 표현합니다. 그래서 그분과 통화를 하고 나면 신앙의 눈을 가지는 것이 얼마나 좋은 일인가를 절실하게 느끼게 됩니다. 지금 그분은 큰 농장을 경영하면서 그 사역을 아주 잘해 내고 있습니다. 그가 위기를 절호의 기회로 알고 일했기 때문에 생긴 결과입니다.

옷니엘과 결혼을 하게 된 악사는 아버지에게 밭뿐만 아니라 우물까지 구해서 두 개의 우물을 덤으로 갖게 되었습니다. 영어 성경에 보면 아버지에게 밭을 구하기 위해 나귀에서 내리는 악사의 모습을 표현하면서 'alight'라는 표현을 씁니다. 여자답게 사뿐히 나귀에서 내리는 모습을 표현한 것입니다. 아마 악사는 지혜롭고도 여성스러웠던 것 같습니다. 갈렙에게 우물을 구할 때도 공손하고 아름다운 말씨를 썼을 것이고 그래서 자신이 구한 것보다 아버지에게서 더 많은 것을 받게 되었습니다. 결국 자기 복은 자기가 만드는 것입니다.

악사는 아버지 갈렙에게 축복해 달라고 했습니다. 남편을 따라 먼 길을 떠나면서 아버지의 축복을 간절하게 구하는 딸에게 어떤 아버지가 축복을 주고 싶지 않겠습니까? 자식이 구하는 것보다 더 큰 것을 주고 싶은 것이 부모의 심정입니다. 악사는 적당한 때에 꼭 필요한 것을 구하는 지혜를 보여 주었습니다. 그래서 샘물 하나를 구했지만 그 이상을 얻었습니다. 악사와 옷니엘은 우리들에게 아주 훌륭한 축복의 원리를 보여 주고 있습니다.

하나님이 앞장서도록 하라

1장 17~20절 사이는 유다 지파의 불완전한 승리에 대해서 기록하고 있습니다. 지도자인 유다 지파는 시므온 지파와 함께 적들을 정복했는데 그것은 완벽한 정복이 아니었습니다. 헤브론 언덕 지역과 남쪽 지역과 서해안 지역을 전부 정복했지만 더 큰 계곡 지방은 가나안 사람의 철제 수레 때문에 점령을 할 수 없었습니다(1:19; 4:3; 수 17:16; 삼상 13:19). 그러나 더욱 큰 문제는 수레가 아니라 그 수레를 겁내는 마음이었습니다. 하나님께서 하라고 하신 것을 믿고 그대로 밀고 나갔으면 수레가 진창에 빠져서 움직이지 못하는 일이 일어났을지도 모릅니다. 승리가 하나님께 있는 것이지 내게 있는 것이 아니라는 것을 잊었기 때문에 정복하지 못한 것입니다.

신앙생활은 내 힘과 상관없이 하나님께서 모든 일에 앞장서도록 하는 것입니다. 교회에서도 무언가를 하자고 하면 계산부터 하는 사람이 있습니다. 그리고 그런 사람이 내리는 결론은 거의 부정적입니다. 교회의 역사를 보면 계산만으로 되는 경우는 거의 없습니다. 보리떡 다섯 개와 물고기 두 마리를 두고 축복기도를 하면 오천 명을 먹일 수 있는 것이 신앙의 힘입니다. 우리는 기도하고 가지고 있는 오병이어를 드리기만 하면 되는 것입니다. 신앙생활은 믿음으로 하는 것이지 계산이 아닙니다. 적에게 철병거가 있든 없든 하나님께서 가라고 했으면 가면 됩니다. 돌멩이로도 골리앗을 이기는데 무엇이 불가능하겠습니까.

베냐민도 똑같은 실수를 저지릅니다. 그들은 대부분의 지역을 장악했지만 예루살렘 지역을 장악하지는 못했습니다(21절). 예루살렘은 유다와 베냐민의 경계선 상에 있었습니다. 유다가 예루살렘을 부분적으로 점령한 후에 베냐민이 여부스 사람을 내쫓지 못했기에 그들은 다윗의 시대까지 그곳에 살았습니다.

므낫세와 에브라임도 마찬가지였습니다. 이들은 가나안 사람들을 전멸하지 않고 조공을 받으면서 같이 살았습니다. 그리고 그들을 종으로 삼아서 노동력을 얻어 냈습니다. 자신들의 유익을 얻을 수만 있다면 하나님의 명령은 중요하지 않았던 것입니다. 이들은 가나안 사람들을 철저히 정복하지 않은 불순종 때문에 정착에 실패했습니다.

나머지 다른 부족들도 므낫세와 같은 정책을 사용하여 적을 모두 무찌르지 않고 적들을 자신의 재산을 증가시키는 데 이용했습니다. 아셀 족은 가나안 사람들을 정복하기는커녕 아예 그 사람들 사이에 들어가서 살았습니다. 마치 롯이 소돔과 고모라 속에 들어가서 산 것과 같은 형태였습니다. 롯은 소돔과 고모라를 향하여 장막을 쳤습니다. 처음에는 그들 속으로 들어가지는 않고 그저 그쪽을 향하여 장막을 쳤습니다. 문을 그 쪽을 향하여 낸 것입니다. 그런데 후에 그들 사이에 들어가 섞이게 되었습니다. 아셀도 롯과 같이 행동을 한 것입니다.

단 족속은 아모리 사람들의 세력 때문에 산으로 쫓겨 올라가서 제한된 구역 안에서 살았습니다(34절). 산 밑으로 내려오지도 못하고 살게 된 것입니다. 결국은 그 곳에서 견뎌 내지 못하고 북쪽으로 쫓겨 가게 되었습니다.

이 모든 것은 왜 사사기와 같은 처참한 시대를 360년 동안 지내야 했는지를 말해 줍니다. 결국은 하나님께 철저하게 순종하지 않고 하나님께서 하라는 대로 하지 않았기 때문입니다. 이 사실이 우리에게 주는 교훈은 아주 큽니다. 우리들은 대강 예수 믿는 시대를 살고 있는지도 모릅니다. 아주 어려운 시기를 지나고 좀 편안해지면 적당하게 타협을 하고 살려고 하는 마음이 생기게 됩니다. 하나님께서 복 주실 때, 그때 조심해야 합니다.

하나님의 말씀을 그대로 순종하지 않고 대충 순종하려 하거나 심지어 자신들의 유익을 추구하는 방법의 하나로 적을 사용하는 불완전한 순종은 나중에 치명적인 결과를 가져오게 됩니다. 하나님께 철저하게 순종하는 것만이 사사기 시절이 없이 순조롭고 안정된 신앙생활을 하는 비결입니다.

하나님을 잊어버린 사람들

사사기 2:1~23

사사기 시대에는 하나님께서 책망을 하셔도 회개하지 않고
자신들이 하고 싶은 대로 했습니다.
인간의 연약함은 그리 큰 문제가 되지 않습니다.
문제는 자신의 연약함을 지적할 때
그것을 인정하고 돌이키느냐 그렇지 않느냐 하는 것입니다.

여호수아 시대와 여호수아 이후의 시대에는 현저하게 다른 영적인 차이가 납니다. 리더의 중요성이 보입니다. 여호수아 시대에는 하나님께서 이스라엘을 책망하시면 겸손하게 회개했습니다. 그런데 그 이후 시대에는 하나님께서 책망을 하셔도 회개하지 않고 자신들이 하고 싶은 대로 했습니다. 사사기 2장은 왜 이스라엘이 1장에서와 같은 실패를 경험하게 되었는가 하는 이유가 나옵니다.

인간의 연약함은 그리 큰 문제가 되지 않습니다. 문제는 자신의 연약함을 지적할 때에 그것을 인정하고 돌이키느냐 그렇지 않느냐 하는 것입니다. 심령이 가난한 사람이 복을 받는다는 것은 자신이 하나님

앞에서 복을 받을 수 있는 아무런 조건도 갖지 못한 자라는 것을 인정하는 것입니다. 그런 사람들은 하나님 앞에서 복을 받고 천국을 소유하게 됩니다. 그런데 자신이 부족하다는 것을 인정하지 않을 때는 하나님을 만나기 어려워집니다.

여호와의 사자의 책망

"여호와의 사자가 길갈에서부터 보김에 이르러 가로되 내가 너희로 애굽에서 나오게 하고 인도하여 너희 열조에게 맹세한 땅으로 이끌어 왔으며 또 내가 너희에게 이르기를 내가 너희에게 세운 언약을 영원히 어기지 아니하리니 너희는 이 땅 거민과 언약을 세우지 말며 그들의 단을 헐라 하였거늘 너희가 내 목소리를 청종치 아니하였도다 그리함은 어찜이뇨"(1~2절)

위의 구절을 보면 '내가' 라는 단어가 계속해서 강조되어 나오는 것을 알 수 있습니다.

여호와의 사자는 이스라엘을 책망하면서 계속해서 '내가' 라는 단어를 사용하고 있습니다. 하나님께서 하신 일을 '내' 가 했다고 하는 것을 보면, 말렉 엘로힘이라고 불리는 이 여호와의 사자는 신성을 가진 존재이기 때문에 하나님을 대신하고 있는 것을 볼 수 있습니다. 그에게 하나님의 권위가 부여되었으며, 예수님께서 이 땅에 오시기 전의 모습이라고 생각됩니다.

이스라엘이 하나님 앞에서 불순종하므로 하나님께서는 가나안 족속들을 그 땅에서 몰아내지 않겠다고 말씀하십니다. 하나님께서는 "그들은 너희 옆구리에 가시가 될 것이며 그들의 신들이 너희에게 올

무가 되리라"(3절)라고 하셨는데, 이것은 하나님께서 명령하신 일을 인간이 하지 않을 때에는 하나님께서 대신 그 일을 해 주지 않으시겠다는 말입니다. 쉽게 말해서, 두통이 날 때 하나님께서 아스피린을 만들어 놓으시고 두 알 먹으라고 하셨는데 그것을 먹지 않고 계속 머리를 싸감고 있다고 해서 하나님께서 대신 아파해 주시지는 않으시겠다는 말입니다.

하나님과 우리는 인격적인 관계로 맺어졌기 때문에 하나님께서는 인간이 하지 않으려고 하는 일을 억지로 시키지 않으십니다. 안 하면 할 때까지 권고하시고 때로는 책망하시나 인간이 스스로 순종하기를 원하십니다. 그냥 두고 보시는 것입니다. 이 말은 곧 하나님의 말씀에 순종하려고 노력할 때 복을 주신다는 것입니다. 자신은 아무런 행동도 하지 않으면서 하나님께서 기적적으로 무엇인가를 해주기 원한다면 아무것도 이루어지지 않습니다. 우리 속담에 하늘은 스스로 돕는 자를 돕는다는 말이 있지 않습니까? 그 말은 아주 정확한 법칙입니다.

자신이 가진 물고기와 떡조각을 하나님께 드리고 난 후 나머지는 하나님께서 하시도록 맡겨야 하나님께서 그것을 통해서 기적을 일으키십니다. 한 사람의 점심밖에 안 되는 떡과 물고기로 오천 명을 먹이는 기적이 하나님의 손에서 그냥 일어난 것이 아니었습니다.

우리가 얼마나 가졌는가 하는 것은 전혀 문제가 되지 않습니다. 우리는 그저 우리가 가진 것을 드리고 주님께서 손 들어 복 주시기를 구하면 됩니다.

미국의 유명한 오순절 교회에 디크슨이라는 목사님이 계십니다.

한번은 이분이 담배 많이 피우고 아무것이나 막 먹어 대는 사람은 병을 고쳐 달라는 기도를 하지 말라고 책망한 적이 있었습니다. 제멋대로 먹고 살면서 병이 들면 고쳐 달라고 하는 것은 소용이 없다는 것입니다.

하나님께서는 그런 사람들에게 기적을 보이지 않으십니다. 하나님의 기적이 아무런 유익이 될 수 없기 때문입니다. 응답 받을 수 없는 기도를 하는 사람들이 많아서 이런 이야기를 하신 것 같습니다. 건강에 해로운 것은 모두 끊으면서 하나님께 건강하게 해 달라고 기도해야지 나쁜 것은 여전히 다 하면서 건강하게 해 달라고 하는 것은 하나님께 부당한 요구를 하는 것입니다.

오늘도 제가 기도를 하면서 생각해 보니까 목회는 아무리 열심히 오래 해도 모자라는 것 같았습니다. 아무리 노력해도 능력이 부족함과 한계를 느낍니다. 그래도 하나님이 하라고 하신 것이기 때문에 내가 가진 능력을 최대한 바친 다음에 하나님께서 채워 주시기를 구하면 됩니다. 우리가 가진 것을 열심히 사용하고 최선의 노력을 다할 때에 하나님은 부족한 부분을 채워 주십니다.

하나님의 사자가 하는 말을 들은 이스라엘 백성들은 그 자리에서 목을 놓아 웁니다. 그리고 그 운 장소를 '보김'(우는 자들)이라 부르고 하나님께 제물을 바치며 예배를 드리려고 합니다. 이럴 때에 하나님께서 돌아보신다는 것을 알기 때문이었습니다. 그러나 이러한 그들의 통곡이 진정한 회개는 아니었습니다. 왜냐하면 그들은 불순종을 버리지 않았기 때문입니다.

하나님께서는 우리의 부족함과 연약함을 탓하지 않으십니다. 우리가 우리의 부족함을 느끼고 하나님 앞에선 회개할 때는 그것을 우리를 받으시고 우리를 돌보아 주십니다.

어린 시절 하나님을 생각할 때 두렵고 떨리는 마음만 있었는데 알고 보니 하나님이 그렇게 무서운 분만은 아니었습니다. 하나님은 너무 좋은 분입니다. 내가 버릇 없이 하나님의 수염을 당기지만 않으면 말입니다. 하나님은 노력하는 사람에게 은총을 주십니다. 설사 실수를 한다 해도 그 실수를 벌하지 않으십니다. 인간의 연약함을 누구보다 잘 알고 있는 분이기 때문입니다.

전에는 제가 가진 단점 때문에 고민을 많이 했습니다. 그래서 저 스스로를 얼마나 많이 미워했는지 모릅니다. 한번 그러고 나면 사는 것이 싫어지고 모든 것이 다 귀찮아집니다. 그러나 지금은 그렇지 않습니다. 저의 모자라는 부분을 깨닫게 되면 그 즉시 하나님께 기도하고 저를 보살펴 주시기를 구합니다. 저의 부족한 사정을 언제나 스스럼 없이 하나님과 대화할 수 있게 되는 것입니다. 그래서 제 마음에 평화와 즐거움이 있습니다.

미국에서 교사 생활을 하는 제 딸과 전화 통화를 한 적이 있었습니다. 그때 제 딸은 감기가 오려고 하는지 머리가 아프다고 했습니다. 그런데 20분 정도 저와 이야기를 하고 난 후에 머리가 씻은 듯이 나았다고 했습니다.

바로 이와 같은 것입니다. 자기에게 안 좋은 일이 생겨서 몸과 마음이 좋지 않다가도 아버지께 털어놓고 이야기하는 동안 씻은 듯이 해결이 되는 것입니다.

순종했던 시절이 있었지…

여호수아와 장로들이 살아 있는 동안에는 이스라엘 사람들도 하나님의 법을 잘 지켰습니다(7절). 하나님과 하나님의 기적을 체험한 세대들이기 때문에 하나님의 놀라운 역사를 잊지 않고 있었던 것입니다. 그 시대의 책임자들은 영적으로 자기 시대를 책임졌습니다. 그러나 하나님을 체험하지 못한 세대는 그렇지 못했습니다. 그 시대를 책임질 사람이 없었던 것입니다.

여호와의 종 모세는 일백십 세에 죽었습니다. 아주 화려한 경력을 가진 주님의 종이었지만 그도 자기 일을 다하자 결국 죽음을 맞이했습니다. 하나님만이 영원한 분입니다. 그분의 계획만이 계속되는 것입니다. 사람들은 누구든지 세상이라는 무대에 잠깐 나와서 자기 역할을 다하다 그 역할이 끝나면 무대를 내려가게 되어 있습니다. 한 세대가 가면 또 한 세대가 시작되는 것입니다.

저는 결혼을 하는 커플을 보면 '이제 또 한 세대가 시작되는구나' 하는 생각과 함께 '내 세대는 점점 지나가는구나' 하는 것을 느낍니다. 이것은 정한 이치입니다. 우리에게 주신 세대 동안에 행복하고 뜻 있는 삶을 사는 것이 중요합니다. 우리가 원하는 모든 것은 성령 한 분 안에 있습니다. 그렇기 때문에 우리가 일일이 하나님께 "이것을 주십시오, 저것을 주십시오"하고 구할 필요가 없습니다. 그저 성령께서 우리를 지배하시도록 하면 되는 것입니다. 제가 지난번에 『성령님 사랑해요』라는 책을 쓰면서 보니까 성령님께서 하시는 일이 너무나 많았습니다. 그런데 그것을 일일이 구하려면 얼마나 힘들겠습니까? 성령님께서 나를 주관하시면 무엇이든 필요할 때 그분에게서 다 나오게 되어 있습니다.

하나님께서는 우리가 행복해질 수 있는 원리를 가르쳐 주고 싶어하십니다. 또 우리가 행복하게 살기를 원하십니다. 우리가 불행해지는 이유는 행복의 길로 가지 않으려 하기 때문입니다. 어떤 길로 가야 하는지를 다 가르쳐 줘도 그 길로 가지 않습니다. 그리고 뒤늦게 후회를 합니다. 안타까운 일이 아닐 수 없습니다.

행복은 선택입니다. 자기 자신의 선택에 달린 것입니다. 자기 스스로 행복하겠다고 작정을 하면 아무도 자기를 불행하게 할 수 없습니다. 불행한 일을 당하게 된다 하더라도 그 순간에 행복해질 수 있는 길을 택하고 빠져나오기 때문에 불행해질 수 없습니다. 자기 자신 외에는 자기를 불행하게 만들 수 없는 것입니다.

하나님을 아프게 한 세대

여호수아의 행복한 시대가 가고 이제는 불순종하는 불행한 시대가 시작되었습니다. 이 새로운 세대는 여호와를 몰랐습니다(10절). 그들은 여호와께서 이스라엘을 위해서 과거에 하신 일을 몰랐으며(2:10) 그리하여 하나님께 떠나기 시작했습니다. 신앙의 유산은 한 세대 안에 사라질 수 있는 가능성이 있습니다.

한국 교회가 왕성한 것은 감사한 일이지만 이 유산이 세대를 넘어 계속되리라는 보장은 없습니다. 한국 교회는 영적으로나 신학적으로나 건강한 교회들이 대부분이고 왕성하게 사역을 하고 있습니다. 미국 교회들도 왕성하기는 하지만 교리적으로 문제가 있는 교회도 있고 해서 전체적으로는 한국 교회가 더 왕성하다고 할 수 있습니다. 그러나 이런 왕성함도 한 세대만 잘못하면 무너질 수 있습니다. 내 세대는 잘했다 하더라도 우리 자녀들이 이어받지 못하면 그것으로 끝나는 것입니다. 이것은 엄청난 이야기입니다. 그래서 내 세대뿐 아니라 내 자식의 세대까지 철저하게 신앙 훈련을 해야 합니다. 다음 세대까지도 책임을 져야 합니다.

모세는 시내산에 올라갈 때에 꼭 여호수아를 데리고 올라갔습니다. 어떤 때는 모세가 기도를 마치고 나온 장막에 여호수아 혼자 남아서 기도한 적도 있었습니다. 모세는 이렇게 자기의 후계자를 양성한 것입니다. 여호수아는 그런 경험을 했음에도 불구하고 자신의 뒤를 이을 사람을 만들지 못했습니다. 여호수아는 차세대의 지도자를 세워야 했음에도 불구하고 그 일을 소홀히 했습니다.

새 세대는 우상을 숭배했습니다(11, 13절). 하나님 앞에서 개의치 않고 악을 행하면서 바알과 다른 우상들을 더 중요하게 생각했습니다. 그것도 하나님께서 뻔히 보고 계시는 눈앞에서 그랬으니 얼마나 하나님의 가슴이 아팠겠습니까?

저는 평양에서 초등학교를 다녔는데 공산주의 치하에서는 주일에도 학교로 나오라고 했습니다. 그러나 저는 가지 않았기 때문에 월요일마다 맞았습니다. 그렇게 매 맞는 것이 반복되자 나중에는 맞는 것이 지겨워서 학교를 가고 싶은 생각이 들었습니다. 그래서 하루는 교회에 가는 척하고 어머니 몰래 학교를 향해서 갔습니다. 그런데 한참을 가다 보니까 누군가가 저를 한참 쳐다보는 것이었습니다. 바로 하나님의 눈이었습니다. 우리 어머니는 안 쳐다보셨지만 하나님께서는 모든 것을 보는 분이었습니다. 그래서 저는 다시 뒤로 돌아서 교회로 갔습니다.

저는 그때 하나님의 임재하심에 대해 너무나 큰 충격을 받았기 때문에 어느 때나 하나님께서 나를 보고 계시다는 사실을 잊지 않았습니다. 전에는 하나님이 보고 계시다는 것이 무서웠지만 지금은 아주 든든하게 생각됩니다. 하나님께서는 제가 조금만 다른 길로 가려고 해도 저를 다시 옳은 길로 인도하시리라는 것을 알기 때문입니다. 주님께서는 주의 이름을 위하여 나를 의의 길로 인도하시는 분입니다 (시 23:3).

하나님께서 우리를 의의 길로 인도하시는 것은 하나님의 이름과 그 영광을 위해서입니다. 우리는 아주 중요하고 큰 일을 결정해 놓고 나서 걱정을 하는 때가 있습니다. 그러나 하나님께서 자신의 이름을 위하여 옳은 길로 인도하실 것이라는 사실을 믿고 마음에 안정과 평안을 얻기 바랍니다. 의의 길은 바르고 옳은 길입니다. 하나님께서는 우리를 의의 길로 인도해 주십니다. 이 사실을 알면 설사 처음에 결정을 잘못했더라도 하나님께서 바르게 만들어 주실 것까지 믿게 됩니다.

하나님보다 중요한 것은 세상에 없습니다. 무엇이 하나님보다 더 중요하겠습니까. 돈과 건강 그 어떤 것보다도 그것을 주관하시는 하나님이 더 중요한 것입니다. 그래서 우리는 하나님의 복을 찾기보다는 하나님을 찾아야 합니다(시 37편). 작은 복을 여러 개 주문하는 것보다 하나님 한 분을 찾으면 모든 것이 해결됩니다. 하나님을 구하면 그분께서 다 알아서 우리에게 필요한 은총을 주십니다. 그래서 하나님보다 중요한 것은 아무것도 없습니다.

새 세대는 여호와를 버렸습니다(12절). 자기들을 인도하신 하나님을 떠나서 세상 사람들이 섬기는 우상을 숭배했습니다. 이 사람들은 금을 찾고 동을 찾고 목석을 찾아 절했습니다. 하나님을 찾으면 필요한 모든 것들을 채워 주시는데 사람들이 그것을 몰랐습니다. 하나님께서는 그들을 보고 분노하셨습니다. 자기들을 인도한 참되신 하나님을 버리고 거짓된 신을 섬기는 것을 보았으므로 하나님께서 분노하실 수밖에 없었습니다.

하나님의 분노는 의로운 분노였습니다. 그것은 이스라엘이 하나님의 축복 속에서 살아야 하는데 그렇지 않았기 때문에 그들의 행복을 위해서 어쩔 수 없이 발하는 분노였습니다. 하나님은 자녀들이 불순종으로 인하여 사망의 길로 가는 것을 눈 뜨고 볼 수 없습니다. 이 분노는 잘 되기를 바라서 일으키는 사랑의 다른 면입니다. 결국, 하나님은 이스라엘을 적의 손에 넘겨 주었습니다. 하나님이 포기하시니까 이스라엘은 적 앞에서 꼼짝도 할 수 없었습니다. 하나님이 복의 근원이었는데 그 근원이 빠져나가니까 힘을 제대로 쓸 수 없는 것입니다. 하나님께서 돌아서시면 재앙입니다.

"그들이 어디를 가든지 여호와의 손이 그들에게 재앙을 내리시매 곧 여호와께서 말씀하신 것과 같고 여호와께서 그들에게 맹세하신 것과 같아서 그들의 괴로움이 심하였더라"(15절)

여호와를 사랑하며 순종하는 자들에게는 수천 대까지 은혜와 복을 베푸시지만 자기를 떠나고 불순종하는 자들에게는 재앙을 내리십니다. 하나님이 나와 함께 하실 때에는 어떤 적도 손 댈 수 없지만 하나님이 떠나시면 아무리 강한 힘을 가지고 있어도 적을 이길 수 없습니다. 이 일로 인해 이스라엘은 큰 고통을 당하게 되었습니다. 그것은 당연한 결과입니다.

우리 시대 우리의 사사기

2장 16~19절까지는 사사들의 사역입니다. 하나님은 사사들을 세워서 이스라엘을 적의 손에서 구출하셨습니다. 그러나 이스라엘은 사사들의 말을 듣지 않고 조상의 신앙을 거부하고 다시 우상을 섬겼습니다. 그들은 하나님의 계명을 거역했습니다. 사사들이 활동을 하던 시대에는 사사들의 말을 듣고 죄의 길에서 돌이켰던 사람들도 일단 사사들이 죽고 그 세대가 지나가면 즉시 우상을 숭배하는 길로 들어섰습니다.

제가 젊은 시절 사사기를 공부할 때에는 이스라엘 사람들을 이해할 수 없었습니다. 그런데 그들은 비판하면서도 계속 공부를 해 보았더니 그들의 모습이 바로 제 모습이었습니다. 제 삶에도 오르락내리락하는 사이클이 있었습니다. 하나님께서 은혜를 주신다 싶으면 금방 교만해지고 하나님으로부터 조금 떠나 있습니다. 그리고 그것을 하나님께서 일깨워 주셔야 비로소 발견합니다. 사사기는 그 시대의 일이 아니라 우리 시대 우리의 이야기인 것입니다.

하나님께서 복 주실 때에 조심해야 합니다. 사다리 꼭대기에 올라가 있으면 겸손히 엎드려서 하나님께 감사와 영광을 돌려야 더 큰 은혜를 주십니다. 하나님께서 은혜 주실 때에 겸손해야 합니다. 인간은 하나님께서 은총을 주시면 교만해지기 쉽습니다. 자기도 모르는 사이에 교만한 말을 합니다. 특히 밖에서 유혹이 올 때에 보면 알 수 있습니다. 만일 에덴 동산에 선악과가 없었으면 자신이 정말 하나님을 사랑하는지 알 수 없었을 것입니다. 마음으로는 하나님을 모든 것보다 우선에 두고 제일로 섬긴다고 스스로 믿고 있었다 하더라도, 일단의 강한 유혹이 오면 그것을 거부하는 것이 쉽지 않습니다.

나를 유혹하는 것이 아무것도 없는데 누군들 하나님을 사랑하지 않겠습니까? 이것은 선택의 여지가 없는 것입니다. 그러니까 당연히 하나님만 사랑하게 됩니다. 사탄도 그것을 알고 있습니다. 그래서 하나님 앞에 가서 "욥이 하나님의 복 주심을 믿으니까 하나님을 사랑하는 것이지 그렇지 않으면 돌아설 것"이라고 자신있게 말하고 하나님과 내기를 했던 것입니다. 모든 것이 잘될 때는 하나님을 사랑합니다. 마귀가 유혹하지 않으면 하나님을 사랑하지 않는 사람이 없을 것입니다. 마귀에게 시험당할 때에야 비로소 그 사람이 하나님을 사랑하는지 아닌지를 알 수 있습니다.

하나님이 적들을 주위에 두신 까닭은?

하나님께서는 이 새로운 세대들이 하나님과의 언약을 어기고 순응치 않음으로 분노하셨습니다. 하나님께서는 그들이 하나님을 믿고 순종하지 않아서 가나안 사람들을 쫓아내지 못했음을 지적하십니다. 그리고 그들이 하나님의 말씀을 따라 적을 몰아내지 않으면 하나님께서도 그들을 몰아내지 않으시고 그냥 두시겠다고 선언하십니다. 왜 하나님께서는 가나안 사람들이 머물도록 허락하셨을까요? 22절 말씀을 보십시오.

"이는 이스라엘이 그 열조의 지킨 것같이 나 여호와의 도를 지켜 행하나 아니하나 그들로 시험하려 함이라 하시니라."

하나님께서는 하나님의 길을 따르든지 아니면 반역을 계속하든지 우리 스스로 결정하는 기회를 주셨습니다.

시련은 자기 자신을 시험해 볼 수 있는 좋은 기회입니다. 사탄이 나를 유혹하고 내 육이 나를 정욕으로 이끌 때에 내가 하나님을 얼마나 사랑하는지를 보여 드릴 수 있습니다. 거짓 선지자가 유혹하더라도 하나님을 따라가는 사람이야말로 하나님을 진정으로 사랑하는 사람입니다. 우리는 시련을 '내가 하나님을 사랑한다는 것을 보일 수 있는 기회'를 주신 것으로 보아야 합니다. 유혹을 이기면 하나님께 완전히 신뢰를 받을 수 있는 사람이 될 것입니다. 사탄도 그런 사람에게는 손을 듭니다. 어쩌다 한두 번은 찾아올 수 있지만 사탄이 올 때마다 하나님을 더 사랑한다는 것을 분명히 보여 주면 사탄도 재미가 없어 그 사람을 건드리지 않을 것입니다.

유혹은 또 한번 패배할 가능성이 있는 위기인 동시에 또 한번 승리할 가능성이 있는 기회이기도 합니다. 우리는 싸우기도 전에 질까 봐 걱정을 미리 하곤 하는데 불필요한 생각입니다. 어차피 같은 기회라면 '또 한번 성령의 도움을 받아 승리할 기회가 왔구나'라고 생각할 수 있습니다. 모든 것이 관점의 차이입니다. 실패의 위기로 생각하지 말고 승리의 기회로 생각하는 것이 신앙적인 태도입니다. 모든 시험을 참된 신앙의 자세로 승리 체험하는 여러분들이 되시기 바랍니다.

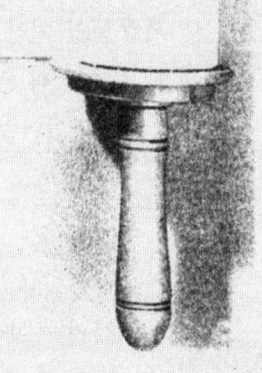

2부
하나님이 찾으시는 영적 리더

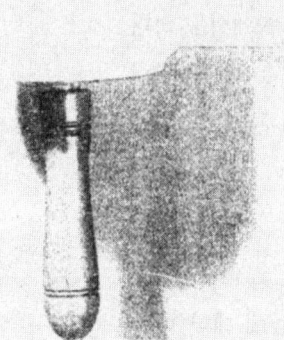

[하나님의 테스트]
사사기 3:1~31

*우리는 사방에 적들을 두고 삽니다.
우리가 전쟁을 하는 방법을 알아야 적들 가운데서
살아남을 수 있습니다.
그래서 하나님은 우리를 훈련시킵니다.*

인간은 두 세력 중 하나에 속해 살아갑니다. 하나님께 속해 있으면 그 안에서 자유를 누리면서 살 수 있지만, 사탄에 속해 있으면 그야말로 죄의 노예로 살아가게 됩니다. 이스라엘은 출애굽 이후 40년의 광야 세월 동안 여러 가지 어려움과 시험이 있었지만 그 속에서도 하나님께서는 기적과 은혜를 베풀어 주셨습니다. 광야 생활 40년에는 하나님의 목적이 있었습니다. 그리고 하나님은 그 목적을 이루셨습니다.

테스트의 세 가지 이유

1~4절까지는 이스라엘의 시험 도구로 사용된 나라들에 대한 이야

기입니다. 그와 비슷한 구절이 신명기 8:2에도 있는데, 하나님께서 40년 동안 광야 생활을 하게 하신 이유가 쓰여 있습니다.

> "네 하나님 여호와께서 이 사십 년 동안에 너로 광야의 길을 걷게 하신 것을 기억하라 이는 너를 낮추시며 너를 시험하사 네 마음이 어떠한지 그 명령을 지키는지 아니 지키는지 알려 하심이라"(신 8:2).

여기에 보면 시험에 대한 세 가지 이유가 나옵니다.

첫째, 그들을 겸손하게 만들기 위해서였습니다.
하나님은 교만한 자를 싫어하십니다. 교만한 사람도 시련을 당하면 겸손해집니다. 하나님께서는 절대자 주권자시요 인간은 아무것도 아니라는 것을 깨달아야 합니다. 겸손을 알지 못하기 때문에 하나님의 은혜를 받지 못하는 것입니다.

영국의 철학자인 에드먼드 리치가 쓴 글을 보면, "하나님이 없으니 이제는 우리가 우주의 하나님이라는 것을 인정할 때가 되었다"고 말하고 있습니다. 얼마나 교만한 말입니까. 겨우 우주선 하나 만들어 놓고 마치 우주를 다스리게 된 것처럼 생각하고 있으니 말입니다. 이렇게 생각하는 사람에게는 하나님의 은총이 나타나지 않습니다.

둘째, 그들을 시험하기 위해서였습니다.
여기서는 시험이라는 것보다는 훈련이라는 표현이 더 적절할 것 같습니다. 진급하기 위해서는 반드시 시험에 합격해야 합니다. 일단 시험에 합격하면 다음 단계로 성장할 수 있습니다.

셋째, 주님께 순종하려고 하는지 알고 싶어서였습니다.

시련을 한번 겪어 보면 그때는 진정 하나님을 사랑하는지 아닌지 알 수 있습니다. 시편 88편은 메시아임에도 불구하고 주님께서 고통을 당하시는 모습이 그려져 있습니다. 하나님께서 자기를 버리신 것을 한탄하고, 사람들이 자기를 버린 것에 대한 탄식과 고통을 묘사하고 있습니다. 그러나 그 시의 마지막 부분에는 하나님의 기적을 바라는 것으로 마무리되어 있습니다. 고통과 슬픔과 번민을 혼자 당하고 있지 않고 고통을 가지고 하나님 앞에 와서 부르짖는 것입니다. 이제 죽게 되었다는 것을 하나님께 고하는 신앙인만의 방법입니다. 탄식이 아니라 기도가 되는 것입니다.

믿는 사람에게도 광야를 방황하는 고통이 있습니다. 그러나 그 광야를 혼자 헤매며 다니는 것이 아니라 하나님과 함께 거니는 것입니다. 허공에 대고 독백을 하는 것과 하나님께 말씀드리는 것은 엄연히 다릅니다. 우리가 감사해야 할 것은 광야를 없게 해 주셔서가 아니라 그 광야 생활 동안에도 우리를 지켜주셨기 때문입니다. 여호와를 향해 부르짖는 부르짖음 속에는 기적이 들어 있습니다. 하나님께서 듣고 계시기 때문입니다.

하나님의 훈련 방법

본문에는 신명기 8장에 기록된 말씀과 같은 이야기가 나옵니다.

"여호와께서 가나안 전쟁을 알지 못한 이스라엘을 시험하려 하시며"(1절).

하나님께서는 하나님의 능력을 체험하지 못한 사람들을 테스트하려 하셨습니다. 전쟁을 모르는 그들에게 전쟁을 가르쳐 주겠다고 하셨습니다. 어차피 적들에 둘러싸여 사는 이스라엘 사람들에게는 전쟁을 치르는 방법을 가르쳐야 할 필요가 있었습니다. 전쟁을 하는 방법을 알아야만 적들 가운데서 살아남을 수 있기 때문입니다. 시련은 하나님의 능력과 기적을 체험하게 하려는 하나님의 방법입니다.

신명기의 말씀과 사사기의 말씀은 결국 같은 내용입니다. 하나님께서 우리에게 시련을 허락하시는 목적을 이해할 때에 우리는 시련을 두려워하지 않고, 시련을 통해서 더 연단되고, 겸손해지고, 성장할 것입니다.

베드로 사도는 너희가 불과 같은 시험을 당하더라도 이상한 일이 생긴 것처럼 생각하지 말라고 하시지 않았습니까? 하나님을 믿는 사람들이 시련당하는 것을 이상하게 여길 것이 없다는 말입니다. 오히려 시련을 당하게 된 것을 기뻐하라고 말씀하십니다. 그 결과가 성장과 기쁨과 감사로 나타나기 때문입니다.

늘 편안한 생활은 신앙에 도움이 되지 않습니다. 조금 편안해질 만하면 시련이 하나 오고, 잠잠해졌다가 다시 또 하나가 옵니다. 그래야만 두 번 기도할 걸 네 번 기도하게 되고 하나님 앞으로 더 바싹 다가가게 됩니다. 점점 더 겸손해지고 하나님을 의지하게 됩니다.

어느 여 집사님이 새벽기도를 드리다가 갑자기 배가 아파서 병원에 실려 갔습니다. 저는 새벽기도를 마치고 그 뒤를 따라갔는데, 막 수술을 하려고 마취 주사를 놓고 있는 상황이었습니다. 정신없는 상황에서 그 집사님이 하는 말이 "목사님, 제가 죄를 지었습니다. 제가 제 남편을 미워하고 남편이 죽었으면 하는 생각을 했습니다"하는 것이었습니다. 막상 자신이 죽을지도 모르겠다는 생각을 하니까 자신이 지은 죄 중에서 가장 마음에 걸리는 것이 남편을 미워한 것이었던 모양이었습니다. 그래서 저는 "집사님이 진심으로 회개했기 때문에 요한일서 1:9에 의해 집사님의 죄가 사하여졌습니다"라고 사죄를 선포하자마자 즉시 잠이 들었습니다.

그런데 나중에 알고 보니까 그 병이 맹장이었습니다. 간단한 수술로 고칠 수 있는 병이지요. 그런 쉬운 수술을 하면서도 일단 시련이 오니까 사람의 마음이 순수해지고 겸손해지면서 회개를 하게 된 것입니다. 그 집사님이 퇴원한 후 제가 심방을 가니까 집사님이 "제가 수술하러 들어가기 전에 무슨 말을 하던가요?" 하고 물었습니다. 저는 그저 웃으면서 "좋은 이야기 했습니다"라고 말해 주었습니다.

자신에게 시련이 닥쳐오고 약해져야 겸손해지고 하나님의 도움을 구하는 것이 사람의 속성인 것 같습니다. 우리의 시험은 낙제를 위한 것이 아니고 진급을 위한 것입니다. 시련의 성경적인 뜻 하나만 터득해도 큰 성장이 있습니다. 여러분에게도 시련을 통한 큰 축복이 있기를 바랍니다.

하나님께서 남겨 두신 열국들은 블레셋 다섯 방백과 가나안 사람과 시돈 사람과 바알 헤르몬 산에서부터 하맛 어구까지의 레바논 산에 거하는 히위 사람들이었습니다. 이스라엘은 사방이 적들에 둘러싸여 있었습니다. 일대일로 싸워도 이기기 힘든데 일대구로 싸우는데 어떻게 자기 힘만으로 이길 수 있겠습니까? 그래서 이스라엘은 하나님을 의지할 수밖에 없었습니다.

우리도 사방에 적들을 두고 사는 사람들입니다. 자칫 생각을 잘못하거나 한눈을 팔면 즉시 사탄의 소굴로 들어갈 수 있습니다. 우리가 예수님께로 가까이 가고 예수님의 말씀에 따라 살면 그들은 점점 설 땅을 잃기 때문에 우는 사자와 같이 우리를 향해 덤벼드는 것입니다. 우리 앞에 바싹 엎드려 있다가 우리의 발을 걸어 넘어뜨리려고 합니다. 조금이라도 허점이 보이면 그곳을 집요하게 공격할 것입니다. 주님의 뒤를 바짝 따라가지 않으면 우리는 적들의 공격을 막을 수 없을 것입니다. 주님과 동행하지 않으면 사탄의 공격을 받을 것입니다. 하나님과 함께하는 삶에만 승리가 있습니다.

적들은 다양한 형태로 우리를 공격합니다. 시험의 형태도 여러 가지입니다. 그렇지만 여러 번 전쟁을 한 사람들은 언제든지 어떤 적과도 싸울 준비가 되어 있습니다. 전쟁을 모르는 사람은 직접 전쟁에 참여해봐야 압니다. 그래서 하나님께서는 이들을 훈련시키겠다고 하셨습니다.

영적인 타락과 하나님의 진노

이방인들과 결혼을 하는 것은 영적으로 우상과 타협하는 것입니다. 타협을 하는 한 영적인 문제를 해결하는 것은 대단히 어렵습니다. 그리고 신자들이 손상을 입게 되는 경우가 많습니다. 불신자들 속에 들어가 살면서 그들의 영향을 받지 않을 수 없기 때문입니다. 영적인 타협은 처음부터 하지 말아야 합니다. 눈에 보이는 유혹에 반해서 눈에 보이지 않는 영적인 진리를 소홀히 하면 반드시 타락하게 되어 있습니다.

이스라엘 남자들은 늘 이스라엘의 여자들만 보다가 여러 종족의 여자들을 보면서 유혹에 눈이 뜨였을 것입니다. 그래서 하나님을 섬기는 이스라엘의 여자들과 결혼하지 않고 다른 종족의 여자들을 아내로 맞아드렸습니다. 영적인 유산은 생각하지 않고 외형적인 매력에만 매달린 것입니다. 이러한 영적 타협은 후에 이스라엘 백성들이 가나안 신들을 섬기는 단계로까지 변하게 되었습니다. 그리고 이러한 타락은 하나님의 진노하심을 불렀습니다.

이스라엘에게 진노하신 하나님께서 그들을 메소보다미아의 왕 구산 리사다임의 손에 파셨으므로 그들이 8년 동안 그를 섬겨야 했습니다(8~11절). 그들이 첫해에 회개하고 하나님께로 돌아왔으면 8년 동안 고생을 하지 않았을 것입니다. 그들이 돌이켜 하나님께로 돌아오지 않았기 때문에 8년이라는 긴 시간 동안 고통을 당했습니다. 우리 믿는 사람들은 하나님 앞에 잘못한 것이 있으면 즉각 회개하고 하나님 앞으로 돌아와야 합니다. 하나님의 징계의 징조가 보이면 속히 회개하고 돌아와야 하는데 그러지 못하고 많은 고통을 당한 후에야 정신을 차리기 때문에 하지 않아도 될 고생을 하는 것입니다.

제가 어떤 성도님과 상담을 하다가 심하게 야단을 쳤습니다. 지금이라도 회개하고 돌아서면 될 것을 그렇게 하지 않아서 고생을 자처하고 있는 것을 보니 얼마나 답답한지, 좀처럼 책망을 하지 않는 제가 야단을 친 것입니다. 돌아서지 않으면 그만큼 고난의 시간이 길어집니다. 하나님께서는 인간이 범죄하고 실수하는 연약한 존재임을 아십니다. 그래서 회개하고 돌아오기만 하면 받아 주십니다.

그런데 인간은 얄팍한 자존심 때문에 하나님 앞에 오는 것을 망설입니다. 지난번에도 그랬는데 어떻게 또 하나님께 용서를 빌겠느냐면서 주저하는 것입니다. 그렇게 해서 해결될 일은 아무것도 없습니다. 인간은 죄성이 있어서 죽을 때까지 실수하는 존재라는 것은 우리를 지으신 하나님께서 더 잘 아십니다. 분을 내되 해가 지기 전에 풀어야 하는 것처럼 죄를 짓게 되면 깨닫는 그 즉시 하나님 앞에 회개해야 합니다. 지체할 이유가 없습니다. 낮에 일어난 일은 잠자리에 들기 전에 회개하고 정돈해야 합니다.

첫 번째 리더 옷니엘

이스라엘 자손들은 견디다 못해 드디어 하나님께 부르짖었습니다. 이들의 부르짖음을 들으신 하나님께서는 갈렙의 아우 그나스의 아들 옷니엘에게 임하셨고 그를 사사로 세우셨습니다. 그리고 적군의 왕을 옷니엘의 손에 붙이셨습니다.

구약에서는 특수 목적을 위해서 성령이 임하셨습니다. 어떤 때는 군사적인 통솔력, 어떤 때는 정치적인 지도력, 어떤 때는 예술적인 표현력을 위해서 성령이 임했습니다. 다윗의 경우에는 성령이 임해서 시를 썼습니다. 솔로몬 시대에 성전을 지을 때는 두 건축사에게 성령이 임하여 성전을 지을 수 있는 심미적인 능력을 받았습니다. 구약의 성령은 어떤 사건을 위해서 임했다가 한 사람에게 그 일이 마무리 지어지면 그 사람을 떠났습니다.

그러나 신약에 오면 달라집니다. 성령께서 한 번 오셨다가 떠나는 것이 아니라 영원히 우리 안에 거하십니다. 한 번 임하시면 영원히 우리 속에 거하시는 것입니다(요한 14:16). 지금은 구약시대처럼 가끔 성령이 임하는 것이 아닙니다. 이제는 매 순간 사건마다 성령님의 도우심으로 살 수 있게 된 것입니다. 평신도들 중에는 성령을 나뭇가지에 앉았다가 바람이 불면 날아가는 작은 새처럼 생각하시는 분들이 계십니다. 그러나 성령은 그런 분이 아닙니다. 한 번 오셔서 거하시면 떠나지 않으시고 영원히 우리 안에 내주합니다.

그 후 40년간은 평화가 이어졌습니다. 그런데 좀 살 만해지면 다시 타락합니다. 하나님께서 평화를 주실 때에 잘 이어갈 생각을 하고 노력해야 하는데 그러지 못하고 또다시 잘못을 저지릅니다. 사백 년도 갈 수 있는 평화를 사십 년만에 끝내는 것은 하나님의 계획이 아니라 인간의 잘못 때문입니다.

두 번째 리더 에훗

이스라엘 자손들은 다시 범죄하여 모압 왕 에글론을 18년 동안 섬겨야 했습니다. 악은 합세해서 우리를 공격합니다. 조금의 틈만 보이면 그 틈을 비집고 들어와 총공격을 합니다. 일대일로 싸우면 승산이 있을 텐데, 적은 연합군을 만들어 공격했습니다. 하나님을 의지하지 않는 사람들은 악의 연합군 앞에서 이길 수 없습니다. 그러나 하나님과 함께하면 아무리 많은 적들이 연합을 해도 이겨 낼 수 있습니다. 하나님은 한 분만으로도 무한대의 힘이기 때문입니다. 따라서 미리 하나님을 찾으면 그만큼 고통의 시간을 줄일 수 있습니다.

18년을 압박 가운데서 지낸 이스라엘 사람들은 다시 하나님께 부르짖었고, 그들의 부르짖음을 들으신 하나님께서는 베냐민 사람 게라의 아들 왼손잡이 에훗을 들어 모압 왕 에글론을 치셨습니다. 에훗은 양날이 선 칼을 만들어서 오른쪽 허벅지에 숨겨 가지고 다녔습니다. 적들 가운데 살면 언제나 양날이 선 날카로운 칼날을 가지고 다닐 필요가 있습니다. 하나님의 말씀은 양쪽에 날이 선 예리한 검과 같습니다. 이 말씀의 검이 있으면 우리를 향해 달려드는 적들을 언제든지 무찌를 수 있습니다.

에글론은 비대한 사람이라서 웬만한 칼솜씨로는 죽이기도 힘들었습니다. 에훗은 왕에게 은밀하게 할 말이 있다고 음모를 꾸미고 주위 사람들을 물리게 한 다음 에글론의 여름 궁전 다락방에서 그에게 접근할 기회를 얻었습니다. 그리고 혼자 있는 에글론을 찔렀습니다. 22절을 보면, 에글론의 복부를 찌르니 얼마나 깊은지 칼자루까지 날을 따라 들어가서 그 끝이 등 뒤까지 나왔으며 칼날에 기름이 엉키었다고 되어 있습니다. 상상만 해도 끔찍했다는 것을 알 수 있습니다. 에훗이 찌를 수 있었던 것은 단검을 오른쪽 넓적다리라는 예상치 못한 장소에 숨겼기 때문인데 거기서 그는 왼손으로 칼을 뽑아 에글론을 죽일 수 있었습니다. 이것은 그가 지혜롭게 했기 때문에 성공할 수 있었던 것입니다. 전쟁을 할 때는 지혜가 필요합니다. 하나님께 지혜를 구해야 합니다. 하나님이 지혜의 근원이십니다.

에훗이 에브라임 산지에서 나팔을 불자 이스라엘 자손들이 산지에서 그를 따라 내려왔습니다. 에훗은 이스라엘 백성들에게 여호와께서 너희 대적 모압을 너희 손에 맡기셨다고 외쳤습니다. 그리고 요단 강에서 모압의 용사들 일만 명을 제거하고 모압을 이스라엘 발 앞에 제압했습니다.

그 일 이후로 80년 동안은 태평한 세월이 계속되었습니다. 이는 사사시대 동안 가장 오랜 평화의 시기였습니다. 한 사람의 리더가 한 민족에게 80년 동안의 평화를 얻게 했습니다. 제대로 선 자도자 한 사람이 그렇게 큰 역할을 한 것입니다.

승리의 결과는 주님의 음성에 달려 있습니다. 중요한 일을 할 때에는 반드시 주님의 음성을 듣고 해야 합니다. 여리고 성을 함락했을 때는 하나님의 음성을 듣고 그 말씀대로 했기 때문에 그 전쟁에서 승리할 수 있었습니다. 그러나 아이 성 전투에서는 하나님의 음성을 듣지 않고 자신의 판단대로 나섰기 때문에 패배할 수밖에 없었습니다. 우리는 늘 주님의 음성을 듣고 승리의 약속을 받고 행동해야 합니다.

세 번째 리더 삼갈

삼갈의 사사 직분은 에훗이 이스라엘을 구원한 다음에, 그러나 그의 죽음 이전에 주어졌던 것으로 보입니다. 31절에 보면 삼갈이 사사로 있을 때는 소 모는 막대기로 블레셋 사람들 육백 명을 죽였습니다. 주님이 그와 함께 하셨기 때문에 가능한 일이었습니다. 그런 하나님이 우리와 동행하면 못할 일이 없을 것입니다. 적이 얼마나 크고 많은가는 하나님 앞에서 문제가 되지 않습니다. 하나님의 동행과 임재가 문제일 뿐입니다.

소 모는 막대기로 육백 명을 이겼다는 것은 무기 자체가 문제되지 않는다는 말입니다. 하나님이 함께 하시면 소 모는 막대기가 칼이나 창보다 더 큰 괴력을 발휘하게 됩니다. 도구는 그저 하나님에 의해 쓰여질 뿐입니다.

모세가 광야에서 놋뱀을 들고 그것을 쳐다본 사람들이 나은 것은 그 놋뱀에 신비한 힘이 있어서 그런 것이 아니라 '쳐다보면 나으리라'는 말을 믿었기 때문입니다. 놋뱀이 살린 것이 아니라 믿음이 살린 것입니다. 돌멩이든 무엇이든 하나님이 사용하시면 어마어마한 힘을 발휘하는 무기가 되는 것입니다. 무엇이든지 하나님께서 같이 하시기 때문에 이기는 것입니다. 이 영적인 진리를 깊이 알아야 할 것입니다.

여성의 리더십 드보라
사사기 4:1-24

최고의 장수인 바락은 드보라의 도움 없이는
전쟁에 나서지 않으려 했습니다.
당시 최고의 남자였던 바락이 그 정도였던 것입니다.
이런 때에 하나님은 하나님을 가장 잘 아는 사람을 들어 쓰셨습니다.
그 인물이 바로 여자인 드보라입니다.

하나님께서는 남자와 여자를 창조하시고 남자를 한 가정의 가장으로 만드셨습니다. 또, 여자에게는 남자를 도울 수 있는 능력을 주셨습니다. 다른 사람을 도울 수 있는 사람은 실제로 강한 사람입니다. 능력이 있고 강한 사람이 도울 수 있는 것이지 그렇지 못하면 도울 수가 없습니다. 도움은 가진 자만이 줄 수 있습니다.

여자들도 자신들이 갖지 못한 것에 대해서 많은 불만을 느끼고 있는데, 사실 여자들만이 가진 특권을 인식하고 잘 사용하면 큰 보람을 느낄 수 있습니다. 제가 『행복한 부부생활 가꾸기』라는 책을 쓰면서도 언급을 했는데, 돕는 위치에 있다는 것은 큰 특권입니다. 자칫하면 돕는 사람은 도움을 받는 사람보다 못한 것처럼 느껴질 수 있습니다.

그러나 실제로는 그렇지 않습니다.

　남자들보다 여자들이 인내심도 강하고 지구력도 강하며 지혜롭습니다. 안정감이 있고 머리도 좋습니다. 또 남자들보다 여자들이 평균적으로 더 오래 삽니다. 연구자들의 말을 들어 보면 옛날에도 여자들이 남자들보다 오래 살았다고 합니다.

사사 드보라 vs 바락

　4장에는 대표적인 여사사인 드보라의 이야기가 있습니다. 이스라엘에 평화가 계속되자 영적인 긴장감과 하나님에 대한 헌신이 약해졌습니다. 그들은 다시 하나님을 버리고 우상을 섬기는 길로 가게 되었습니다. 그래서 하나님께서는 때때로 주님께 다가갈 수 있는 영적인 긴장감을 주시고 무장을 하게 하십니다.

　북쪽 가나안에 위치한 하솔의 야빈 왕은 철병거가 구백 승이 있었는데 그것을 무기로 이스라엘을 20년 동안 학대했습니다. 여기서 야빈은 왕의 이름이 아니고 왕조의 이름으로 보는 것이 정설입니다. 여호수아 11장에 보면 하솔 왕 야빈을 여호수아가 죽인 기록이 있습니다. 그런데도 여기서 야빈이라는 이름이 다시 나타나는 것을 보면 고유 명사가 아니라 왕조를 나타내는 보통 명사로 이해됩니다.

　야빈의 장군 시스라의 군대는 구백 승의 철병거가 있는 강한 군대였습니다. 이렇게 강한 군대들이 쳐들어오자 하나님께서는 라마와 벧엘 사이에 사는 드보라를 통해서 이스라엘을 구해 주셨습니다.

　6, 7절을 보십시오.

"드보라가 보내어 아비노암의 아들 바락을 납달리 게데스에서 불러다가 그에게 이르되 이스라엘 하나님 여호와께서 이같이 명하지 아니하셨느냐 이르시기를 너는 납달리 자손과 스불론 자손 일만 명을 거느리고 다볼 산으로 가라 내가 야빈의 군대 장관 시스라와 그 병거들과 그 무리를 기손 강으로 이끌어 네게 이르게 하고 그를 네 손에 붙이리라 하셨느니라."

바락은 납달리 출신의 장군이었습니다. 드보라는 바락을 불러 하나님께서 시스라와 그 병거들과 무리를 그의 손에 붙이셨다고 말했습니다. 그녀의 말에 바락은 "당신이 나와 함께 가면 내가 가려니와 당신이 나와 함께 가지 아니하면 나는 가지 않겠노라"라고 대답합니다.

그 시대의 지도자는 드보라였습니다. 그녀에게는 하나님의 영이 임해 있었습니다. 그래서 바락은 하나님의 말씀을 전하는 드보라에게 동행할 것을 요구했던 것입니다. 당시로서는 최고의 장수라고 할 수 있는 바락도 드보라의 도움 없이는 전쟁에 나서지 않으려고 했습니다. 아마 그때 남자들의 믿음이 그 정도였던 것 같습니다.

지금은 여권이 신장되어 있고 앞으로도 계속해서 신장될 추세에 있습니다만 여권 운동을 가장 먼저 시작한 미국에서는 반동적인 현상이 일어나고 있습니다. 여성이 여성다워질 수 있도록 하자는 운동입니다. 미국 사회가 점점 여자는 남자같이 되어 가고 남자는 여자같이 되어 가는 이상한 역조현상이 일어나고 있기 때문에 하나님께서 주신 본래의 성별을 찾아가자는 운동이 일고 있는 것입니다.

남자가 귀걸이를 하고 미용실에 드나들고 여자들은 넥타이를 하고 양복을 입고 다닙니다. 뒷모습을 보면 여자인지 남자인지 구분이 되지 않습니다. 남자는 남자로서의 특징이 있고 여자는 여자로서의 특징이 있는데 그것을 무시하는 세태에 대해서 염려하고 걱정하는 사람들이 많이 생기고 있습니다. 하나님께서 주신 여자와 남자의 아름다운 특성들이 혼동되면서 본질적인 특성들을 잃어버릴 우려가 있습니다. 딸은 딸처럼 아들은 아들처럼 키우는 것이 필요합니다.

아담이 하와를 처음 보았을 때 감탄해서 말했던 "내 뼈 중의 뼈요 살 중의 살"이라는 외침이 다시 있어야 합니다. 미국에는 남자들만 입학시켜서 군대식으로 훈련하는 고등학교가 있습니다. 그런데 여성들이 여자들의 입학을 가로막는 것은 헌법에 위배된 것이라고 법원에 소송을 해서 이겼습니다. 그래서 여학생들도 들어갈 수 있게 되었습니다. 반대로 여자들만 들어갈 수 있는 대학이 생기자 이번에는 남자들이 소송을 해서 남자들도 갈 수 있는 대학으로 만들었습니다. 각계의 권리를 주장하는 목소리가 높아지면서 여자와 남자의 특성과 차이가 점점 희미해져 가고 있습니다.

우리 어른들은 옛날부터 여자 옷을 남자가 입거나 남자 옷을 여자가 입지 못하게 했습니다. 서양에도 양털과 리넨을 섞어서 옷을 짜지 말라는 속담이 있습니다. 이것은 하나님께서 사물을 만드실 때에 각각에게 독특한 특질을 주셨기 때문에 섞지 말라는 것입니다. 서로 다른 특질을 가진 것을 섞어 놓으면 서로 틀어지기 때문입니다. 그래서 모든 사물은 각자마다 하나님의 창조 질서와 고유성을 유지하는 것이 중요합니다.

창조에는 본래의 질서가 있습니다. 본래부터 가지고 있는 차이를 인정하지 않고 그것을 똑같이 만들려고 하고 섞어서 비슷하게 하려고 하면 정신적, 정서적인 혼란이 옵니다. 요즘에는 한 아파트에서 여학생과 남학생이 함께 방을 쓰고 있는 모습들이 영화나 텔레비전에 종종 비춰집니다. 그리고 서로를 남에게 소개할 때는 자연스럽게 룸메이트라고 말합니다. 하나님의 질서를 어지럽히고 있는 증거입니다.

저는 결혼 주례를 할 때는 제가 쓴 결혼에 대한 두 권의 책을 미리 읽게 합니다. 그 책에는 부부에 관한 것과 부모와 아이들에 관한 내용과 가정생활의 문제들이 들어 있습니다. 제가 예비 부부에게 그 두 권의 책을 읽게 하는 것은 남자와 여자가 어떤 존재인지를 창조의 질서 속에서 알기 원하기 때문입니다. 이러한 것을 확실하게 모르는 상태에서 결혼을 해서는 안 된다고 생각합니다. 조화로운 가정을 이루려면 잘 알고 시작해야 합니다. 그래야 그 가정에 하나님의 축복이 임하는 것입니다.

드보라 시대에는 드보라를 능가할 남자가 없었습니다. 그래서 하나님께서는 여자인 드보라를 들어 쓰신 것입니다. 드보라는 바락에게 함께 갈 것을 약속하지만 그렇게 함으로 바락이 혼자서 누릴 수 있는 영광을 받지 못할 것이라고 말합니다. 하나님께서 시스라를 여자의 손에 붙이기로 하셨기 때문입니다.
9절을 보십시오.

"가로되 내가 반드시 너와 함께 가리라 그러나 네가 이제 가는 일로는 영광을 얻지 못하리니 이는 여호와께서 시스라를 여인의 손에 파실 것임이니라 하고 드보라가 일어나 바락과 함께 게데스로 가니라."

혼자 갔으면 그의 영광이 되었을 수도 있는데 혼자서는 못 가겠다고 하니까 결국은 그의 영광이 다른 사람에게로 돌아간 것입니다. 자기에게 들어온 영광을 차버린 것입니다. 그 시대의 최고의 남자가 그 정도밖에 못 되었던 것입니다.

이렇게 해서 시스라와 바락이 접전하게 됩니다(14~16절). 하나님께서는 시스라의 병거를 다 무력화시켰습니다. 사사기 5장에 기록된 승리의 노래를 보면, 기손 강이 넘쳐서 적을 휩쓸었다고 되어 있습니다. 15절에는 여호와께서 바락 앞에서 시스라와 그 모든 병거와 그 온 군대를 칼날로 쳐서 패하게 하셨고 시스라는 병거에서 내려 걸어서 도망했다고 기록하고 있습니다.

이렇게 하나님이 함께 하시면 드보라와 같이 가지 않았어도 얼마든지 성공할 수 있었습니다. 그런데 바락의 믿음이 부족해서 드보라를 앞세우고 갔던 것입니다. 하나님께서 자연을 움직일 수 있고 우주를 움직일 수 있는데 무엇을 두려워합니까? 모든 것을 섭리하시는 분은 하나님이십니다.

아내는 옳았고 남편은 틀렸다

걸어서 도망 간 시스라는 겐 사람 헤벨의 아내 야엘의 집으로 가서 숨었습니다. 하솔 왕 야빈이 헤벨의 집과 화평을 맺고 있었기 때문입니다. 이 집안은 원래 모세의 장인의 집안이었습니다. 모세의 장인의 집안임에도 불구하고 이스라엘과 평화조약을 맺지 않고 가나안 사람과 평화조약을 맺고 있었던 것입니다. 이것은 영적인 타협입니다.

  이 집안에도 남편보다 아내가 훨씬 현명합니다. 헤벨은 가나안 사람과 평화조약을 맺었으나 그의 아내 야엘은 이스라엘의 편에 섰습니다. 아내는 옳았고 남편은 틀렸습니다. 아내는 남편이 타협해 놓은 것을 받아들이지 않았습니다. 이것은 마땅한 일이었습니다. 영적인 것은 남편과 아내가 구별되어야 합니다. 같이 바른 영성을 가지고 있으면 좋겠지만 그렇지 않으면 나쁜 쪽을 따라가서는 안 됩니다.

  예수님을 믿지 않는 남편과 사는 아내들이 저에게 가끔 상담을 해옵니다. 지난 주에도 새벽기도를 못하게 하는 남편 때문에 상담을 해온 분이 있었습니다. 새벽기도를 나가서 남편과 아이들을 위해서 기도하고 교회를 위해서 열심히 기도하는 분인데 기도를 못하게 하는 것입니다. 그 남편은 부인에게 늦게까지 자기와 함께 비디오를 보자고 조르는데 빌려오는 비디오 테이프는 눈 뜨고 볼 수 없는 것들이라는 것입니다. 그래서 아주 갈등을 하고 있었습니다.

  저는 그분에게 영적인 것은 타협하거나 희생해서는 안 된다고 말해 주었습니다. 영적으로 어두운 남편을 따라갈 이유가 없습니다. 다만 저녁을 먹고 잠자리에 들 때까지는 남편과 함께 시간을 보내라고 했습니다. 야엘이 바로 그런 사람이었습니다. 바락과 헤벨보다 드보라와 야엘이 앞섰던 것입니다.

  야엘은 자기 장막으로 들어온 시스라를 반갑게 맞았습니다. 그리고 목이 마른 그에게 따뜻한 우유를 주었습니다. 우유를 마신 시스라는 피곤이 풀리면서 잠이 들었습니다. 그러자 야엘은 그를 담요로 덮고 말뚝을 뽑다가 방망이로 그의 살쩍에 박아 넣었습니다. 그는 보통 여자가 아니었습니다. 시스라는 결국 여자의 손에 죽고 말았습니다.

야엘은 가나안의 적장이 자기의 천막 안에 들어왔으니 절호의 기회를 맞은 셈입니다. 그녀는 그 기회를 지혜롭게 잡아서 적을 잘 처치했습니다. 야엘은 지혜와 용기, 두 가지를 다 갖춘 사람이었습니다. 바락이 야엘의 집에 도착했을 때에 시스라는 이미 죽어 있었습니다. 시스라를 죽이고 나자 이스라엘에는 다시 평화가 찾아왔습니다. 적들을 물리치는 데는 두 여자의 힘이 절대적으로 작용했습니다.

제가 미국에서 살 때 알고 지내던 미국인 가정이 있습니다. 부부가 다 예수를 믿는 사람들이었는데 남자가 변변치 못했습니다. 그래서 부인이 앞장서서 가정을 이끌어 가야 했습니다. 그 부인은 저에게 "남편이 가정에 너무 무책임해서 못 살겠다"는 말을 여러 번 했습니다. 그런데 그 남편이 바로 신학교의 교장이었습니다. 존경받을 수 없는 분이었지요. 그러니까 학교를 운영하는 것도 엉망이고 이사회에서 쫓겨날 지경에까지 갔습니다. 자기 가정을 책임지지 못하는 사람이 어떻게 학교를 잘 운영할 수 있겠습니까?

일단은 남자들이 잘 서 있어야 가정이 서고 교회가 서고 사회가 서고 나라가 서는 것입니다. 남자들이 제 역할을 제대로 하지 못하면 그 나라가 잘될 수 없습니다. 남자들이 영적으로 약하면 가정이 얼마나 힘든지 모릅니다. 그래서 아들을 잘 키워야 합니다. 그들이 커서 이 나라와 교회를 이끌어 가는 사람이라는 것을 알아야 합니다. 아들을 남자답게 키워야만 이 나라가 바르게 지탱될 수 있고 가정을 평화롭게 할 수 있습니다.

쿵짝이 맞아야 교회가 산다

사사기 5:1~31

목회자의 강한 리더십과 교인들의 적극적인 헌신은
승리를 불러옵니다.
교회는 아주 특수한 단체입니다.
교회가 잘 되려면 세 가지가 있어야 하는데 그것은
설득, 감화 그리고 동기부여입니다.

사사기 5장은 야빈의 군대를 물리치고 부르는 승리의 노래입니다. 드보라와 바락의 이중창 노래입니다. 이스라엘 백성을 위해 하나님이 개입하셔서 승리를 주신 것을 찬양하고 있습니다.

이스라엘의 배반에도 불구하고 오래도록 참아 주신 하나님의 모습을 기록하고 있고, 이스라엘의 과거 역사 속에서 어떻게 돌보아 주셨는지 자세히 묘사하고 있습니다. 이 노래는 두 사람의 승리를 배경으로 해서 주로 드보라가 쓴 것 같습니다. 이 승리의 노래는 다섯 부분으로 되어 있습니다.

져 주는 리더가 되라

2~3절에서는 하나님을 찬양하라고 노래하고 있습니다.

"이스라엘의 두령이 그를 영솔하였고 백성이 즐거이 헌신하였으니 여호와를 찬양하라 너희 왕들아 들으라 방백들아 귀를 기울이라 나 곧 내가 여호와를 노래할 것이요 이스라엘의 하나님 여호와를 찬송하리로다."

첫째, 리더들의 훌륭한 리더십으로 인해 찬양합니다. 그런데 위의 "이스라엘의 두령들이 그를 영솔하였고"라는 말씀에서 '그'는 잘못된 번역입니다. 원래 히브리 원어에 보면 '그'라는 단어는 없습니다. 이 문장을 정확하게 번역하면 "이스라엘의 두령들이 이스라엘을 영솔하였고"라고 해야 맞습니다. 이 말은 이스라엘의 리더들이 훌륭하게 이끌었다는 말입니다.

둘째, 백성들의 자발적 헌신으로 인해 찬양합니다. 백성들이 자원하여 즐거운 마음으로 헌신한 것입니다.

리더와 백성들이 다함께 승리를 기뻐하며 하나님을 찬양하고 있습니다. 이렇듯 리더의 강한 리더십과 백성들의 적극적인 헌신은 승리를 불러옵니다. 그러나 리더와 백성들이 잘못 만나면 승리를 거둘 수가 없습니다. 이런 경우는 서로가 자신들의 장점을 충분히 발휘하지 못합니다.

교회가 잘 운영되려면 앞에 선 목회자와 교인들이 잘 맞아야 합니다. 교회는 아주 특수한 단체입니다. 세상의 그 어떤 다른 단체와도 다릅니다. 교회가 잘 되려면 다음의 세 가지가 있어야 합니다. 그것은 설득, 감화 그리고 동기부여입니다.

교회 일은 강제로 할 수 없습니다. 모두 자원해서 일을 하는 공동체입니다. 차를 타고 교회로 출발했다가도 딴 생각이 들어서 다른 곳으로 직행하면 그것으로 끝일 수도 있습니다. 오고 싶어야만 오는 곳입니다.

목회자가 설득과 감화와 동기부여를 잘해야 성도들이 자원하는 마음으로 교회를 섬깁니다. 설득하고 감화시키고 동기를 부여해서 성도들을 이끌면 따라옵니다. 예수님을 사랑하기 때문입니다. 자원해서 봉사하고 자원해서 헌금하고 자원해서 서로를 섬깁니다. 이런 데서 목회자의 권위가 생기는 것입니다. 강단에서 권위를 세운다고 목회자의 권위가 서는 것이 아닙니다.

목회자는 성도들에게 져 주는 사람이어야 합니다. 목회자가 성도들을 이기려고 하면 문제가 생기는 경우가 많습니다. 목회자는 말과 행동을 함부로 해선 안 됩니다. 당회에서 목회자가 장로들과 싸우면 목회자가 지게 되어 있습니다. 기독교 역사상 평신도와 싸워서 이긴 목회자는 없습니다. 목회자는 한 명이고 평신도는 다수입니다. 평신도는 목회자의 다툼의 대상이 아니고 섬김의 대상입니다.

많은 일을 하는 목회가 반드시 좋은 목회는 아닙니다. 평화롭게 하는 것이 중요합니다. 혼자 알아서 결정하고 실행에 옮기는 것이 더 쉽고 빠르지만 결코 그렇게 해서는 안 됩니다. 여럿이 함께 일을 하려면 더디고 힘이 더 들 수 있습니다. 그러나 여러 사람이 함께 일하도록 해야 합니다. 리더는 세세하게 일을 직접 하는 사람이 아니라 다른 사람들이 그 일을 잘 할 수 있도록 만들어 주는 사람입니다. 내가 본 비전을 내가 실행하는 것이 아니라 다른 사람이 함께 보게 하고, 그 사람으로 하여금 하게 만드는 것입니다. 그것이 바로 리더십입니다.

저는 당회원들을 목회의 친구이자 동료로 생각합니다. 물론 교회와 마찰을 일으키는 당회원이 있을 수 있습니다. 그러나 그런 분들이 있어야 할 필요도 있습니다. 그래야 목회자도 겸손해집니다. 그런 분들과는 자칫 적대감을 형성할 수 있는데, 그러지 않을 수 있는 방법이 있습니다. 그 방법은 그의 가족을 사랑하는 것입니다. 그의 가족을 만나기만 하면 관심을 표명하고 사랑을 주는 것입니다. 사랑은 동료를 만듭니다. 그의 가족들을 동료를 만들면 가정에서 교회 이야기가 나와도 그분의 가족이 모두 목회자의 편에 서게 되고, 일이 그쯤 되면 당사자도 자기 가족들에게 좋은 평가를 받는 목회자에게 더 이상 적대감을 갖지 않게 됩니다. 목회의 지혜입니다.

하나님을 마음에 새기라

4, 5절을 보면 위대한 하나님께서 이스라엘과 함께 있었다는 말씀이 나옵니다.

> "여호와여 주께서 세일에서부터 나오시고 에돔 들에서부터 진행하실 때에 땅이 진동하고 하늘도 새어서 구름이 물을 내렸나이다 산들이 여호와 앞에서 진동하니 저 시내 산도 이스라엘 하나님 여호와 앞에서 진동하였도다."

여기서 표현하려고 하는 것은, 하나님께서 나타나시니 지진이 나고 소나기도 쏟아지고 산이 흔들렸다는 것입니다. 이처럼 위대하시고 엄청난 능력의 하나님이 계신데 누가 감히 그 앞에서 떠들 수 있겠습니까?

우리 뒤에 하나님이 계신데 그것을 모르고 우리의 힘만을 의지해서 어떤 일을 하는 것은 에어컨을 켜 놓은 상태에서 힘들여 부채질을 하는 것과 같습니다. 이미 에어컨이 시원하게 돌아가고 있는데 그것도 모르고 부채질을 하다가 힘이 들어서 쓰러진다면 얼마나 어리석은 일입니까? 우리 뒤에는 강력한 힘을 가진 하나님이 버티고 서 계십니다. 그것을 알아야 합니다.

신앙의 극치(極致)는 우리 하나님이 어떤 분인지를 깨닫는 것입니다. 신앙의 성장이라는 것은 내가 믿는 하나님이 어떤 분인가를 철저하게 깨닫는 것입니다. 그리고 날마다 그분의 은혜와 그분의 능력으로 사는 것입니다. 예수를 가장 잘 믿는 성도는 꾸준한 성도입니다. 주님과 날마다 말씀과 기도로 교통하는 사람이 신앙생활을 잘하는 사람입니다.

저는 그래서 갑자기 열심을 내는 성도들을 보면 염려합니다. 조금 속도를 낮추라고 충고합니다. 교회에서 하는 행사에 어디든지 발벗고 나서는 사람이 보이면 오히려 불안합니다. 너무 열심이기 때문에 낙심하기도 훨씬 쉬운 것입니다. 갑자기 뜨거워진 사람이 그만큼 갑자기 식는 것을 저는 많이 보았습니다. 그러나 날마다 하나님과 함께하는 사람에게는 평화가 있고 꾸준한 감사와 기쁨이 있습니다.

하나님이 나타나시면 지진이 나고, 구름이 비가 되어 내리고, 산이 흔들립니다. 이렇게 위대하신 하나님께서 우리 앞에 서 계시는 것입니다. 이런 하나님을 본 사람은 하나님을 찬양하지 않을 수 없습니다.

그러나 이런 위대하신 하나님이 떠나시면 어려운 일이 생기게 되어 있습니다. 신앙이 타락한다는 것은 하나님이 어떤 분인지를 잊어버리는 것입니다. 하나님을 잊어버리면 억압받는 시대가 옵니다. 길을 제대로 다니지 못하고, 농사도 제대로 짓지 못하는 시대가 오는 것입니다.

6절에 보면 삼갈의 날에 또는 야엘의 날에 대로가 비었고 행인들이 소로로 다녔다고 기록되어 있습니다. 적이 지배하고 있었고 큰길에는 사람이 보이지 않았고 농사도 짓지 못한 시대였던 것입니다. 바로 이런 시대에 드보라가 나타났습니다.

사랑의 리더 드보라

6~8절 사이에는 이스라엘의 북쪽 지파들이 당했던 고통을 기술하고 있습니다. 가나안 사람들의 압제로 인해 이스라엘 백성들은 큰길을 다니지 못하고, 농사도 짓지 못했습니다. 이러한 고난은 공개적인 우상숭배에서 비롯된 것입니다. 8절에 보면 무리가 새 신들을 택했다고 기록되어 있습니다. 또한 군대는 너무도 무력해서 창도 하나 없는 상태였습니다. 도저히 싸워서 이길 수 없는 형편이었습니다. 이런 때에 하나님은 하나님을 가장 잘 아는 사람을 들어 쓰셨습니다. 그 인물이 바로 드보라였습니다. 그리고 전쟁에서 승리하여 승전가를 부르고 있는 것입니다. 드보라는 위기의 순간 같이 동행해 준 충실한 지도자

들과 헌신적인 백성들로 인해 하나님께 찬양을 드렸습니다.

"내 마음이 이스라엘의 방백을 사모함은 그들이 백성 중에서 즐거이 헌신하였음이라 여호와를 찬송하라"(9절).

9절 말씀에서 보듯이 드보라는 방백들을 사모하고 백성들을 사랑하는 사람이었습니다. 참된 리더는 자기 아래에 있는 사람을 사랑합니다. 윗사람이기 때문에 아랫사람을 누르고 못살게 구는 사람은 리더십을 가진 사람이라고 할 수 없습니다. 이런 리더십은 군대식 리더십입니다. 아랫사람을 존중한다고 해서 힘이 없는 사람은 아닙니다. 사람들은 다른 사람을 대하는 것을 보고 오히려 그 사람의 인격을 더욱 훌륭하게 평가할 것입니다. 위대한 장군은 군인을 사랑합니다.

드보라는 자신만 하나님을 찬양하는 것이 아니라 다른 사람들도 하나님을 찬양할 수 있도록 권유했습니다.

"흰 나귀를 탄 자들, 귀한 화문석에 앉은 자들, 길에 행하는 자들아 선파할지어다"(10절).

드보라는 부자와 가난한 자 모두 승리의 노래를 전하라고 불렀습니다. 이 세상에서 아주 귀한 위치에 있는 사람이라 할지라도 하나님의 위업을 칭송하지 않을 수 있을 만큼 권세를 가진 사람은 없습니다. 아무리 천하를 다스리는 왕위에 있는 사람이라 할지라도 그는 하나님의 권세 아래 있는 사람입니다.

협력과 비협력의 결과

하나님께서 역사하실 때에는 꼭 두 개의 그룹이 나타납니다. 한 그룹은 협력하는 그룹이고 다른 한 그룹은 협력하지 않는 그룹입니다. 느헤미야가 예루살렘 성을 재건할 때에도 어떤 그룹은 아주 적극적으로 동참했지만 어떤 그룹은 전혀 협력하지 않았습니다. 그 그룹은 드고아의 귀족들이었습니다. 그래서 이 그룹은 그때 이후로 비난을 받고 있습니다. 하나님의 일은 시작할 때 함께 동참하지 않으면 그것이 영원히 기록으로 남아서 후세 사람들의 입에 오르내리게 됩니다.

느헤미야 3장에 보면 누구는 어떻게 열심히 동참했고 누구는 어떻게 동참하지 않았는가 하는 것이 세세하게 기록되어 있습니다. 여러 그룹이 일을 했지만 어떤 그룹에는 '열심'이라는 설명어가 붙고 어떤 그룹은 그냥 일했다고만 기록되어 있습니다. 그들의 평가는 성경이 존재하는 동안 계속 남아 있을 것입니다. 참여했는가의 여부가 이렇게 큰 차이를 만들어 내는 것입니다. 하나님의 일을 할 때에는 앞장서서 하는 것이 자기를 위해서도 좋고 후손들을 위해서도 좋습니다.

여호와께서 드보라를 통해 역사하실 때에도 적극적으로 도운 족속들과 그렇지 않은 족속들이 있었습니다. 에브라임과 베냐민과 마길과 스불론과 잇사갈의 방백들은 적극적으로 도운 족속들이었습니다. 그러나 르우벤은 양 무리 가운데 앉아서 피리 소리를 듣고 있었습니다. 길르앗은 요단 저편에 거했습니다. 단은 배 안에 그냥 주저앉아 있었습니다. 단 족속은 뱃사람으로 페니키아 사람들과 어울려서 이미 바다 생활에 익숙해져 있었습니다. 아셀은 해변에 앉아 있었습니다. 납달리는 들판 고지에 앉아 있었습니다. 이런 것들이 모두 하나님의 책에 기록되어 있습니다.

똑같이 싸움에 참가했어도 스불론은 죽음을 무릅쓰고 싸웠습니다. 그들은 두드러지게 열심히 싸움에 임했던 사람들입니다. 그래서 특별하게 언급되어 있습니다. 오늘 동참한 것은 영원한 동참으로 남고 오늘 동참하지 않음은 영원히 동참하지 않음으로 남는 것입니다. 기독교인들에게는 현재가 영원한 것입니다. 현재에 최선을 다해야 합니다. 오늘 하루의 모습은 영원한 기록입니다.

제가 미국에서 성전 건축을 한 적이 있었습니다. 그런데 성전 건축을 결정하자마자 그 동안 교회에 잘 다니던 성도들 중에 빠져나가는 사람들이 생겼습니다. 그들이 교회에서 빠져나가는 주요 이유는 헌금 때문이었습니다. 저는 섭섭했습니다. 그 동안 그렇게 잘 다니던 사람들이 어떻게 그렇게 순식간에 빠져나가는지 낙심했습니다. 그런데 성전 건축을 다 마치고 나니까 그제야 돌아왔습니다. 그들이 한 행적이 목회자의 기억에 남아 있는데 하나님의 영원한 기록에도 모두 남아 있지 않겠습니까? 오늘 한 것은 한 것이고 오늘 안 한 것은 안한 것입니다. 오늘이 영원입니다.

19~27절 사이는 어떻게 전쟁을 치렀는지에 대해 기록되어 있습니다. 왕들이 므깃도 물가 다아낙에서 싸웠습니다. 므깃도는 바로 요한계시록의 아마겟돈입니다. 바로 그곳에서 전쟁이 벌어졌습니다. 별들이 시스라를 대항해서 싸웠습니다. 이때의 별은 상징적인 표현으로서 하나님이 전쟁에 개입하셨다는 것을 말합니다. 하나님의 개입은 때아

닌 폭우의 형태로 나타났습니다. 자연마저도 하나님의 위대한 섭리를 위해 동원된다는 것을 뜻합니다. 결국 기손 강 물결이 휩쓸게 되었습니다. 전쟁에서의 승리는 인간의 능력과는 별로 상관이 없는 것입니다. 하나님은 땅을 움직이시고 구름을 움직이시고 비를 움직이시는 분인데 인간의 능력이 무슨 그리 대단한 것이겠습니까.

또한 하나님의 편에서 돕지 않은 메로스를 저주했습니다. 그러나 시스라를 처치한 야엘은 다른 여인들보다 복된 여인이 되었습니다. 칭찬의 대상이 되었습니다.

우상숭배를 하는 악한 적들에게는 저주로, 여호와께 충성한 자에게는 축복함으로 승리에 대한 찬양인 사사기 5장은 끝을 맺고 있습니다. 여호와를 사랑하는 자는 그 힘이 떠오르는 해와 같습니다. 그들에게는 하나님께서 주시는 복이 있을 것입니다. 사사 드보라의 인도 아래 가나안 군대로부터 이스라엘을 구출한 사건은 그 땅에 40년간의 평화를 가져다 주었습니다. 하나님의 사람은 주의에 평화를 일으킵니다. 그러나 범죄하는 사람은 주위에 고통을 일으킵니다.

리더십은 소명에서 나온다
사사기 6:1~40

하나님께서는 자기의 일을 성실히 하고 있는 사람에게 찾아오십니다.
또한 하나님의 뜻을 확실히 알기 위한 여러 가지 증거를 주셔서
그 마음 가운데 확신을 주십니다.
소명에 대한 확신은 순종에 절대적으로
필요한 요소인 것입니다.

40년 동안의 평화로움을 누린 이스라엘 백성들은 다시 악에 빠지기 시작했습니다. 하나님께서는 이들의 행악함을 보시고 이들을 미디안의 손에 붙이셨습니다. 벌써 다섯번째 싸이클입니다.

미디안의 억압

사사기 6:1~10까지는 이스라엘이 미디안에 의해서 억압받는 상황이 전개되어 있습니다. 이들이 이렇게 압제를 받는 이유는 대개 간단합니다. 악을 범하고 주님을 떠났기 때문입니다. 이스라엘 자손들은 여호와의 목전에서 악을 행하였습니다. 그들이 하나님의 목전에서 악

을 저지르는 이유는 하나님에 대한 인식이 부족하거나 하나님을 잊어버렸기 때문입니다. 범죄한 이스라엘은 7년 동안 미디안의 압박을 받게 되었습니다.

1절 말씀을 보십시오.

"이스라엘 자손이 또 여호와의 목전에 악을 행하였으므로 여호와께서 칠년 동안 그들을 미디안의 손에 붙이시니."

하나님이 어디나 계시며 모든 것을 알고 계신다는 것은 하나님에 대한 기본적인 신학입니다. 이런 기본적인 신학이 제대로 확립되어 있지 않으면 순식간에 하나님을 잊어버릴 수 있습니다. 저는 옛날에는 '하나님은 어디나 계신다' 라는 성경구절을 읽으면 겁이 많이 났습니다. 하나님께서 나의 모든 말하는 것과 행동하는 것을 보고 들으신다고 생각하니까 행동 하나하나를 할 때마다 아주 조심스럽고 힘이 들었습니다. 그러나 이런 모습은 하나님을 제대로 몰랐을 때의 모습이라고 할 수 있습니다.

'하나님의 목전' 이라고 하는 것이 공포의 이유가 되어서는 안 됩니다. 하나님의 무소부재하심은 감사의 이유가 되어야 합니다. 하나님께서는 의인의 길을 언제나 인정하십니다(시 1:6). 여기서 '인정하신다' 는 말은 '알고 계신다', '돌보고 계신다' 는 말과 통합니다. 그 사람이 어디로 가는지를 잘 알고 계시는 것입니다. 그리고 우리를 아시기 때문에 돌봐 주십니다. 하나님은 하나님 자신의 명예 때문에 우리를 바른 길로 인도해 주십니다.

그러므로 '하나님의 목전' 이라는 것은 우리에게는 더할 수 없는 축복입니다. 늘 나의 발길에 눈길을 떼지 않으시고 나를 지켜보시며 지켜 주시는 하나님이십니다. 이것은 공포가 아니라 은혜와 감사의 이유가 됩니다.

미디안 사람들은 시내 반도에서도 살았고(출 3:1), 아카바 만과 모압 동편 평야에까지 널리 흩어져 살고 있었습니다. 미디안은 아브라함의 두 번째 아내인 그두라의 아들 중 하나였습니다(창 25:1~6). 미디안은 아말렉 사람들, 동방 사람들과 함께 합세해서 이스라엘로 쳐들어 왔습니다. 동방 사람들이란 시리아 유목민들로 추정되는데, 이들은 말이나 병거보다는 낙타를 군사적 목적으로 사용했습니다. 그래서 약대가 무수하다는 표현이 나오는 것입니다(5절).

그들이 7년 동안 농산물과 가축들을 파괴하고 빼앗아 가는 바람에 이스라엘 사람들은 기아 선상에서 헤매고 있었습니다. 6절에 보면 "이스라엘이 미디안을 인하여 미약함이 심한지라"라고 기록되어 있습니다. '미약함이 심하다'는 말은 바로 궁핍함을 표현한 것입니다. 영적인 민감성이 있으면 그렇게 오랫동안 고생하지 않았을 텐데 그렇지 못해서 7년이라는 긴 시간 동안 고생을 한 것입니다. 영적으로 민감하고 언제나 주님을 따라 사는 사람들은 잘못한 것이 있으면 금방 회개하고 돌아섭니다. 이런 사람에게는 하나님의 은혜가 항상 임할 것입니다. 그래서 마음이 정결한 자가 하나님을 보는 것입니다.

우리 성도들은 하나님의 음성을 듣는 훈련에 힘써야 합니다. 그런데 말씀을 들을 준비가 안 되어 있는 사람들이 많이 있습니다. 기도를 하면 자기 이야기만 하느라고 급하지 하나님의 음성을 들을 생각을 하지 않는 경우가 너무 많습니다. 조용히 묵상을 하면서 그분의 세세한 음성을 듣는 연습이 필요합니다. 그래야 하나님의 음성을 들을 수 있습니다.

  카톨릭에서는 신부가 되려고 훈련을 하는 사람들에게 반드시 침묵 훈련을 시킵니다. 그렇게 함으로써 마음의 평정을 누리고 하나님의 음성을 듣게 하기 위해서입니다. 우리 성도들은 기도하자고 하면 통성으로 기도할 줄은 알지만 하나님의 음성을 듣는 침묵의 시간을 가질 줄은 잘 모르는 것 같습니다. 주님께서 우리들에게 말씀하실 기회를 드리지 않습니다. 일방적으로 말하기만 하는 기도는 반쪽 기도입니다. 이제부터는 기도를 하고 나면 그 후로 5분이든 10분이든 또는 중간중간에 가만히 앉아서 하나님께서 주시는 말씀을 듣는 훈련을 하시기 바랍니다.

  8~10절을 보면 하나님께서 한 선지자를 보내셔서 경고도 하고 책망도 하시는 모습이 나타납니다. 이 무명의 선지자는 이스라엘 백성들의 불순종을 비난했습니다.

> "여호와께서 이스라엘 자손에게 한 선지자를 보내사 그들에게 이르되 이스라엘 하나님 여호와의 말씀에 내가 너희를 애굽에서 인도하여 내며 너희를 그 종 되었던 집에서 나오게 하여 애굽 사람의 손과 너희를 학대하는 모든 자의 손에서 너희를 건져내고 그들을 너희 앞에서 쫓아내고 그 땅을 너희에게 주었으며 내가 또 너희에게 이르기를 나는 너희 하나님 여호와니 너희의 거하는 아모리 사람의 땅의 신들을 두려워 말라 하였으나 너희가 내 목소리를 청종치 아니하였느니라 하셨다 하니라."

이스라엘 백성들을 그냥 내버려 두었으면 아주 망할 뻔했는데 그렇게 되도록 내버려 두지 않으신 것입니다. 마치 사랑하는 자식들은 채찍으로라도 잘못을 일깨워 주시는 것처럼 말입니다. 하나님께서는 죄는 아주 미워하십니다. 그러나 죄인은 사랑하셔서 선지자나 사사를 보내어 그들을 구하십니다.

소명을 받은 사람들의 특징

11~40절까지는 기드온이 하나님으로부터 소명을 받는 이야기가 있습니다.

기드온의 소명은 여호와의 사자를 만나는 데서 시작되었습니다. 여호와의 사자는 나그네로 나타나 오브라의 상수리나무 아래에 앉아 있었습니다. 그때 기드온은 포도즙 틀이 있는 데서 밀을 타작하고 있었습니다. 그러한 기드온에게 주의 사자가 나타났습니다. 자기 일을 성실히 수행하고 있는 사람에게 주의 사자가 찾아온 것입니다. 농부면 농부의 일을, 목동이면 목동의 일을 성실히 수행해야 합니다. 하나님께서는 자기의 일을 성실히 하고 있는 사람에게 찾아오십니다.

다윗도 그랬습니다. 사무엘이 왕을 뽑으러 다윗의 집에 왔을 때에 다윗은 집에 없었습니다. 다른 형제들이 모두 집에 있는 시간에도 그는 양을 돌보느라 밖에서 돌아오지 못하고 있었습니다. 하나님께서는 그런 다윗을 왕으로 부르셨습니다. 베드로도 어부로서 고기를 잡고 있을 때에 부르셨습니다. 심지어 사도 바울까지도 예수님을 핍박하는 일이었지만 자기 일을 열심히 하고 있는 상태에서 부르셨습니다.

제가 미국의 신학교에 있을 때에 아주 잘생긴 흑인 학생 한 사람이 들어왔습니다. 저는 그에게 어떻게 신학을 공부하게 되었느냐고 물었습니다. 그는 원래 미국의 로큰롤 그룹의 리드 싱어였습니다. 그는 너무도 열정적으로 노래를 했기 때문에 젊은 사람들의 우상으로 군림하고 있었습니다. 그런데 한번은 자동차를 타고 가다가 라디오에서 목사님의 설교를 듣고 예수를 영접하고 곧 신학교에 갈 생각을 했다고 했습니다. 신학교에 와서도 얼마나 열정적인지 무대에서 노래하던 그 열정 그대로 공부를 했습니다.

결국은 무슨 일을 해도 열정적으로 하는 사람을 하나님께서는 들어 쓰십니다. 평상시에 열심히 자기 임무를 수행하고 있는 사람을 하나님께서는 부르십니다. 현재 맡은 일에 언제나 성실한 사람은 하나님께서 부르실 때 역시 성실하게 하나님을 섬깁니다.

어느 고등학교 학생이 새벽기도에 나온 적이 있습니다. 그래서 제가 웬일이냐고 물었더니 그 학생은 자기가 대학에 가지 못할 것 같다는 이야기를 했습니다. 학교에서 친구들을 보면 겁이 난다고 말하는 것이었습니다. 친구로 느껴지는 것이 아니라 경쟁자로만 느껴진다고 했습니다. 그러니 친구가 있을 리가 없습니다. 온통 적들만 있을 뿐이니 학교 생활을 하는 것이 얼마나 불안하겠습니까. 불안하니 공부가 제대로 되지도 않는 것입니다.

그래서 저는 대학 갈 걱정부터 미리 하지 말고 지금 어떻게 살 것인가를 걱정하라고 말했습니다. 오늘 하루 읽는 책들을 이해할 수 있도록 하나님께서 도와주시기를 기도하고, 하나님께서 주신 달란트를 최선을 다해 계발할 수 있도록 도와 달라고 기도하라고 했습니다. 그리고 주변의 친구들을 무서운 경쟁자로 생각하지 말고, 하나님께서 자기에게 주신 특수한 사명이 무엇인지를 찾아서 그것을 이룰 생각을 하라고 했습니다. 그리고는 같이 기도했습니다.

제가 대학을 다닐 때에 친하게 지내던 친구들이 있었는데 이 친구들을 하나님께서 모두 다 크게 들어 쓰셨습니다. 그 친구들은 학교에 다닐 때에 성실한 학생들이었습니다. 그런 성실함이 열매를 맺어 지금은 아주 책임 있는 자리에 앉아 중요한 일들을 수행해 내는 사람들이 되었습니다. 하나님은 오늘 성실하기를 원하십니다. 오늘을 낭비하면서 미래를 걱정하는 것은 어리석은 일입니다. 오늘 해야 할 일들을 성실하게 오늘 수행하는 것이 중요합니다.

부르심, 그러나 거절함

여호와의 사자는 기드온 앞에 나타나자마자 "여호와께서 너와 함께 계신다"라고 말했습니다. 12절을 보십시오.

> "여호와의 사자가 기드온에게 나타나 이르되 큰 용사여 여호와께서 너와 함께 계시도다."

이 말씀은 기드온에게뿐만 아니라 하나님의 사자를 만난 사람들에게는 으레 따라오는 말이었습니다. 우리 영적인 힘의 첫 번째 조건은 하나님의 임재하심에 대한 확신입니다. 하나님께서 나와 함께 계시다는 강한 믿음이 필요한 것입니다. 지금도 그렇고 과거에도 마찬가지 였습니다.

하나님의 임재에 대한 확신이 없을 때 우리는 염려하고 근심하고 흔들리게 됩니다. 임재에 대한 확신이 없으면 다른 부분에서도 흔들리게 되어 있습니다. 하나님의 임재는 모든 승리의 열쇠인 것입니다.

하나님의 사자는 기드온을 '용기 있는 용사'라고 불렀습니다. 인정을 받는다는 것은 힘을 일으킵니다. 특히 윗사람이 인정을 해 주는 말 한마디가 얼마나 큰 효력을 발휘하는지 모릅니다. 사람이 우리를 인정해 주지 않는다 해도 하나님께서 우리를 인정해 주신다면 얼마나 힘이 나겠습니까. 사람들은 자기의 가치를 인정해 주는 사람을 좋아하고 신뢰합니다. 이것은 심리학적으로도 이미 증명된 사실입니다.

기드온은 타작은 잘했지만 신학에 있어서는 문제가 있었습니다. 13절을 보십시오.

> "기드온이 그에게 대답하되 나의 주여 여호와께서 우리와 함께 계시면 어찌하여 이 모든 일이 우리에게 미쳤나이까 또 우리 열조가 일찍 우리에게 이르기를 여호와께서 우리를 애굽에서 나오게 하신 것이 아니냐 한 그 모든 이적이 어디 있나이까 이제 여호와께서 우리를 버리사 미디안의 손에 붙이셨나이다."

이 이야기는 만일 하나님께서 우리와 함께 하신다면 어떻게 7년 동안 미디안의 압제가 있을 수 있었겠느냐는 것입니다. 기드온은 자기 일은 열심히 했지만 하나님에 대해서는 의문을 가졌습니다. 이 당시만 해도 기드온이 영적으로 아직 성숙하지 못했다는 것을 알 수 있습니다. 그래서 하나님께서는 기드온에게 하나님에 대한 확신을 주는 작업을 하셨습니다.

하나님께서는 기드온에게 미디안의 압제에서 신음하고 있는 이스라엘 백성들을 구원하라고 말씀하십니다. 14절을 보십시오.

> "여호와께서 그를 돌아보아 가라사대 너는 이 네 힘을 의지하고 가서 이스라엘을 미디안의 손에서 구원하라 내가 너를 보낸 것이 아니냐."

12절에서는 여호와의 사자가 나타나 말씀한 것으로 되어 있는데 14절에서는 여호와께서 직접 나타나신 것으로 되어 있습니다. 여호와의 사자와 여호와가 같은 분으로 나타나 있는 것입니다. 같은 분이 어떤 때는 여호와의 사자로 불리고 어떤 때는 여호와라는 이름으로 불려지기도 합니다. 하갈이 하나님을 만났을 때도 하나님의 사자라는 말과 하나님이라는 말을 같이 쓰고 있습니다. 이것은 또한 예수님께서 인간 세계로 오시기 전에 구약시대에 나타나신 증거이기도 합니다.

기드온은 일단 하나님의 부르심을 사양합니다. 모세가 그랬던 것처럼, 인간적인 자격이 없음이 그 이유였습니다. 15절입니다.

> "기드온이 그에게 대답하되 주여 내가 무엇으로 이스라엘을 구원하리이까 보소서 나의 집은 므낫세 중에 극히 약하고 나는 내 아비 집에서 제일 작은 자니이다."

그러나 이런 인간적인 자격의 부족이 하나님께는 전혀 문제가 되지 않습니다. 성실성과 열정만 있다면 다른 것은 하나님께서 채워 주십니다. 승리는 하나님의 능력에 있는 것이지 인간의 재능에 있는 것이 아니기 때문입니다.

　영국에 아주 작은 키의 여자가 있었습니다. 그 여자는 너무 작아서 '리틀 우먼' 이라는 별명이 붙을 정도였습니다. 이 여자는 가정 사정상 고등학교를 졸업하지 못했습니다. 학교를 그만두고 부잣집에 하녀로 들어갔습니다. 어느 날 교회에 중국 선교를 하는 선교사가 와서 설교하면서 중국에 선교사가 필요하다는 말을 했습니다. 그녀는 그 말을 가슴에 새기고 집으로 돌아가서 열심히 기도했습니다. 주머니를 털어서 몇 개의 동전을 성경 위에 내놓고, "주님, 저에게는 동전 몇 개와 성경밖에 없는데 저같이 가난하고 무능한 여자도 쓸 수 있다면 써 주옵소서" 하는 기도를 했습니다.

　그 다음날 다시 교회에 갔는데, 그 선교사는 자신과 함께 중국 선교를 갈 사람은 손을 들라고 했습니다. 그러나 아무도 손을 드는 사람이 없었습니다. 예배를 마치고 이 여자는 그 선교사를 찾아가서 키도 작고 가진 것도 없고 무능한 자신과 같은 사람도 하나님께서 쓰실수 있느냐고 물었습니다. 그 선교사는 물론 당신도 하나님께서 쓰실 수 있다고 대답했습니다. 선교사의 대답을 들은 그 여자는 중국으로 갔습니다. 그 여자가 바로 꽁꽁 묶인 중국 여자들의 발을 풀어 준 사람입니다. 수백 명의 고아를 데려다 길렀고, 무지막지한 감옥의 죄수들을 양처럼 얌전하게 만드는 힘을 발휘하기도 했습니다.

　인간적으로 모자라는 것은 조금도 문제가 되지 않습니다. 겸손과 열정만 있다면 그 사람은 하나님의 도구로서의 역할을 훌륭하게 수행할 수 있습니다. 여기에 우리의 희망이 있습니다.

　저는 목회만큼 하나님의 은혜를 필요로 하는 직업은 없다고 생각합니다. 어떤 일이든 2, 30년을 하면 나름대로 자신이 붙게 마련입니다. 30년 강의를 했으면 어떤 강의를 청탁받아도 자신 있게 할 수 있을 것입니다. 그러나 목회는 그렇지 않습니다. 아무리 오래 하고 열심히 했어도 강단에 설 때마다 자신이 없어집니다. 목회는 영적인 사역이어서 하나님의 도우심이 없으면 도저히 할 수 없는 일인 것입니다.

하나님, 보여 주세요!

하나님께서는 기드온에게 두 가지 약속을 하십니다. 첫째는 기드온과 함께 있겠다는 것이고 두 번째는 미디안을 몰아내시겠다는 것이었습니다. 하나님께서는 "내가 너와 함께 하겠다"라는 말을 반복하십니다. 그 이유는 기드온에게 임재의 확신을 불어 넣어 주기 위해서입니다. 하나님께서는 이 말씀을 반복하심으로써 기드온이 하나님의 임재하심을 분명히 믿을 것을 요구하고 계십니다. 이 믿음이 모든 승리의 기초입니다.

미디안을 파하시겠다는 약속은 첫 번째 약속의 결과입니다. 하나님이 함께 하시는데 미디안이 격파되지 않을 리가 없습니다. 하나님의 임재에 대한 확신은 하루에 몇 번이라도 나 스스로에게 상기시켜 줄 필요가 있습니다.

하나님의 약속을 들은 기드온은 그 약속에 대한 증거로서 징표를 요구합니다. 그는 아직 신학이 완전히 정립된 상태가 아니었기 때문에 자기 눈으로 확인할 수 있는 증거를 보아야만 나서겠다는 생각을 한 것입니다. 그리고는 하나님께 바칠 예물을 가지러 갔습니다. 기도온은 아직 자기와 이야기하고 있는 분이 누군지 알지 못했습니다.

기드온은 어린 염소를 한 마리 잡아 고기를 바구니에 담고 국물은 그릇에 담아 무교병을 만들어 상수리나무 아래로 가지고 가서 손님 대접을 하노라고 여호와의 사자에게 드렸습니다. 여호와의 사자는 고기를 바위 위에 올려놓고 국물은 그 위에 부으라고 했습니다. 물에 젖은 음식은 잘 타지 않는 법입니다. 그런데 여호와의 사자가 지팡이 끝을 내밀어 고기와 무교병에 대었더니 바위에서 불이 일어나서 그 음식을 모두 태웠습니다. 그리고 하나님의 사자는 떠나서 보이지 않았습니다. 기적의 능력을 보여 주셨습니다. 하나님이 어떤 능력자인지를 보게 한 것입니다.

그제야 기드온은 자기와 같이 있던 사람이 여호와의 사자인 줄 알았습니다. 그리고 자신이 하나님의 사자를 직접 대면하여 보았으므로 죽게 되었다고 슬퍼했습니다. 성경에는 하나님을 보면 죽는다고 되어 있지 않습니까. 기드온은 그 사실을 알고 있었기 때문에 두려워했던 것입니다. 그러나 여호와께서는 그를 안심시키십니다.

"여호와께서 그에게 이르시되 너는 안심하라 두려워 말라 죽지 아니하리라 하시니라"(23절).

이 말씀을 들은 기드온은 그 자리에 여호와를 위하여 단을 쌓아 경배하고 그 이름을 여호와살롬이라 하였습니다. 하나님의 평화를 얻었습니다.

"이 날 밤에 여호와께서 기드온에게 이르시되 네 아비의 수소 곧 칠 년 된

둘째 수소를 취하고 네 아비에게 있는 바알의 단을 헐며 단 곁의 아세라 상을 찍고 또 이 견고한 성 위에 네 하나님 여호와를 위하여 규례대로 한 단을 쌓고 그 둘째 수소를 취하여 네가 찍은 아세라나무로 번제를 드릴지니라" (25~26절).

하나님께서는 기드온에게 아버지의 수소 중 한 마리를 번제로 바치라고 명하셨습니다. 기드온은 하인 열 명을 데리고 하나님께서 말씀하신 대로 했습니다. 그러나 아버지와 동네 사람들이 두려워 대낮에 드러내 놓고 하지 못하고 밤에 했습니다. 일단 순종은 했지만 두려움은 있었던 것입니다.

아침에 일어나 아세라 상이 훼파된 것을 본 동네 사람들은 기드온의 아버지 요아스를 찾아와서 기드온을 내놓으라고 아우성을 쳤습니다. 그런데 자신도 바알 숭배자였던 요아스는 아들의 편을 들었습니다. 바알이 참 신이라면 바알 스스로가 알아서 해결할 것이라는 논리를 편 것입니다. 바알 자신이 자신을 방어할 것이라는 말에 마을 사람들은 돌아갈 수밖에 없었습니다. 물론 거짓 신인 바알은 기드온을 처치할 능력이 없었습니다. 요아스는 뛰어난 변증을 했던 것입니다.

바로 그런 때에 미디안 사람과 아말렉 사람과 동방 사람들의 연합군이 이스라엘에 쳐들어왔습니다. 여호와의 신이 기드온에게 임하셨습니다. 여호와의 신이 기드온에게 임함으로 이스라엘 백성에 대한 구원이 시작된 것입니다. 성령께서는 그때마다 필요한 능력을 주십니다. 새로운 리더십이 생겼습니다. 기드온이 나팔을 불자 아비에셀 족속이 다 모여서 그를 따랐습니다. 기드온은 또 사자들을 보내어 므낫세와 스불론과 납달리의 사람들을 모으기 시작했습니다. 그러나 기드온에게는 보다 확실한 가시적 증거가 필요했습니다. 그래서 다시 하나님께 징표를 요구합니다.

하나님께 구한 징표는 두 가지였습니다. 첫 번째는 양털 한 뭉치를 타작마당에 둘 텐데 이슬이 양털에만 있고 사면 땅은 말라 있어야 하며, 두 번째는 반대로 양털은 마르고 마당은 젖어 있어야 했습니다. 기드온은 하나님의 뜻을 확실히 알기 위해서 이런 방법을 사용했습니다. 그리고 하나님께서는 그의 구체적인 제의에 그대로 응답을 해 주셨습니다. 그 요구를 나무라지 않으시고 기드온에게 필요한 수준에 맞추어 주셨습니다. 우리도 확인이 필요하면 요청할 수 있습니다. 어떤 사람은 믿음이 있어서 기드온과 같은 증거를 필요로 하지 않습니다. 그렇다면 믿음 주신 하나님께 감사할 일입니다. 확실한 소명은 순종에 절대적으로 필요한 요소입니다.

기드온이 하나님께 징표를 요구한 것은 그가 믿음이 없었기 때문입니다. 처음에 아세라 상을 찍어 하나님께 번제를 드리면서도 마을 사람들을 겁냈듯이 하나님께서 주신 사명에 대한 완전한 확신이 없었던 것입니다. 기드온은 이 두 가지 징표를 보고 나서야 하나님께서 자신과 함께 하신다는 것을 확신할 수 있었으며 일단 확인한 다음부터는 믿고 주저없이 어떤 하나님의 말씀도 철저히 순종하여 많은 기적과 승리를 체험했습니다. 그 가슴에 자신과 확신이 있었기 때문입니다. 믿음 없이 늘 기적만 요구하면 책망하시지만(마 12:39) 증거를 통해 믿기 원하면 하나님은 증거를 보여 주실 수 있으십니다.

영적 리더의 조건
사사기 7:1~23

하나님은 능력 있는 사람을 찾는 것이 아니라
하나님의 말씀에 어린아이처럼 순종하는 사람을 찾고 계십니다.
하나님은 순종하는 자녀를 사용하시고 그를 자신의 영광에 참여하게 하십니다.
여기에 우리의 위로가 있습니다.

※

하나님께서 자신에게 임재하신다는 것을 알고 난 기드온은 하나님께서 무엇을 시키든 그대로 행함으로 승리를 쟁취하게 됩니다. 신앙의 힘은 분명한 하나님의 음성을 듣는 데 있습니다. 소명에 대한 확신을 얻는 것이 중요한 것입니다. 하나님께서 인간적으로 부족한 나를 선택해서 세우셨다는 것을 확신하는 순간에 모든 것이 달라집니다.

미국에서는 효과적으로 쓰임받는 하나님의 종들에 대해서 설문조사를 한 적이 있습니다. 이 조사에 따르면, 대부분의 하나님의 사람들에게는 하나님께서 자기를 부르셨다는 소명이 확실하게 있다고 나와 있습니다.

300 대 135,000

기드온은 세 번에 걸쳐서 자기의 소명을 확인했습니다. 확인을 하고 나서는 하나님의 모든 명령에 이의를 달지 않고 순종했습니다.
1절부터 보십시오.

"여룹바알이라 하는 기드온과 그를 좇은 모든 백성이 일찌기 일어나서 하롯샘 곁에 진쳤고 미디안의 진은 그들의 북편이요 모레 산 앞 골짜기에 있었더라."

기드온은 하롯샘 곁에 32,000명의 군인들과 진을 쳤습니다. 그리고 135,000명을 가진 미디안의 군대는 모레 산 기슭에 진을 쳤습니다. 숫자상으로 보면 기드온의 군대가 열세였습니다. 그런데 하나님께서는 의외의 지시를 하십니다. 기드온을 따라온 군대가 너무 많으니 그 중 일부를 떠나 보내라는 것이었습니다.

언덕에서 적들을 내려다보면 그들이 개미 떼처럼 많게 보였을 것입니다. 135,000명이나 되었으니 얼마나 많아 보였겠습니까. 그러나 하나님의 명을 받은 기드온은 누구든지 두려운 사람은 길르앗 산에서 떠나 돌아가라고 했고, 그 말을 듣고 떠난 사람들이 2만 2천 명이었습니다. 이제 남은 자들은 만 명밖에 되지 않았습니다. 적들과는 비교가 되지 않을 정도로 열세에 있게 된 것입니다.

우리들에게 있어서 '열세'라는 것은 하나님의 살아 계심을 경험할 절호의 찬스입니다. 또한 하나님께서 일하실 수 있는 좋은 기회가 됩니다. 믿음의 눈을 가진 사람에게는 자신이 지금 어떤 열악한 처지에 있는지는 문제가 되지 않습니다.

하나님의 방식은 세상적인 방식과 다릅니다. 세상은 크고 많을수록 좋다고 생각하지만 하나님은 그렇지 않습니다. 하나님께서는 약하고 작은 것들을 들어서 강하고 큰 것들을 치십니다. 그것이 하나님의 영광을 드러내는 길이기 때문입니다. 그래서 하나님 안에서는 우리 모두에게 희망이 있습니다.

내가 얼마나 강한가는 중요한 것이 아니고 하나님이 얼마나 강하신가가 중요합니다. 남은 이스라엘의 군대는 미디안의 군대와 비교할 수 없이 작지만 승리를 거두면 자신들이 잘해서 승리한 줄 착각할 수 있습니다. 그것이 인간입니다. 그래서 하나님께서는 군사들을 다시 줄이라고 하셨습니다. 승리는 하나님께 있는 것이지 군대의 수에 있는 것이 아닙니다. 승리는 인간의 능력 때문이 아니고 하나님의 능력 때문에 오는 것입니다.

하나님께서는 두려워하는 사람들은 모두 보내도록 하셨습니다. 두려움만큼 강한 적도 없습니다. 불안과 공포 때문에 자기 인생을 제대로 펼쳐 보지도 못하고 죽은 사람들이 얼마나 많은지 모릅니다. 했다가 잘못되면 어떡할까, 가다가 나쁜 일이 일어나면 어떡할까 하는 걱정 때문에 아무것도 하지 못하고 모든 가능성을 사장시켜 버립니다. 두려움 하나만 극복해도 우리 삶의 모습이 상당 부분 달라질 것입니다.

어떤 사람이 차를 몰고 시골길을 가다가 한밤중에 타이어에 펑크가

났습니다. 잭이 있으면 해결이 될 것 같은데 마침 그것을 가지고 있지 않았습니다. 조금만 가면 자기 친구 집이 있는데 그 친구는 성격이 아주 사나워서 소리만 지를 뿐 도와주지 않을 것 같았습니다. 그렇지만 어쩔 수가 없어서 걱정을 하면서 그 친구의 집까지 가서 문을 두드렸습니다. 아니나 다를까 "한밤중에 누구냐?" 하고 벼락 같은 소리를 지르며 친구가 문을 열었습니다. 그러자 그 사람은 "안 빌려 주려면 그만둬!" 하고는 돌아오고 말았습니다.

괜히 혼자서 걱정하고 미리 부정적 결과를 짐작해서 바로 목적지 앞에까지 갔다가 되돌아온 것입니다. 이 얼마나 어리석고 안타까운 일입니까. 두려움과 불안과 초조는 우리의 적 가운데 가장 큰 적입니다. 그리고 이런 것들은 불신앙의 표시입니다. 하나님께서는 이런 사람들을 다 집으로 돌려보내라고 말씀하셨습니다. 마음 가운데에 공포를 가지고 있는 사람은 하나님의 역사에 동참할 수 없습니다.

만 명 남은 사람들 가운데에서 하나님께서 필요로 하는 사람은 300명뿐이었습니다. 하나님께서는 강에서 물을 마시는 모습을 보고 300명을 가리셨습니다. 무릎을 꿇고 물을 마시는 사람은 돌아가게 하고, 손으로 물을 움켜 입에 대고 핥아먹는 사람들은 남게 하셨습니다.

이것을 보고 어떤 주석가들은 전쟁에 가장 적합한 사람을 뽑았다고 이야기합니다. 또 유대의 역사가인 요세푸스는 전쟁에 가장 부적합한 사람들만 뽑았다고 기록해 놓았습니다. 그러나 저는 이 남은 사람들이 전쟁에 꼭 적합하지도 않고 그렇다고 부적합하지도 않은 사람들이었다고 생각합니다. 능력자나 무능력자를 고르려는 것이 아니었다는 것이 저의 견해입니다. 하나님께서는 우리가 잘나고 못나고를 따지는 것이 아니라 그저 순종하는 사람을 찾으십니다. 어떤 사람도 하나님이 같이 계시면 승리입니다.

학교에서도 보면, 자신의 성적에 지나치게 신경을 쓰는 사람들이 있습니다. 제가 학교에 있어 본 경험으로는 똑똑한 것과 그렇지 못한 것의 차이는 그리 큰 것이 아니었습니다. 사실 A학점과 C학점의 차이도 그렇게 큰 것이 아닙니다. 이처럼 하나님께서도 사람들 사이에 큰 차이가 있다고 생각하지 않으실 것입니다.

제가 미국의 교회에 대해 연구하다가 놀란 적이 있었습니다. 미국에서 제일 큰 교회 열 개 중 여섯 교회의 목사님들은 신학대학만을 마친 분이었습니다. 대학원에서 공부한 분들이 아니었습니다. 목회학 석사를 받은 사람은 두 명이고 박사 학위를 받은 사람은 한 명밖에 없었습니다. 하나님이 쓰시는 사람은 인간적인 학력이나 능력과는 관계가 없다는 것을 알 수 있었습니다. 하나님의 방법은 세상적인 방법과는 다른 것입니다.

하나님은 능력 있는 사람을 찾는 것이 아니라 하나님의 말씀에 기드온처럼 순종하는 사람을 찾고 계십니다.

승리로 이끄시는 하나님

기드온은 하나님의 명령에 따라 그의 부하 부라를 데리고 적들의 군대가 진을 치고 있는 곳으로 내려갔습니다. 그런데 마침 미디안의 군인 한 사람이 꿈 이야기를 하는 것과 다른 군인이 그 꿈을 해석하는 것을 듣게 되었습니다.

13, 14절을 보십시오.

"기드온이 그곳에 이른즉 어떤 사람이 그 동무에게 꿈을 말하여 이르기를 내가 한 꿈을 꾸었는데 꿈에 보리떡 한 덩어리가 미디안 진으로 굴러 들어와서 한 장막에 이르러 그것을 쳐서 무너뜨려 엎드러뜨리니 곧 쓰러지더라 그 동무가 대답하여 가로되 이는 다른 것이 아니라 이스라엘 사람 요아스의 아들 기드온의 칼날이라 하나님이 미디안과 그 모든 군대를 그의 손에 붙이셨느니라 하더라."

기드온은 그들의 이야기를 듣자마자 하나님께서 자신을 승리로 이끄실 것을 믿게 되었습니다. 이것을 보면 하나님께서는 어려운 일을 무조건 하게 하지 않고 여러 가지 증거를 주셔서 그 마음 가운데 승리의 확신을 가지고 할 수 있도록 해 주신다는 것을 알 수 있습니다. 하나님께서는 맹목적으로 믿으라고 하지 않으십니다. 믿을 수 있는 증거를 주시고 믿으라고 하십니다.

요단강을 건널 때도 그랬습니다. 하나님께서는 홍수가 나서 물이 막 쏟아져 흐르는 강물 속으로 법궤를 메고 들어가라고 하셨습니다. 그런데 그런 명령은 처음 있는 일이 아니었습니다. 이미 홍해를 건널 때에 하나님께서 이적을 보여 주신 바가 있기 때문에 레위 지파 사람들은 안심하고 강물 속에 발을 넣을 수 있었습니다. 옷 한 벌을 가지고도 사십 년을 입게 하시고 하늘에서 만나와 메추라기를 내려주신 것을 경험한 바가 있었기 때문에 이들은 하나님을 믿을 수 있었던 것입니다.

기도하는 사람들은 하나님께서 명령하는 음성을 확실하게 듣고 행동합니다. 하나님의 음성을 들었기 때문에 된다는 확신을 가지고 일을 하는 것입니다. 그래서 그런 분들이 하는 일은 성공하고 확실한 결과를 맺습니다.

승리를 확신한 기드온은 군대를 백 명씩 세 중대로 나누었습니다. 그리고 나팔과 횃불이 든 항아리를 들게 했습니다. 이것이 이들에게는 무기였습니다. 세상 사람들은 도저히 이해할 수 없는 전술일 것입니다. 하나님께서 자신과 함께 한다고 믿는 사람들만 할 수 있는 싸움의 방법입니다.

기드온과 이스라엘의 군사들은 항아리에 횃불을 숨기고 이동했습니다. 그리고 미디안의 진 가까이에 이르러 항아리를 부수고 횃불을 들고 나팔을 불며 "여호와와 기드온의 칼이여" 하고 외쳤습니다. 저는 여기서 '여호와의 칼' 이요 하지 않고 '여호와와 기드온의 칼' 이라고 한 부분이 마음에 걸렸습니다. 그런데 오래 묵상을 해 보니 그 이유를 알 것 같았습니다. 하나님은 사람을 쓰십니다.

제가 미국에서 개척 교회를 할 때에 짧은 시간 동안 많은 사람들이 몰려왔습니다. 그런데 예배를 마치고 제가 문간에 서 있으면 처음 오는 사람들이 "이 교회의 아무개가 내 친구인데 그 친구가 김 목사님의 설교를 한 번만 들어 보라고 하도 졸라서 왔습니다" 라는 말을 했습니다. 저는 그 이야기를 들을 때마다 고민을 했습니다. 저는 예수님을 증거하기 위해서 이 자리에 선 사람인데 사람들이 예수님 이야기는 하지 않고 제 이야기만 하니 덕이 되지 못하는 것 같았습니다. 저는 그저 예수님의 사랑을 가르치고 체험하게 하는 도구일 뿐인데 모든 공이 저에게로 돌아오니 마음이 편할 수가 없었습니다.

　나중에는 누가 저의 설교가 좋다는 소문을 듣고 왔다는 말만 하면 가슴이 철렁 내려앉았습니다. 그리고 목회를 그만두는 것이 하나님께 더 영광을 돌리는 것이 아닌가 하는 생각까지 했습니다. 그런데 이 말씀을 보다가 "여호와의 칼"이 아니라 "여호와와 기드온의 칼"이라고 되어 있는 것을 발견했습니다. 저는 여기에서 아주 중요한 것을 알았습니다. 처음부터 여호와를 몰랐던 사람들은 기드온을 보고 왔다가 그를 통해서 하나님을 알게 된다는 것이었습니다. 기드온의 칼을 먼저 보고 그 다음에는 그를 움직이시는 하나님을 알게 되는 것이 자연스러운 순서였습니다. 그 후로 제 마음의 갈등은 사라졌고 많은 위로를 받았습니다.

　하나님은 인간을 통해서 역사하십니다. 순종하는 자녀를 사용하시고 그를 자신의 영광에 참여하게 하십니다. 여기에 우리의 위로가 있습니다.

　갑자기 항아리 수백 개가 깨지는 소리와 수백 개의 횃불이 사방에서 번쩍이고 함성이 들리자 잠을 자던 미디안의 군대들은 혼비백산해서 도망치고 말았습니다. 아마 그 와중에 가장 놀란 것은 낙타들이었을 것입니다. 덩치가 큰 낙타들이 한밤중에 놀라서 이리 뛰고 저리 뛰는 모습을 상상해 보십시오. 아수라장이 따로 없었을 것입니다. 그렇게 자기 편의 낙타와 말들에 짓밟힌 군사들도 엄청났을 것입니다. 미디안과 연합군들은 너무 갑자기, 그것도 어둠 속에서 일어난 일이라 어떻게 대처할 새도 없이 당하고 말았습니다. 그러니 많은 군사가 필요하지도 않았던 것입니다. 하나님의 능력으로 인간의 군사력을 물리친 전투였습니다.

    모든 승리는 하나님께 달려 있습니다. 하나님께서 승리 주실 것을 확신하고 나가는 사람에게는 적의 숫자와 상관없이 승리가 보장됩니다. 우리의 능력이 부족할수록 하나님의 능력이 더 크게 나타납니다. 그래서 사도 바울도 자기의 약한 것을 자랑한다고 하지 않았습니까(고후 12:5, 10). 하나님을 의지하고 나가는 여러분이 되시기를 바랍니다. 하나님은 기드온의 믿음과 칼을 사용하셨습니다.

어떤 리더가 될 것인가

사사기 7:24~8:32

하나님에게 한 번 쓰임을 받은 사람이라도
그것이 끝까지 간다는 보장은 없습니다.
우리는 날마다 스스로를 돌아보아야 합니다.
시작보다는 끝을 어떻게 맺느냐가 더 중요한 것입니다.

기드온의 탁월한 외교

미디안 전투의 종반에는 이스라엘의 다른 부족들도 함께 참여했습니다. 납달리와 아셀과 므낫세에서부터 모여 미디안을 쫓았습니다. 특히 가장 마지막에 가담한 에브라임은 오렙과 스엡이라는 미디안의 지도자 두 명을 바위와 포도주 틀에서 죽이고 명성을 떨쳤습니다. 그런데 전쟁이 끝나고 나자 에브라임 사람들은 불평을 쏟아 놓았습니다.
9:1 말씀을 보겠습니다.

> "에브라임 사람들이 기드온에게 이르되 네가 미디안과 싸우러 갈 때에 우리를 부르지 아니하였으니 우리를 이같이 대접함은 어찜이뇨 하고 크게 다투는지라."

에브라임은 미디안과 전쟁을 하면서 자기를 먼저 불러 주지 않은 기드온이 자신들을 무시한 것이라고 생각했고 자존심이 상했습니다. 그들은 소외감을 느꼈고 그 일로 기드온과 심하게 다투었습니다.

사람은 누구나 무시당하는 것을 싫어합니다. 인간에게는 자존심이 있기 때문입니다. 사람은 자신의 가치를 나타내고, 그것을 다른 사람들이 인정해 주기 원합니다. 그리고 좋은 일을 했거나 상을 타거나 하면 그것을 알리려고 노력합니다. 자신이 가치 있는 사람이라는 것을 다른 사람들이 알아주기를 바라는 것입니다. 이것은 인간이면 누구나 가질 수 있는 마음입니다. 그리고 다른 사람에게 인정을 받으면 자신이 가진 능력을 더 훌륭하게 발휘합니다.

교회에 아주 어수룩하게 생긴 집사님 한 분이 계셨습니다. 그분은 평소에 말이 별로 없으셨습니다. 사람들은 그분을 경시하곤 했습니다. 그런데 저와 조용히 만났을 때 그 동안 자신이 상처받은 것을 소상하게 털어놓는데, 저는 깜짝 놀랐습니다. 언제 누가 자기에게 어떤 이야기를 했다는 것을 다 기억하고 있었고, 아주 분명하고 논리적으로 그것을 이야기했습니다. 그분은 결코 어수룩한 분이 아니었습니다. 저는 그분과 이야기를 하면서 사람을 무시해서는 안 된다는 것을 다시 배웠고 다른 사람을 경시함으로 마음의 상처를 주어서는 안 된다는 생각을 다시 한번 하게 되었습니다.

그 후로 저는 그분을 더 존경해 주었습니다. 다른 사람들은 그분을 여전히 하찮게 대했지만 저는 다르게 대했습니다. 그 일이 있은 후로 여러 해가 지났지만 그분은 지금까지도 저에게 연락을 하고 있습니다. 교회에서 유일하게 자신을 인정해 준 사람이 저였기 때문입니다.

또, 교회는 어떤 작은 사람의 의견이라도 최대한 경청하려고 귀를 기울여야 합니다. 어느 날 제가 새벽기도를 마치고 집에 왔는데 다른 교회의 교인으로부터 전화가 왔습니다. 그 교회의 목사님이 장로님들에게 고소를 당했는데, 그 담당 검사가 우리 교회에 다닌다는 것이었습니다. 그러면서 목사님이 그 검사에게 얘기를 잘해서 좀 도와 달라는 것이었습니다. 제가 그 집사님에게 전화를 해서 그런 사건을 맡았느냐고 물었더니 그렇다고 했습니다. 그래서 어떻게 될 것 같으냐고 했더니 법적으로 문제가 있으니 목사님께서는 상관하지 않으시는 것이 좋겠다고 했습니다. 그 목사님은 다른 것보다도 모든 것을 자기 혼자 결정하는 것이 문제였습니다. 그런 과정에서 장로님들이 소외되니까 사이가 점점 벌어지고 나중에는 법정까지 가게 된 것입니다. 아무리 선한 의도에서 한 일이라도 합법적이지 않고 의견 수렴 과정을 거치지 않으면 나중에 문제가 생길 수 있습니다. 이런 사건이 생긴 것도 장로님들이 목사님께 무시당했다고 생각했기 때문입니다.

그런데 기드온이 화가 난 에브라임을 다루는 상황이 재미있습니다. 기드온은 에브라임의 불평에 대해 책망하거나 자신을 정당화하려고 하지 않습니다. 그저 에브라임이 나중에 참여했지만 다른 지파보다도 큰 공을 세웠다고 칭찬해 주었습니다.

2, 3절을 보십시오.

"기드온이 그들에게 이르되 나의 이제 행한 일이 너희의 한 것에 비교되겠느냐 에브라임의 끝물 포도가 아비에셀의 맏물 포도보다 낫지 아니하냐 하나님이 미디안 방백 오렙과 스엡을 너희 손에 붙이셨으니 나의 한 일이 어찌 능히 너희의 한 것에 비교되겠느냐 기드온이 이 말을 하매 그들의 노가 풀리니라."

기드온은 지혜롭게 말을 하여 싸움이 일어날 수 있는 상황을 이겨 냈습니다. 논쟁하고 서로 변명하는 것보다는 상대방을 인정해 주는 것이 중요합니다. 기드온은 자기 집안이 처음부터 한 일보다 에브라임이 맨 나중에 참여해서 얻은 것이 더 큰 성과였다고 말합니다. 그도 그럴 것이 에브라임은 맨 나중에 합세했지만 미디안의 방백 두 명을 처치했습니다. 기드온은 심지어 자신과 비교해도 에브라임이 더 낫다는 말을 합니다.

그런 말을 듣고도 계속해서 싸우려고 하는 사람은 없을 것입니다. 분노하던 에브라임은 기드온의 이야기를 듣고 화를 풀고 돌아갑니다.

칭찬을 싫어하는 사람은 없습니다. 칭찬은 고래도 춤추게 만듭니다. 칭찬을 듣는 것은 큰 힘이 됩니다. 우리는 살아가면서 격려가 담긴 칭찬이 많이 필요합니다. 한국 사람들은 칭찬을 하는 데 좀 인색합니다. 국가나 사회에 대해 비판하는 사람들은 많지만 격려하고 칭찬해 주는 사람은 너무 부족합니다. 우리는 칭찬의 문화를 만들어야 합니다.

얼마 전에 우리 교회 부목사님이 다른 교회의 담임 목사로 가셨는데 제가 그때 취임 설교를 하면서, 만일 교인들이 그 목사님을 칭찬하고 잘 돌보지 않으면 제가 다시 모시고 가겠다고 했습니다. 목사와 교인들이 서로를 칭찬해 주는 풍토가 마련되어야 서로 믿고 의지하고 지낼 수 있는 따뜻한 공동체가 될 수 있습니다.

그러면서 교인들에게 세 가지 P를 하라고 했습니다. 첫째는 Pray Up, 즉 기도로 받들어 주라고 했습니다. 둘째는 Praise Up, 칭찬해서 받들어 주라고 했고, 셋째는 Pay Up, 사례비를 잘 지불하며 받들어 드리라고 했습니다.

사람들은 격려와 칭찬에 굶주려 있습니다. 남편도 그렇고, 아내도, 아이들도 그렇습니다. 칭찬을 많이 받는 사람이 결국 사회에 유익한 사람이 됩니다. 칭찬 한 마디가 비판 열 마디보다 효과가 더 큽니다. 칭찬하는 데 후한 사람들이 되어야 합니다.

에브라임의 항의와 기드온의 설명을 들으면서 우리는 깨달아야 할 것이 있습니다. 늘 앞장서는 자리에 있던 사람이라 할지라도 시대와 사안에 따라서는 뒤에서 따라가야 할 때도 있다는 것입니다. 만일 그런 때가 오면 '지금은 내가 조용하고 잠잠할 때구나' 라고 생각하고 기다릴 줄 아는 지혜가 필요합니다.

자신은 언제나 리더의 위치에 앉아야 한다고 생각하고, 또 그렇게 배려해 주지 않으면 속상해 하고 화를 내는 사람은 지혜로운 지도자라고 할 수 없습니다. 사람은 앞설 때가 있으면 물러설 때도 있어야 합니다. 사도 바울은 이러한 원리를 알았습니다. 그는 부한 데 처할 줄도 알고 천한 데 처할 줄도 알아서 그때그때 자족할 줄 아는 지혜를 터

득했습니다.

사회나 교계에서 이름이 알려진 분들 중에는 앞에 세워 주면 훌륭하게 일을 하는데 뒤에서 돕는 일을 부탁드리면 도우려고 하지 않는 경우가 있습니다. 앞에 설 줄도 알고 뒤에서 잠잠히 거들 줄도 아는 사람이 성숙한 사람인 것입니다.

기드온은 에브라임의 불평을 잘 받아 주었습니다. 에브라임은 기드온의 위로를 받고는 노를 풀고 돌아갔지만 늘 자신들이 앞장서는 위치에 있었기 때문에 생긴 교만함을 버리지 않고 있다가 나중에는 큰일을 당합니다(삿 12:1~5). 사사 입다 시대에 기드온에게 했던 것과 같은 불만을 토로했다가 입다에게 여지없이 당한 것입니다. 교만하게 자기 권리만 주장하다가 당하지 않아도 될 불행을 자초하는 본보기라고 할 수 있습니다. 자기 주장이 한번 통했다고 늘 아무에게나 통한다고 생각하면 착각입니다. 조심해야 합니다.

영적인 눈이 감긴 사람들

기드온은 미디안의 두 왕인 세바와 살문나를 추적하면서 숙곳이라는 곳을 지나가게 되었습니다. 그리고 그곳 사람들에게 식량 원조를 부탁했습니다. 그러나 그곳 사람들은 세바와 살문나가 아직 살아 있다는 이유를 들어 식량 원조를 거절했습니다. 혹시 기드온이 그들에게 지는 날에는 자신들의 생명이 위태로울 것이라고 판단했기 때문입니다.

먹을 것을 찾는 것은 인간의 가장 기본적인 욕구입니다. 그래서 적이라 할지라도 일단 먹게 해 주는 것이 인간으로서의 도리입니다. 배고픈 사람을 돌아보지 않는 것은 하나님께서 참지 못하시는 일 가운데 하나입니다. 그런데 숙곳 사람들은 굶주린 사람들을 외면한 것입니다.

이들의 태도를 본 기드온은 화가 났습니다. 그래서 승리하고 돌아올 때에 복수할 것을 다짐합니다. 7절을 보십시오.

"기드온이 가로되 그러면 여호와께서 세바와 살문나를 내 손에 붙이신 후에 내가 들가시와 찔레로 너희 살을 찢으리라 하고."

그리고 숙곳 사람들과 똑같은 반응을 보인 브누엘에게는 돌아오는 길에 망대를 헐어 버리겠다고 했습니다.

세바와 살문나 두 왕은 겨우 살아남은 15,000명을 데리고 갈골에 있었습니다. 그곳에서 두 왕은 체포되었고 그들의 군대는 멸절되었습니다(10절). 15,000명도 굶주린 하나님의 군대 300명에게 패한 것입니다. 기드온은 그가 말한 대로 숙곳 사람들과 브누엘 사람들을 처형했습니다.

평범한 사람들은 영적인 눈으로 보지 않고 인간적이고 계산적인 반응을 보이게 마련입니다. 그러나 하나님의 사람들은 그렇지 않습니다. 하나님의 사람들은 인간적이고 자연적인 생각에 머물지 않고 영적으로 바라봅니다. 그래서 이기적으로 생각하지 않고 상대방의 필요를 채워 줄 수 있는 것입니다.

그런데 세바와 살문나는 다볼 지역에 사는 이스라엘 자손들을 죽인

적이 있었습니다. 기드온은 그들에게 그 죄를 묻고 그 두 사람을 죽이겠다고 했습니다. 목숨을 목숨으로 갚은 것입니다. 공의는 정의로운 복수를 요구합니다. 기드온은 자신의 아들 여델에게 이들을 처형하라고 했지만 여델이 아직 어려서 두려워했습니다. 이것을 본 세바와 살문나는 기드온에게 직접 자신들을 처형하라고 합니다. 힘의 크기는 사람의 크기와 같다는 것이 그 이유였습니다. 기왕이면 장수의 손에 죽기를 자처한 것입니다. 기드온은 직접 그들을 쳤습니다. 국가의 법에 따라서 적장을 처형한 것입니다. 이것이 공적인 법의 정의입니다.

우리나라 여성들은 국가적으로 많은 불이익을 당해 왔습니다. 위자료도 없이 강제로 이혼을 당하는 경우도 있고 여러 가지 면에서 차별을 받고 권리를 보장받을 수 없었습니다. 조금씩 나아지고 있지만 아직도 많이 부족합니다. 저는 이혼할 수밖에 없는 상황에 처한 여성에게 최대한 냉정하라고 충고합니다. 지금 가지고 있는 재산의 반은 부인의 몫이니 권리를 당당하게 주장하라고 합니다. 어떻게 보면 비정하고 물질적인 사람으로 보일 수도 있지만 자신의 권리를 주장한다는 면에서는 결코 그렇지 않습니다. 법으로 보장된 한도 내에서는 가능한 한 정의를 추구해야 합니다.

우리 법 중에는 돈과 권력이 있는 사람들에게 유리하게 작용하는 것들이 아직 많이 있습니다. 법은 마치 거미줄과 같아서 힘 있는 곤충들은 얼마든지 뚫고 나갈 수 있도록 해놓고 힘 없고 약한 곤충들만 걸려드는 것입니다. 법 앞에는 모든 사람이 평등해야 합니다. 그것이 법 정신입니다. 법이 올바르게 집행되려면 일반 시민들이 깨어 있어서 바른 입법과 집행이 될 수 있도록 감시하고 여론을 형성하도록 영향을 미쳐야 합니다.

여호와께서 다스리시리라

평화를 맞이하게 된 이스라엘 백성들은 기드온에게 자신들의 왕이 되어 달라고 요청했습니다. 자기들을 적들의 압제에서 구해 주었기 때문에 왕이 되어 주기를 원한 것은 당연한 것이기도 했습니다. 그러나 기드온은 이스라엘 백성들의 요구를 단호하게 거절했습니다. 23절을 보십시오.

> "기드온이 그들에게 이르되 내가 너희를 다스리지 아니하겠고 나의 아들도 너희를 다스리지 아니할 것이요 여호와께서 너희를 다스리시리라."

기드온은 하나님 외에는 왕을 인정하지 않은 것입니다. 하나님이 인간을 다스리시면 하나님의 뜻을 전달해 주는 사람이 필요할 뿐입니다.

미국에 있는 어떤 교회는 하나님과 목회자를 혼동하는 경향이 있습니다. 목사를 하나님 대신으로 생각하고 심지어 헌금도 목사가 가져갑니다. 당회도 제직회도 없이 목회자 혼자 전권을 휘두르고 있는 것입니다. 하나님의 교회가 아니라 목사의 교회라고 생각하고 있는 것 같습니다. 교회의 왕은 예수님입니다. 목회자나 교인들이 그것을 깨닫지 못해서 이런 기이한 현상이 일어나는 것입니다.

피터 와그너 교수는 교회 성장에 대한 책을 아주 많이 쓴 분입니다.

그런데 이분이 한 가지 실수한 것이 있습니다. 그것은 교회가 성장하기 위해서는 목사가 독재를 해야 한다고 주장한 것입니다. 성장하는 교회들 대부분이 목회자들이 독재를 하고 있다는 조사 결과가 그것을 뒷받침하고 있다고 말하고 있습니다. 교인의 숫자가 많아야 목회를 잘하는 것이고, 그렇게 되려면 독재를 해야 한다는 것입니다.

저는 와그너 교수의 주장이 잘못된 것이라고 생각합니다. 저는 목회자들이 독재를 하지 않고도 목회가 잘 되는 것을 증명해야 한다고 생각합니다. 그래서 저는 신학교에서 학생들을 가르칠 때, 교인의 숫자가 늘고 교회 건물이 커지는 것이 전부라고 생각해서는 안 되며, 사람을 진정으로 사랑하고 성장시키는 것이 진정으로 하나님께서 바라시는 교회 성장이라고 말합니다

목회자의 자리

왕이 되어 달라는 이스라엘 사람들의 청을 거절한 기드온이었지만 일단 편안해지고 사람들이 자신을 받들어 주니까 타락하게 됩니다. 하나님이 복을 주실수록 더욱 엎드려야 하는데 그렇지 못한 것입니다. 하나님께 사랑을 받을수록 교만해지지 않도록 더욱 겸손한 자세로 기도하고 머리를 숙이는 자세가 필요합니다. 그런데 대부분의 사람들은 하나님의 사랑을 받는 동시에 타락의 길을 걷곤 합니다.

기드온은 전쟁에서 얻은 전리품 중에서 귀고리와 금장식품들을 달라고 해서 그것으로 에봇을 하나 만들어 성읍 오브라에 두었습니다. 에봇은 제사장들이 가슴에 두르는 조끼 같은 것입니다. 원래는 대제사장만 입었던 것을 나중에는 제사장들까지 입게 되었습니다. 그런데

그것이 결국 음란하게 위하는 우상이 되어서 이스라엘 백성들을 타락하게 만들었습니다.

기드온은 아내를 많이 두어서 자식을 칠십 명이나 낳았습니다. 딸들은 계수가 되지 않았으니 이들을 합치면 자식들의 수는 더 많았을 것입니다. 그 중 첩에게서 둔 아비멜렉이라는 아들은 재앙의 씨가 되었습니다. 기드온의 시작은 좋았지만 그 마지막은 좋지 않았습니다. 좋은 시작도 중요하지만 좋은 마지막은 그보다 더 중요합니다.

풀러 신학교의 리더십 교수인 로버트 쿨먼의 책에 보면 유능한 목회자가 나중에 잘못되는 이유를 다섯 가지로 써 놓았습니다(Robert Colman, *Focus Lives*, Altadena: Barnabas Publishers, 1995, pp. 499~500).

첫째는 재정 관리를 잘못해서 불명예를 안게 되는 경우입니다. 목회자는 돈관리를 아주 깨끗하고 합리적으로 해야 합니다. 그렇지 않으면 실족하기 쉽습니다. 목회자가 돈에 집착하기 시작하면 좋은 인상을 줄 수가 없습니다.

둘째는 권력의 오용입니다. 교회의 당회장은 회사의 사장과는 다릅니다. 저는 어떤 교회의 교인으로부터 편지 한 통을 받은 적이 있습니다. 담임목사가 회사의 사장과 같은 존재냐고 묻는 내용이었습니다. 그리고는 그 교회의 목사님이 어떻게 행동하는지를 써 놓았는데 정말 회사의 사장처럼 군림하고 있다는 것을 알 수 있었습니다.

목회자는 종 같은데 사장이고, 사장 같은데 종인 아주 절묘한 존재입니다. 하나님의 지혜가 아니면 도저히 균형을 잡을 수 없는 어려운 직분입니다. 그래서 지속적으로 하나님의 도우심을 청하고 지혜를 구하지 않으면 할 수 없는 일입니다. 리더십을 가진 종으로 살아야 하는 것은 다른 어떤 위치보다 특이하다고 할 수밖에 없습니다. 권력이 주어져 있기는 하지만 그것을 조금만 잘못 사용하면 언제든지 문제가 될 수 있기 때문입니다.

셋째는 교만입니다. 목회자들은 교만하기 쉽습니다. 다른 사람들이 늘 받들어 주는 삶을 살기 때문에 자신도 모르는 사이에 우월감을 갖거나 대접을 받아야 한다는 생각을 하기 쉽습니다. 그래서 자신도 모르는 사이에 교만해져 있는 경우가 있습니다. 예수님 때문에 받는 존경을 당연한 것처럼 느낄 수 있습니다.

넷째는 불륜과 부부간의 불화입니다. 부부 관계가 나빠서 목회에 나쁜 영향을 끼치는 경우가 많습니다. 제가 아는 미국의 한 목사님도 교인이 팔백 명쯤 되는 교회를 목회하고 계시다가 칠십 명으로 줄어든 사례가 있었습니다. 그러다가 결국은 그 교회마저 떠나게 되었습니다. 원인은 단 한 가지, 사모님과의 관계가 좋지 않았기 때문이었습니다. 목회자에 있어서 가장 중요한 교인은 바로 자기 아내입니다. 아내보다 더 소중한 교인은 없습니다. 그것을 잘 아는 사람이라야 목회를 잘하는 목회자가 되는 것입니다.

다섯째는 성장의 중단입니다. 어느 정도 영적으로, 양적으로 성장하고 나면, 그 이상 올라가지 못하고 그 자리에서 멈춰 버리는 현상입니다.

이런 것을 보고 경제학자들은 '피터의 원리'라고 합니다. 더 이상 자라지 않는 피터팬과 같은 현상이라는 것입니다. 그 단계를 뛰어넘으려면 리더십의 변화가 생겨야 합니다. 성장할수록 리더십이 변화해야만 정체되지 않고 계속해서 성장할 수 있습니다.

그러려면 리더도 계속해서 공부하고 연구해야만 합니다. 정체된 리더가 변화하는 사람들을 이끄는 데는 한계가 있기 때문입니다. 리더의 자리라고 해서 편안하고 더 성장할 일이 없는 것이라고 생각하면 곤란합니다. 리더는 늘 성장하는 사람이 되어야 합니다.

저는 학교에서 학생들을 가르치고 있는 사람이지만 어느 때 보면 학생들을 가르치느라고 저 자신의 성장이 멈춘 것을 발견하게 됩니다. 그때마다 저는 하나님 앞에 회개하고 부르짖습니다. 저는 죽을 때까지 성장하고 싶고, 죽는 그 순간이 저의 인생에 최고의 순간이 되고 싶습니다. 그렇게 되기 위해서 끊임없이 노력할 것입니다.

물론 끝을 잘 맺는 다섯 가지 방법도 있습니다. 첫째는 목회를 할 때 장기적인 안목으로 해야 합니다. 당장 보이는 것만 생각하지 말고 일생을 보고 계획하는 것입니다. 둘째는 자신의 영적 갱신입니다. 이것은 지속적인 성장과 같은 맥락이라고 할 수 있겠습니다. 셋째는 철저한 자기 관리입니다. 이것은 성령의 마지막 열매인 절제입니다. 말 한 마디, 작은 행동, 자기 감정 이런 것들을 잘 통제하는 것입니다. 넷째는 배우고자 하는 태도입니다. 늘 새로운 지식을 접하고 자신을 훈련해서 뒤떨어지지 않는 사람이 되고자 하는 노력입니다. 배우기를 멈췄다는 말은 성장하기를 멈췄다는 것이기 때문에 자기 훈련을 게을리하지 말아야 합니다. 다섯 번째는 한평생 열 명에서 열 다섯 정도의 좋은 스승을 두라는 것입니다.

기드온은 나이 많아 죽어서 그의 아버지 묘실에 장사되었습니다. 좋은 시작에 비해서는 좋은 결말은 아니었습니다. 기드온이 죽자 이스라엘 자손들은 기다렸다는 듯이 여호와 하나님을 떠나 바알을 음란하게 위하고 바알브릿을 신으로 삼았습니다. 또한 자신을 적들의 손에서 구원한 장수인 기드온의 집을 후대하지도 않았습니다. 출발이 좋은 기드온이었지만 끝까지 하나님을 그들에게 심어 주는 일을 제대로 해 내지 못했던 것입니다.

우리는 기드온의 생애를 통해서 한때 하나님께 크게 쓰임을 받은 사람이라도 그것이 끝까지 간다는 보장이 없다는 것을 배웠습니다. 우리는 날마다 스스로를 돌아보아야 합니다. 그리고 죽을 때까지 성령님의 도우심을 받아 충성해야 합니다. 시작보다는 끝을 어떻게 맺느냐가 더 중요합니다. 끝을 잘 맺어야 훌륭한 인생을 산 것이라고 말할 수 있기 때문입니다.

하나님이 세우지 않은 리더

사사기 9:1~27

혈연에 의해서 지도자를 선출했을 경우
어떤 일이 일어나는가를 가장 잘 보여 주는 것이
바로 아비멜렉 사건입니다.
지도자 한 사람을 잘못 뽑으면 그 사람뿐 아니라
그 백성들이 다 망하는 결과를 가져오게 됩니다.

사사기 9장은 단순하게 말해서 공의의 하나님이 살아 계시다는 것을 보여 주는 장입니다. 심는 대로 거둔다는 보편적인 원리가 그 주된 내용인 것입니다. 어떤 사람은 이것을 보고 메아리의 원리라고도 합니다.

이야기의 주인공은 아비멜렉입니다. 아비멜렉은 기드온의 아들 가운데 하나입니다. 기드온의 아들이 칠십 명이라고 말씀드렸습니다만, 아비멜렉은 이 숫자에 들어가지 않은 아들입니다. 그는 첩의 아들이었습니다. 기드온은 많은 아내를 두고 거기서 또 많은 아들을 두었는데 결국은 그 아들 중에 하나가 문제를 일으킨 것입니다.

잘못된 리더가 세워졌을 때

아비멜렉은 외가인 세겜 사람들에게 말하기를 기드온의 칠십 아들과 자기 자신 중 누가 그들을 다스리는 것이 좋겠느냐고 묻습니다. 혈연관계를 빌미로 정치적으로 자신을 지지해 달라고 호소한 것입니다. 자신이 그들의 친족이니 자신이 그들을 다스리는 것이 좋을 것이라는 말을 하고 있는 것입니다.

예나 지금이나 정치는 혈연이나 지연 그리고 학연을 이용하고 있습니다. 그리고 그것이 먹혀 들어가고 있는 것 같습니다. 세겜 사람들은 지지를 약속했을 뿐 아니라 정치자금까지 제공했습니다. 우상인 바알브릿 묘에 모아 두었던 은 70개를 정치자금으로 준 것입니다.

우리가 리더를 뽑을 때는 그의 인격과 능력과 사상을 보아야 합니다. 우리 고향 사람이니까 무조건 뽑는다든가, 예수 믿는 사람이니까 무조건 찍자는 것도 저는 잘못된 것이라고 생각합니다. 예수 믿는 사람이라고 해서 나라를 잘 다스린다는 보장은 없습니다. 그 사람의 됨됨이를 최우선으로 생각해야 합니다. 어떤 정책을 가진 사람이며 그동안의 행적이 어떠했는가를 잘 살펴보고 선택해야 합니다. 그런 것들이 선결 요건이 되지 못하고 학연이나 지연에 매이는 사회라면 민주주의 국가로서의 길이 멀다고 볼 수 있습니다.

민주주의는 국민의 성숙만큼 발달하는 것입니다. 아직까지 한국 사회는 경제만큼 문화나 정치가 발전하지 못했습니다. 우리를 바라보는 외국인들의 시선이 바로 그렇습니다. 우리보다 경제적으로 후진 국가인 러시아 사람들도 우리를 그렇게 판단하고 있습니다. 중동에 있는

석유 수출 국가들이 우리보다 더 잘 살지만 우리가 그들을 문화민족이라고 보지 않는 것과 같은 판단일 것입니다. 국민 소득이 높아진다고 해서 문화의 수준도 그만큼 된다고 생각하면 오해입니다.

앞으로 교회는 우리나라의 정치에 큰 영향을 미치게 될 것이 분명합니다. 교회만큼 조직적으로 잘 정비되어 있는 단체도 찾아보기 힘들 것입니다. 교회처럼 모이기 힘쓰는 사람들이 또 어디 있습니까. 힘은 열심히 모이는 데서 생깁니다. 외국의 교회가 한국교회만큼 잘 되지 않는 것은 그만큼 힘써 모이지 않기 때문입니다. 모이지 않는데 번영하는 경우는 없습니다. 기독교인들이 올바른 정치적 식견을 가지고 자기의 권리를 바르게 행사한다면 훌륭한 정치인을 우리 손으로 뽑을 수 있을 것입니다.

인격과 능력을 판단하지 않고 그저 혈연에 의해서 지도자를 선출했을 경우 어떤 일이 일어나는가 하는 것을 잘 보여 주는 것이 바로 아비멜렉입니다. 지도자 한 사람을 잘못 뽑으면 그 사람뿐 아니라 그 백성들이 다 망하는 결과를 가져오게 됩니다.

정권을 잡은 아비멜렉은 자객들을 동원해서 자기의 이복형제들을 다 죽여 버리고 말았습니다. 그는 정치적인 권력을 장악하기 위해서 수단과 방법을 가리지 않는 잔인한 사람이었습니다. 다행히 요담이라는 막내아들 한 사람만 숨어서 살아남게 되었습니다. 요담은 그리심 산 꼭대기로 올라가서 나무들을 통한 왕의 비유를 소리 높여 말합니다.
8~15절에 이르는 그 비유는 다음과 같습니다.

나무들이 감람나무를 찾아가서 자신들의 왕이 되어 달라고 했습니다. 그러나 감람나무는 하나님과 사람을 영화롭게 하는 기름진 것을 버리고 나무들의 왕이 되지 않겠다고 했습니다. 무화과나무와 포도나무에게도 가서 왕이 되어 달라고 했지만 그들도 나름대로의 이유를 들어 왕이 되기를 거절했습니다. 나무들은 자포자기하여 가시나무에게 왕이 되어 달라고 부탁했습니다. 가시나무는 나무들이 그의 그늘로 피하는 것을 조건으로 수락했습니다. 여기엔 역설적인 표현이 나타나 있습니다. 그것은 보잘 것 없는 가시나무가 다른 나무에게 그늘을 제공하지 못하기 때문입니다.

요담은 쓸모없는 '가시나무 왕'의 비유를 들어 세겜 사람들이 무가치한 지도자를 받아들인다고 비난한 것입니다. 그리고 가시나무에서 불이 나와 백향목을 태워 버린다는 비난은 결국 저주가 되어 돌아오게 되었습니다.

배반은 또 다른 배반을 낳고…

아비멜렉은 3년간 통치를 했습니다. 그러나 그 3년 동안 세겜 사람들과 사이가 나빠졌습니다. 하나님께서 자기 형제들을 죽이고 왕이 된 아비멜렉과 그를 도와 왕이 되게 한 세겜 사람들의 악을 그들에게로 돌아가게 하시려고, 세겜 가운데 악한 신을 보내셨기 때문입니다. 그들은 세겜을 통과하는 중요한 길목에 사람을 매복시켰다가 그들을 습격했습니다.

에벳의 아들 가알이 그 형제와 함께 세겜에 나타나자 세겜 사람들은 그를 따르게 되었습니다. 세겜 사람들은 에벳의 아들 가알을 새로운 지도자로 내세워 아비멜렉을 배반했습니다. 그리고 그들은 연회를 베풀어 포도주를 마시면서 아비멜렉을 저주했습니다.

28~29절에 그 저주의 말이 나와 있습니다.

> "에벳의 아들 가알이 가로되 아비멜렉은 누구며 세겜은 누구기에 우리가 아비멜렉을 섬기리요 그가 여룹바알의 아들이 아니냐 그 장관은 스불이 아니냐 차라리 세겜의 아비 하몰의 후손을 섬길 것이라 우리가 어찌 아비멜렉을 섬기리요 아하, 이 백성이 내 수하에 있었더면 내가 아비멜렉을 제하였으리라 하고 아비멜렉에게 네 군대를 더하고 나오라고 말하니라."

저는 이 말씀을 보면서 배반은 결국 또 다른 배반을 낳는다는 원리를 다시 한번 느꼈습니다.

살다 보면 윗사람으로 인해 여러 가지 문제가 생길 수 있습니다. 그렇다고 해서 그것을 자기 손으로 당장 해결하려고 해서는 안 됩니다. 그를 세우신 분이 하나님이시기 때문에 심판도 하나님께 맡겨야 합니다. 우리가 할 수 있는 일은 그저 기도하는 일입니다. 억울하고 부당하게 느껴지는 일이 있다고 그것을 자신의 손으로 해결하려고 하면 자신도 같은 일을 당할 수 있습니다. 하나님께서는 불의를 보고 그냥 계시지 않는 분입니다. 다른 어떤 방법보다 하나님께 고하고 하나님의 처분을 기다리는 것이 가장 현명하고 순리에 따르는 방법입니다. 하나님은 반드시 하나님의 선하심과 공의를 행사하십니다.

칼을 쓰는 자는 칼로 망하게 되어 있고, 혀를 쓰는 사람은 혀로 망하게 되어 있습니다. 내가 한 말을 주면 그것이 두세 말이 되어 돌아옵니다. 예수님의 표현에 의하면 흔들어서 꾹꾹 누른 다음에 돌아오는 것입니다(눅 6:37~38). 선을 심으면 선이 나오고 악을 심으면 악이 나옵니다. 이것이 성경의 진리입니다.

저는 자신을 괴롭히는 사람 때문에 상담을 하러 온 성도를 보면, 일단 그 사람은 놔두고 자신이 해야 할 마땅한 바를 행하라고 충고합니다. 우리의 모든 근심은 주님께 맡겨야 합니다. 상대방이 어떻게 하든 지속적으로 선을 심을 때에 그 선은 반드시 자신에게 돌아오게 되어 있습니다. 인내하면서 선을 심는 것이 중요합니다.

다윗이 사울에게 쫓기고 있을 때, 다윗은 사울을 해칠 기회와 능력이 있었지만 결코 자기 손으로 그를 해치지 않았습니다. 사울이 하나님의 기름부음 받은 종이고 모든 것은 하나님께서 그 뜻대로 행하실 것이라는 믿음이 있었기 때문입니다. 저는 우리 모두가 다윗의 이런 정신을 본받아야 한다고 생각합니다. 악한 사람에게 한 축복은 그 사람이 그 축복을 받을 자격이 없으므로 축복한 자신에게 그대로 되돌아오게 되어 있습니다. 선으로 악을 이기는 것이 우리들이 해야 할 마땅한 바입니다.

세겜의 장관 스불은 가알의 말을 듣고 노하여 아비멜렉에게 사자를 보냈습니다. 그리고 가알을 처치하라고 하면서 자신도 돕겠다고 약속합니다. 아비멜렉은 그를 따르는 백성들을 네 떼로 나누어 그 성 근처에 매복하게 하였다가 가알이 와서 성문 입구에 섰을 때에 일제히 일어났습니다. 가알은 자신의 입으로 목숨을 위태롭게 하는 화를 불렀던 것입니다.

교회에서 계속 문제를 일으키는 사람이 있으면 그 사람을 잘 지켜보았다가 한번 만날 준비를 합니다. 준비 기간은 일 년이 걸리기도 하고 일 년이 넘게 걸리기도 합니다. 그리고 그 사람을 만나서는 예수님의 상담 방법을 따라 이야기를 합니다(마 18:15~20). 예수님께서는 상담을 하실 때에 일대일로 만나라 하셨습니다. 어떤 사람에게 문제가 있으면 그 사람에게 직접 이야기를 해야지 다른 사람에게 그 사람 이야기를 해서는 안 됩니다. 그런데 이런 법칙을 지키지 않고 다른 사람에게 먼저 이야기를 했다가 오히려 문제를 크게 만들고 복잡하게 하는 경우가 많습니다.

특히 리더는 다른 사람들이 듣는 데서 어떤 특정한 사람을 비난하는 말을 해서는 안 됩니다. 그렇게 하면 큰 파장을 일으키게 되어 있습니다. 아무리 속이 상해도 리더의 위치에 있는 사람이라면 자기 혼자서 삭이고 하나님 앞에서 해결할 줄 알아야 합니다. 심지어 아내나 아이들 앞에서도 남을 비방하는 것을 삼가야 합니다. 결코 쉬운 일은 아니지만 그런 훈련이 되어 있지 않으면 리더의 자격으로 부족합니다.

만일 문제가 있는 그 사람이 개인적 충고를 듣지 않으면 몇 사람이 같이 가서 말을 해야 합니다. 이때 같이 가는 사람들은 지혜롭고 성숙한 사람들이어야 합니다. 그래도 말을 듣지 않으면 공개적으로 이야기를 하고, 그래도 해결이 되지 않으면 가장 최후의 방법은 안 믿는 사람 취급을 하는 것입니다. 이것이 바로 예수님의 방법입니다. 교회는 반드시 이 방법을 따라야 합니다.

저는 일정한 기간 동안 문제 있는 사람을 관찰해서 그 사람에게 꼭 말을 해야겠다는 확신이 들면 그 사람에게 면담을 하자고 합니다. 물론 그 사람과 저와의 개인적인 관계는 좋습니다. 그래야 말을 해도 통하지 않겠습니까? 아무리 그 사람이 저를 힘들게 하고 어렵게 만들어도 그것을 개인적으로 내색하지 않는 것이 원칙입니다.

일단 그 사람을 좋은 식당으로 초대를 해서 음식을 나누면서 서로 편안한 분위기를 만듭니다. 제가 무슨 말을 해도 그 사람이 납득하며 들을 수 있도록 관계를 강화시키는 것입니다. 그리고 차를 같이 타고 사무실로 와서 그때부터 오랫동안 준비하고 기도해 왔던 말을 합니다. 그런데 이때 "당신은 이렇다"라고 말하면 거의가 "나는 안 그렇다"라고 합니다. 이럴 때는 "이러이러한 것에 대해서 어떻게 생각하십니까?"라고 질문을 던지는 것이 좋습니다. 그러면 그 사람이 자기의 생각을 말하는 가운데 그 사람에게 하고 싶은 말들이 나오게 되어 있습니다. 그럴 때 거기서부터 이야기를 풀어 가면 됩니다. 질문과 대답을 반복하면서 그 사람이 깨닫게 만들어 주는 것입니다.

그러나 이러한 방법이 반드시 성공하는 것은 아닙니다. 제가 이런 시도를 여러 차례 해 보았지만 절반 정도밖에 의도한 대로 성공을 거둘 수 없었습니다. 사람은 근본적으로 비판받기 싫어하므로 자신의 잘못을 인정하려 들지 않기 때문입니다.

악한 사람의 최후

가알은 자기 기분에 취해서 입에서 나오는 대로 말을 했다가 낭패를 당했습니다. 자기뿐만 아니라 부하들까지 다 쫓겨가거나 죽게 만들었습니다. 세겜 사람들은 아비멜렉의 손에 모두 격퇴당했습니다. 그는 그 성을 완전히 헐고 소금까지 뿌렸습니다. 다시는 사람이 살지 못한다는 뜻입니다. 또 세겜 성의 나무들에 불을 질러서 남녀 천여 명을 죽게 했습니다. 악한 사람의 파괴력이라는 것은 이렇게 무섭습니다.

그러나 아비멜렉 역시 악한 사람이었으므로 그 역시 편안한 최후를 맞을 수는 없었습니다. 악을 심은 사람은 악을 거둡니다. 아비멜렉은 데베스라는 곳에 진을 치고 그곳을 점령했습니다. 그 성에는 견고한 망대가 하나 있었는데 데베스 사람들은 그곳으로 들어가 문을 잠갔습니다. 아비멜렉은 그 망대에 불을 지르려고 탑 주위에 나무를 쌓았습니다.

그런데 그때 망대의 꼭대기에서 한 여자가 맷돌 윗짝을 던졌는데 그것이 정확하게 아비멜렉의 머리에 맞았습니다. 하나님의 역사가 아니면 일어날 수 없는 일이었습니다. 승리는 하나님의 손에 있는 것입니다. 아무리 힘이 있는 장수라고 할지라도 하나님이 그의 편에 서 있지 않으면 승리가 그의 것이 될 수 없습니다.

두개골이 깨진 아비멜렉은 옆에 있던 소년에게 칼을 빼 자신을 죽이라고 했습니다. 여자의 손에 죽었다는 소리를 듣고 싶지 않았기 때문입니다. 결국 그 소년이 칼로 그를 찌르기는 했지만 그렇다고 해서 아비멜렉이 부하 소년의 칼에 죽었다고 하지는 않습니다. 그는 여자의 돌에 맞아 죽고 소년에게 찔려 죽고, 두 번 죽었습니다. 하나님의 역사는 왜곡될 수 없습니다.

아비멜렉의 칼을 피해 도망가면서 했던 요담의 저주는 이렇게 이루어졌습니다.

영적 리더십을 가지라

사사기 10:1~18

영적 영향력이라는 것은 내가 사랑하는 백성들이
하나님을 절대적으로 따르고 사랑하게 만드는 것을 말합니다.
그리고 그렇게 하려면
자신이 먼저 그런 영적인 상태에 있어야 합니다.

아비멜렉 이후 40년간은 비교적 평화로운 시기였습니다. 몇 번은 외세의 침략을 경험했던 것 같은데, 그때 두 명의 사사가 나왔습니다. 그러나 자세한 기록이 없는 것으로 보아서 특기할 만한 것은 없었던 것 같습니다. 그러는 사이에 이스라엘은 배워야 할 영적인 교훈들을 배우지 못하고 넘어갔습니다.

신앙도 합격 점수가 있다

이스라엘 후손들은 다시 하나님 앞에서 악을 행했습니다. 어떤 사건이 일어날 때에 그 사건을 통해서 하나님께서 우리에게 들려주시고

자 하는 뜻이 무엇인가를 깨달아야 합니다. 야고보서 1장을 보면 너희가 여러 가지 시련을 만나거든 온전히 기쁘게 여기라고 말씀하고 있습니다. 하나님께서 믿음을 테스트하고 계신다고 여기면서 그 시련을 기쁘게 받아들이라는 것입니다.

시련은 인내를 만들어 냅니다. 인내의 훈련이 잘 되면 다음에 오는 시련을 너끈히 감당할 수 있습니다. 한 번 시험에 합격한 경험이 있으면 그 다음 시험은 자신 있게 부딪칠 수 있기 때문입니다.

저는 일생에 한 번 낙제 점수를 받아본 적이 있었습니다. 대학 4학년 마지막 학기였는데 세포학이라는 과목을 들었습니다. 원래 과학에는 별로 관심이 없었던 저였지만 세포학이면 괜찮을 것 같아서 들었던 것인데 그것이 생물학과의 4학년 교과 과정이라서 고난도의 공부인데다가, 제가 그때는 직장에 다니고 있었기 때문에 수업도 잘 들을 수가 없었습니다. 결국에는 낙제 점수가 나왔습니다. 그래서 교수님을 찾아가서 재시험을 쳐서 통과했습니다.

신앙의 훈련도 마찬가지입니다. 한 번 시험에 실패하면 그와 비슷한 시험을 다시 치러야 합니다. 그래서 합격 점수를 받아야 다음 단계로 들어갈 수 있는 것입니다. 그런데 이스라엘 백성들이 그 과정을 거치지 못하고 넘어간 것이었습니다. 한 세대가 거쳐간 시험을 그 다음 세대들도 통과할 수 있도록 자손들을 가르치고 훈련시켜야 했는데 그것을 하지 못하고 허송 세월을 보냈던 것입니다.

하나님의 시험은 우리를 모든 면에서 온전하게 구비하게 합니다. 그러나 평소에 말씀하시는 하나님의 음성을 듣지 못하면 훈련을 제대로 받을 수 없습니다. 3학년 과정을 하고 있을 나이에 1학년 과정을 계속해서 반복해야 한다면 얼마나 힘들고 피곤한 노릇입니까. 성숙해서 선생이 되어 있어야 할 때에 방황하고 있다면 답답한 일이 아닐 수 없습니다. 사람은 시간이 지날수록 성숙해져야 하듯이 신앙도 자라야 합니다. 늘 어린아이 상태로 있다면 정상적인 성장이라고 할 수 없습니다.

리더에게 있어야 할 것

풀러 신학교 교수인 로버트 클린턴이 쓴 『Making of a Leader』라는 책에 보면, 성공적인 목회자들은 어떤 사람들인지 조사 분석한 자료가 실려 있습니다. 그리고 유능한 리더 한 사람이 나타나려면 어떤 단계를 거쳐야 하는지도 쓰여 있습니다. 지도자가 되는 단계를 여섯 단계로 나눈 후에 클린턴 교수는 말하기를, 그 단계마다 배워야 할 것을 배운 사람이 성공한다는 결론을 내렸습니다. 단계마다 당연히 배워야 할 것을 배우지 못한 사람들은 뒤처지게 되어 있습니다. 그리고 하나님께서는 계속해서 그 단계를 거치게 하십니다. 의당 배워야 할 단계를 건너뛰고 더 위의 단계로 월반시키지는 않으신다는 말입니다.

저는 그 글을 읽으면서 아주 정확한 분석이라고 생각했습니다. 광야에서 방황하다가 죽은 이스라엘 사람들은 배워야 할 것을 제대로 배우지 못했습니다. 처음에 홍해가 갈라졌을 때 하나님에 대해서 정확하게 배웠어야 할 것을 그때 배우지 못하고 그냥 지나갔기 때문에 성장하지 못한 것입니다. 이스라엘 백성들은 어려운 일이 있을 때마다 '우리를 광야에서 죽이려고 애굽에서 인도해 냈냐'고 모세와 하나님을 원망했습니다. 어려움이 조금이라도 나타날 때마다 매번 하나님을 원망하고 하나님의 능력을 의심했습니다. 시시때때로 하나님의 기적을 체험하면서도 하나님을 완전히 신뢰하지 못했으므로 그들의 믿음은 성장할 수 없었고 젖과 꿀이 흐르는 땅에 들어갈 수도 없었던 것입니다.

사사 시대의 지도자였던 돌라와 야일은 이스라엘 백성들을 제대로 가르치지 못했습니다. 하나님께서는 에브라임 산지에 살고 있던 잇사갈 사람 돌라를 사사로 일으키사 23년을 다스리게 하셨습니다. 그 사이에 외부의 침략이 있었던 것 같은데 어렵지 않게 물리친 것으로 보입니다. 다윗 시대에는 돌라 가문이 용맹한 사람들이었다고 기록되어 있습니다. 역대상 7장을 보면 돌라 가문 사람들이 담대하고 용감한 사람이라고 말하고 있는 것을 볼 수 있습니다.

사사 돌라의 시대는 평화의 시대였습니다. 용맹한 지도자 한 사람의 역할이 이렇게 큰 것입니다. 백성들을 어려움에서 건지기도 하고 외적들이 침략하지 못하도록 막아 내는 힘을 발휘하기도 합니다.

야일은 길르앗 사람으로 돌라의 뒤를 이어 22년 동안 이스라엘의 사사로 있었습니다. 다른 사사들처럼 야일도 아내를 많이 두어서 아들을 서른 명이나 낳았습니다. 그리고 아이들 모두에게 나귀를 태워 줄 정도의 부와 권세를 누리기도 했습니다. 그렇지만 그런 정치적인 능력에도 불구하고 야일에게 영적인 능력은 없었던 것 같습니다.

리더가 행정적인 능력과 수완이 있는 것도 중요하지만 그것보다는 영적, 윤리적 능력이 있어야 합니다. 하나님을 섬기고 영적으로 맑으며 윤리적으로 깨끗한 사람이라야 좋은 지도자라고 할 수 있습니다. 기본이 잘 되어 있어야 그 위에 다른 것들이 더 큰 빛을 발휘할 수 있는 것입니다.

두 사사가 죽고 나자 이스라엘 백성들은 다시 우상숭배에 빠지기 시작했습니다. 돌라와 야일이 사사로 이스라엘을 이끌기는 했지만 영적인 리더십을 발휘하지는 못했기 때문에 나타난 현상입니다. 영적인 영향력이라는 것은 백성들이 하나님을 절대적으로 따르고 사랑하게 만드는 것을 말합니다. 그리고 그렇게 되려면 자신이 먼저 그런 영적인 상태에 있어야 합니다.

제가 아는 목사님 가운데 신학교 교수 기준으로 설교를 평가하라면 C정도 되겠다 싶은 분이 있습니다. 그런데 그분은 영성이 깊은 분이었습니다. 인간관계가 썩 좋은 것도 아니고 말씀을 잘 전하는 것도 아니지만 그분이 하나님을 깊이 사랑하는 것이 느껴지는 것입니다. 그래서 목회를 잘하십니다. 저는 그분을 보면서 많은 도전을 받습니다. 그분이 말씀하시는 것을 들으면 보통 사람들이 말하는 것과 다르다는 것을 느끼기 때문입니다. 이렇듯 목회자는 영적인 리더십을 계발하여야 합니다.

백성이 죄를 고백하게 하라

두 명의 사사가 영적인 리더십을 제대로 발휘하지 못했기 때문에 이들이 차례로 죽자 이스라엘은 주변의 온갖 우상들을 다시 숭배하기 시작했습니다. 혼합주의와 다원주의에 빠졌을 뿐 아니라 여호와 하나님을 완전히 버렸습니다. 6절을 보십시오.

"이스라엘 자손이 다시 여호와의 목전에 악을 행하여 바알들과 아스다롯과 아람의 신들과 시돈의 신들과 모압의 신들과 암몬 자손의 신들과 블레셋 사람의 신들을 섬기고 여호와를 버려 그를 섬기지 아니하므로."

이스라엘 사람들은 가나안의 신들인 바알과 아스다롯, 아람의 우상들(하닷과 림몬)과 시돈의 우상들(바알과 아세라), 모압의 우상들(그모스), 암몬의 우상들(밀곰과 몰렉), 블레셋의 우상들(다곤)을 섬겼습니다. 이렇게 범죄하는 이스라엘에게 하나님은 진노하사 그들을 블레셋 사람과 암몬 사람들의 손에 붙이셨습니다. 하나님께서는 사랑하는 자녀가 악한 길로 가는 것을 그대로 보고 계시는 분이 아닙니다. 매를 들고 채찍으로 쳐서라도 그들을 바른 길로 돌이키도록 하십니다.

우상숭배는 처음에는 재미있어 보였을 것입니다. 그러나 그것은 그 시간이 지나면 끝입니다. 아무것도 남는 것이 없고 미래의 비전이 없습니다. 결국 이스라엘은 우상숭배로 인해 18년 동안 압제를 당하다가 자신들의 죄를 용서해 달라고 하나님 앞에서 부르짖었습니다. 그 죄를 깨닫는 데 18년이라는 시간이 걸린 것입니다. 시련이 오는 그 즉시 깨닫고 하나님께 무릎을 꿇고 회개했으면 그렇게 긴 시간 동안 남의 나라 압제에 시달리지 않았을 것입니다.

물론 모든 시련이 자기 죄 때문에 오는 것은 아닙니다. 성경에서 시련이 오는 경우를 조사해 보면 반드시 자기 죄 때문에 고통을 당하지는 않는다는 것을 알 수 있습니다. 자기 죄는 시련을 당하는 여덟 가지 이유 중 하나입니다. 그러나 시련이 오면 제일 먼저 자신을 살피는 것이 좋습니다. 자신의 잘못이 지금 당하는 시련의 직접적인 이유는 아니라 할지라도 부분적인 이유로 작용하고 있을 수도 있습니다. 이미 지난 것일지라도 하나님 앞에서 미처 살피지 못하고 지나가면 그 일이 원인이 될 수도 있습니다.

죄는 편안하고 즐겁게 다가오지만 그것은 오래 가지 못하고 금방 멸망의 본색을 드러냅니다. 이것을 절실하게 깨달은 사람이 바로 다윗입니다. 다윗은 한 번 지은 죄 때문에 열네 번의 엄청난 재난을 겪어야 했습니다. 저는 그것을 보고 고개를 절레절레 흔들었습니다. 다윗의 경우를 보면 두 번 다시 죄를 지어서는 안 되겠다는 생각을 하게 됩니다. 한 번 저지른 것으로 인해 일생을 고통과 슬픔에 끌려다녀야 하는 것이 죄인데 무슨 가치나 유익이 있을 수 있겠습니까. 죄란 끔찍한 고통일 뿐입니다.

하나님이 버리시면 돈이나 대궐 같은 집도 위로가 되지 않습니다. 오히려 그런 집을 지옥처럼 생각하면서 살 수도 있습니다. 우상이 도움이 될 리가 없습니다. 하나님 없이는 세상의 어떤 것도 참된 행복을 줄 수 없습니다. 이스라엘은 뒤늦게 이것을 깨닫고 여호와 하나님께로 돌아왔습니다.

문제는 삶의 방향입니다. 여러분의 삶의 방향은 어디를 향해 있습니까. 인간적인 욕망이나 권력이나 돈을 향해 있지는 않습니까. 다시 한 번 잘 살펴보십시오.

이스라엘은 하나님을 향해 돌아서서 자신들이 하나님을 버리고 돌아셨던 것을 회개했습니다. 회개는 솔직하고 구체적이어야 합니다. 하나님께서는 이미 모든 것을 다 알고 계시므로 우리가 감춘다고 해서 감추어지는 것이 아닙니다. 하나님은 이미 다 알고 계시지만 우리 스스로 죄를 고백하기 원하십니다. "우리 죄를 자백하면"(요일 1:9)이라고 했을 때의 "자백한다"는 말은 스스로 있는 바를 그대로 말한다는 것입니다.

이렇게 자백하지 않으면 내 마음에 깨끗한 치유가 일어나지 않습니다. 정신분석학자들의 책을 읽어 보면 사람의 행동이 좀 이상하게 나타나는 것은 반드시 그 사람에게 심리적인 문제가 있는 것이라고 합니다. 그리고 그 문제는 그 사람의 인생을 파고들어 영향을 미칩니다. 폐쇄 공포증이나 고소 공포증이 있는 사람도 자신의 삶 가운데 있었던 경험이 잠재되어 있다가 나타나는 것입니다.

문제의 본질을 알면 그때부터는 치유할 수 있는 방법이 생깁니다. 자신의 문제를 깨달으면 그때부터 문제가 풀리게 되는 것입니다. 그것이 바로 우리가 말하는 회개와 같은 것입니다. 하나님이 우리의 죄를 몰라서 우리에게 다 고백하라고 하는 것이 아닙니다. 하나님은 우리 자신보다 오히려 더 많이 그리고 더 깊이 알고 계십니다. 우리 자신을 죄로부터 해방시켜 주기 위해서 우리 입으로 고백하라고 하는 것입니다. 다 드러내 놓지 않고 그냥 숨기고 넘어가면 그것이 병의 원인이 됩니다. 마음속에 미진하게 남은 것이 없이 구체적으로 다 고백하고 용서를 받아야 다른 문제가 생기지 않습니다. 하나님께 고백하는 것이 심리적으로나 영적으로 건강하게 사는 방법입니다.

하나님께서 말씀하신 것은 아무리 작은 것이라도 의미가 있습니다.

잘 살펴보면 하나님만큼 인간의 전반에 관해서 과학적으로 알고 계신 분이 없다는 것을 알 수 있습니다. 창조하신 분이기 때문에 그만큼 정확하게 알고 계신 것입니다. 어느 누구도 인생의 진리를 완전히 알 수는 없습니다. 시간이 지나고 과학이 발달하면서 조금씩 알아 가기는 하지만 완전히 알 수는 없는 것입니다.

은혜 주기를 원하는 하나님

이스라엘의 회개에 대한 하나님의 첫 반응은 도와주지 않겠다는 것이었습니다(10:13). 전부터 많은 민족들의 압제에서 구해준 하나님을 버리고 다른 신을 섬기는 사람들을 어떻게 신뢰할 수 있겠냐고 하셨습니다. 그리고 하나님 대신 선택한 신들에게 가서 도와달라고 하라고 합니다. 하나님께서 화가 나신 것입니다. 세월이 가도 신앙이 성장하지 않고 같은 죄를 계속해서 반복하는 이스라엘 백성들의 어리석음을 책망하고 있는 것입니다.

그러자 이스라엘 사람들이 진정으로 회개합니다(10:10). 잠시 고난을 모면하려고 하는 말이 아니라 자신들이 진정으로 잘못했다는 것을 인정하는 것입니다. 하나님께서 하고 싶은 대로 하시되 오늘만은 고난에서 자신들을 구해 달라고 부르짖습니다. 그리고 말로만 그런 것이 아니라 우상들을 모두 제하고 하나님께로 돌아왔습니다. 자비로운 주님께서는 다시 이스라엘을 구해 주기로 작정하셨습니다. 하나님께서는 진심으로 회개하는 자를 물리치지 않으십니다.

암몬 자손들은 길르앗에 진을 쳤고 이스라엘은 미스바에 모여서 진을 쳤습니다. 이제는 리더가 필요한 때입니다. 이런 때에 준비된 리더가 없으면 전쟁에서 이길 수 없습니다. 하나님께서는 사사 입다를 준비하시고 그를 보내십니다. 11장에 보면 하나님께서 입다를 통해 이스라엘을 구원하시는 모습이 잘 나타나 있습니다. 한 명의 리더가 나라를 구하는 데 쓰임을 받습니다.

주님을 떠났다가도 다시 돌아오는 자에게 하나님은 긍휼을 베푸십니다. 하나님을 버리고 범죄한 이스라엘이었지만 그들이 회개하고 돌아올 때 하나님께서는 은혜를 베푸셨습니다. 이처럼 하나님의 자비와 긍휼과 인자하심은 영원하십니다.

[리더는 환경을 정복한다]

사사기 11:1~28

우리의 출발이 어디서부터였는지는 중요하지 않습니다.
어디에 도착했는지가 중요한 것입니다.
하나님과 함께 걸어간다면 어려운 여건과 환경을 극복하고
예수 그리스도의 형상을 닮은
참으로 멋있는 인간이 될 수 있습니다.

암몬 사람들과 전쟁 상황에 돌입하게 된 이스라엘 사람들은 그들을 이끌 지도자를 찾습니다. '누가 먼저 나가 암몬 자손과 싸움을 시작할고'(10:18). 그들은 그 지도자로 입다를 선택했습니다. 이스라엘의 여덟 번째 사사인 그는 암몬과의 전쟁에서 이스라엘을 승리로 이끌었습니다.

기생의 아들

입다는 길르앗이 기생에게서 낳은 아들이라는 것 때문에 인정을 받지 못하고 살았던 사람이었습니다. 길르앗의 아내들도 아들을 낳았

고, 그들은 기생의 아들인 입다가 아버지의 기업을 잇지 못하게 하기 위해 그를 쫓아냈습니다. 쫓겨난 입다는 형제들의 눈을 피해서 돕 땅에서 살았는데 그와 비슷한 처지의 사람들이 그에게로 몰려와서 큰 무리를 형성했습니다. 그리고 그들과 함께 힘을 길렀습니다. 출신 배경은 나빴지만 실력을 기르고 있었기 때문에 이스라엘을 승리로 이끄는 사사가 될 수 있었던 것입니다.

또한 입다는 한이 맺힌 사람이었습니다. 그러나 그것 때문에 자포자기하지 않았습니다. 자신의 환경에서 할 수 있는 대로 힘을 기르고 나라를 위해서 쓸 수 있도록 준비하고 있었던 것입니다. 그는 역사의식을 가진 사람이라고 볼 수 있습니다.

그런데 입다가 어려서부터 정서적으로 받은 상처는 그를 극단적이고 다혈질적인 사람으로 만들었습니다. 그래서 하나님께 서원을 하면서도 과격한 서원을 해서 외동딸을 잃는 아픔을 당하게 됩니다.

사람을 자신의 선택과는 무관한 출생의 배경 때문에 배척하는 일은 없어야 합니다. 그런 일로 인해서 상처를 받은 사람은 일생 동안 그 상처로 인한 컴플렉스를 안고 살아가게 마련입니다. 입다가 기생의 아들로 태어난 것은 입다의 잘못이 아닙니다. 그가 선택한 것이 아니기 때문입니다. 그런데도 입다는 마치 그 자신에게 죄가 있는 것처럼 멸시 당하고 천대 당하면서 살아야 했습니다.

이런 일들은 우리 주변에서도 종종 일어납니다. 자신의 잘못이 아닌 것 때문에 배척과 멸시를 당하는 일들이 일어나면 말할 수 없는 억울함과 분노를 느끼게 되고 한을 갖게 됩니다. 신체적 장애를 가지고 태어난 사람들에 대해서 우리는 편견을 가지고 대하고 그들을 경시하기 쉬운데 본인들의 선택에 의한 것이 아닌데도 편견을 갖거나 경멸하는 것은 그 사람의 인격의 한계를 드러내는 것입니다.

또 선천적으로 머리가 남보다 좋지 못한 아이들도 있습니다. 그런 사람은 머리가 좋은 사람보다 훨씬 많은 시간을 공부하는데도 성적이 좋게 나오지 않습니다. 그러나 그것도 반드시 그 사람의 잘못이라고 할 수는 없습니다. 그리고 그런 사람들은 공부가 아닌 다른 일에 뛰어난 능력이 있습니다. 어느 한 분야에서 뒤떨어졌다고 해서 그것이 모든 면에서 뒤떨어진 것이라고 생각해서는 안 됩니다.

그 사람의 존재 그대로 받아들이는 것이 중요합니다. 우리는 보통 사람보다 부족한 사람들에 대한 배려와 포용성을 기르는 훈련을 해야 합니다. 우리들은 서양 사람들보다 이런 면에서는 훈련이 부족한 것 같습니다. 우리는 장애우에 대해서 문화적으로 터부시하는 악습이 있습니다. 이런 생각들은 하루빨리 고쳐져야 합니다. 기독교인들부터 잘못된 인습들을 없애는 일에 앞장서야 할 것입니다.

저는 다른 것은 많이 참을 수 있지만 선천적인 약자들을 괴롭히는 것을 보고는 참지 못합니다. 제가 미국에 있을 때에 불량 청소년들을 선도하는 곳에서 일을 한 적이 있었습니다. 그런데 연세가 드신 목사님 한 분이 그 기관에서 일하시는데 열네 살짜리 건장한 소년이 제 앞에서 그 연로하신 목사님을 멸시하며 주먹으로 배를 때리는 것을 보았습니다. 저는 가만히 있을 수가 없었습니다. 그래서 제가 그 아이를 때려 눕혀 버렸습니다. 그랬더니 그 아이가 법정에 고소하겠다고 소리를 질렀습니다. 저는 그 말을 듣고 한 대 더 때려 주었습니다. 그리고 얼마든지 고소하라고 했습니다. 고소하는 게 무서워서 젊고 힘이 있다고 늙고 약한 노인을 함부로 대하는 것을 두고 볼 수는 없다고 했습니다.

약한 사람에게는 무례하고 강한 사람에게는 굽실대는 것은 비겁한 행동입니다. 싸움의 대상으로 자기보다 약한 사람을 선택하고 약한 자를 짓밟는 것은 비열한 짓입니다. 그런 일은 해서도 안 되고 두고 보아서도 안 됩니다. 특히 자신의 힘으로 고칠 수 없는 신체적 연약함을 두고 상대방을 멸시해서는 안 됩니다. 더구나 본인이 컴플렉스를 느끼고 있는 부분에 대해서는 언급하는 것을 피해야 합니다.

최근에 저는 한 사람을 상담했습니다. 그는 마약 중독자였습니다. 상담을 하면서 보니까 그는 첩의 자식이었습니다. 그는 자신의 출생 배경 때문에 늘 괴로워하고, 그러다 보니 마약에까지 손을 대게 되었습니다. 자신이 아무리 노력을 해도 고쳐질 수 없는 것을 가지고 평생 괴로워하고 고통 속에 빠져 있는 것은 어리석은 일입니다. 그렇게 괴로워하면서 보내는 시간에 자신이 할 수 있는 일을 하면서 보내는 것이 자기 자신을 위해서 훨씬 좋은 일입니다. 많은 시간들을 어떻게 하면 좀 더 옳은 일을 하면서 잘 살 수 있을까를 생각했더라면 그 사람의 인생은 훨씬 행복하고 성공적이었을 것입니다.

우리의 출발이 어디서부터였는지는 중요하지 않습니다. 그 자리에서 출발해서 어디를 거쳐 어디에 도착했는지가 중요합니다. 우리가 어디서 출발을 했든지 하나님과 함께 걸어간다면 우리의 종착역은 풍성하고 아름다운 곳이 될 것입니다.

불행한 배경의 사슬에 묶여서 고생하는 사람들이 우리 주위에 있다면 그 사람들에게 출발보다는 목표지와 종착역이 훨씬 중요하다는 것을 꼭 말씀해 주십시오. 그래서 그분들이 아까운 시간을 허비하는 일이 없도록 도와 주십시오. 어디서 출발하든지 하나님과 함께 동행하면 됩니다. 그러면 어려운 여건과 환경을 극복하게 되어 반드시 하나님께서 기뻐하시는 사람으로, 예수 그리스도의 형상을 닮은 사람으로 변화되어 참으로 멋있는 인간이 될 수 있을 것입니다.

또 그와 반대로 선천적인 장점 때문에 그 사람을 지나치게 칭찬해서도 안 됩니다. 잘못하면 그것으로 인해 교만해질 수 있기 때문입니다. 얼굴이 잘생기면 많은 사람들의 눈에 띄고 아름답다는 찬사를 받게 되는데, 그것은 자신의 힘으로 된 것이 아닙니다. 어머니와 아버지의 유전적인 요인으로 인해서 생긴 것이지 자신의 공이 아니기 때문입니다.

그러나 자신이 노력을 해서 얻어진 결과에 대해서는 칭찬을 아끼지 말아야 합니다. 그것이 좋은 습관이든지 좋은 성적이든지 좋은 성격이든지 간에 타고난 것보다는 자신이 노력을 해서 성취한 것은 격려해 주고 인정해 주고 칭찬해 주는 것이 중요합니다. 그것은 스스로 노력해서 성취한 것이기 때문입니다. 그런 일에 칭찬을 해 주어야 더 힘을 내서 무언가를 이뤄 내고자 할 것입니다. 그래야 스스로를 계발하고자 하는 의욕을 꺼뜨리지 않을 것입니다. 이것이 능력 계발을 위한 아주 중요한 원리입니다.

제가 미국에서 목회하던 교회에 장애를 가진 두 아이가 있었습니다. 부모가 그 아이들을 데리고 교회에 오면 아이들은 물론이고 어른들까지도 그 아이들을 피합니다. 그것을 보는 부모의 마음이 어떠했 겠습니까. 나중에는 우리 교회를 못 나오고 미국 사람들이 다니는 교 회에 나가게 되었습니다. 미국인들은 장애우들을 편견을 가지고 대하 지 않기 때문입니다. 미국 교회에 출석하자마자 그곳 교인들은 그 아 이들을 마치 그 교회에서 가장 귀중한 아이처럼 소중하게 대했다고 그 부모는 말했습니다.

저는 미국에서 목회를 하면서 정신 장애우 반을 따로 마련해서 그 들을 위한 목회를 하고 싶은 마음이 많이 있었지만, 결국 실행에 옮기 지 못하고 한국에 오게 되었습니다. 그런데 한국에 와서 보니 할렐루 야교회에 '사랑부' 라고 하는 부서가 잘 운영되고 있는 것을 보고 얼마 나 반가웠는지 모릅니다.

이런 사람이 쓰임 받는다

입다는 자신을 찾아오는 부랑자들을 대상으로 군사 조직을 만들어 서 일종의 고용 군인으로 세를 넓혀 갔습니다. 같은 처지에 있는 사람 들끼리 모여서 군대를 조직한 것입니다. 입다의 곁에 모였던 자들은 나름대로 세상에 대한 원망과 한이 있었던 사람이었습니다. 그래서 이들은 싸움으로 자신의 분을 삭일 수 있는 곳을 찾아 모여들었고, 일 단 싸움이 생기면 그 동안 자신의 울분을 싸우면서 해소하려 했기 때 문에 물불을 가리지 않고 용감하게 싸웠을 것입니다.

제가 고등학교를 다닐 때에 저희 교회 앞에 아주 폭력적인 아이가 한 명 있었습니다. 체구는 작은데 얼마나 독한지, 교회의 아이들이 그 아이에게 매를 맞고 들어오기 일쑤였습니다. 그래서 하루는 고등부 학생들이 모여서 그 아이를 흠씬 때려 주고 다시는 교회 아이들에게 손을 대지 못하게 하자고 의견을 모았습니다. 그러나 교회에 다니는 학생들이 폭력을 쓸 수는 없었습니다. 그래서 그냥 참고 피하는 것으로 결론을 내고 말았습니다.

지금 생각해 보면 그 아이도 집에서든지 학교에서든지 독을 품게 하는 무엇이 있었을 것 같습니다. 마음에 상처가 있거나 분노가 있어 누군가를 괴롭히지 않으면 견딜 수 없는 상태가 되었을 것입니다.

입다가 이런 환경에 있을 때에 길르앗은 암몬과 전쟁을 하게 되었습니다. 사태가 다급해진 길르앗 장로들은 입다에게 와서 자신들을 도와달라고 청합니다(11:6). 기생의 아들이라고 배척했던 사람을 이제는 자신들을 구원해 줄 사람으로 찾게 된 것입니다. 이런 일은 입다가 자신의 실력을 길러 놓았기 때문에 가능한 일이었습니다. 만일 입다가 자기 능력을 키우지 않고 그냥 세월만 낭비하고 있었다면 길르앗 사람들 앞에 그렇게 당당하게 나타날 수 없었을 것입니다. 비록 분노에서 나온 힘이기는 했지만 그 힘을 나쁜 쪽으로 분출하지 않고 유용한 세력으로 키웠다는 점에서 입다는 성공한 사람이라고 할 수 있습니다.

자신에게 도움을 청하는 길르앗 장로들에게 입다는 지난날의 억울함과 부당하게 당했던 일들을 항의합니다. 입다의 항의를 들은 길르앗 장로들은 암몬 자손과 싸워 이기면 입다를 자신들의 머리가 되게 하겠다고 다짐합니다(11:8). 어린 날의 차별과 멸시가 그 반대로 변해 그들 위에 군림할 수 있는 기회가 된 것입니다. 출생 배경이 그 사람의 일생을 결정하는 것이 아니라 자신의 노력이 인생을 결정한다는 것을 입다의 예를 보아서도 알 수 있습니다.

　사람은 무엇이든지 한 가지는 잘하는 것이 있어야 하고, 가능하면 청소년 시절에 무엇이든지 다 웬만큼은 할 수 있을 정도로 배워 두는 것이 좋습니다. 저는 딸이 셋 있는데 그 아이들이 배울 수 있는 것은 다 가르쳤습니다. 승마, 자전거, 수영, 음악 심지어는 축구나 야구까지 가르쳐 주려고 노력했습니다. 딸들이라고 못 배울 이유가 없습니다. 딸들도 능력이 닿는 대로 다 가르쳐야 하고 자기 인생을 충분히 즐길 수 있게 해야 합니다.
　현모양처라고 해서 집안에서 가사만 돌보는 것이 전부라고 생각하는 것은 낡은 사고방식입니다. 이제는 딸들도 아들과 똑같이 가르치고 능력을 기를 수 있도록 해 주어야 합니다. 그래야 살아 가면서 무슨 일을 만나도 현명하게 헤쳐 나갈 수 있는 사람이 될 수 있을 것입니다.

　입다는 길르앗 장로들에게 자신이 암몬과의 싸움에서 이기면 진정으로 그들의 머리가 될 수 있는지를 재차 확인합니다(11:9). 길르앗 장로들은 여호와 하나님을 그들 사이의 중인으로 삼아 반드시 약속을 이행하겠다고 다짐합니다. 그리고 입다와 길르앗 장로들은 함께 길르앗으로 갔습니다. 입다는 그들의 머리와 사사가 되었고, 미스바에서 자기 말을 다 여호와께 고했습니다. 시련을 통한 인내와 승리를 하나님 앞에서 이루었습니다.

하나님께 인정받으라

지도자가 된 입다는 암몬에게 사자를 보내어 왜 길르앗을 치려 하는지 물었습니다. 그러자 암몬 자손의 왕이 대답합니다.

> "암몬 자손의 왕이 입다의 사자에게 대답하되 이스라엘이 애굽에서 올라올 때에 아르논에서부터 얍복과 요단까지 내 땅을 취한 연고니 이제 그것을 화평히 다시 돌리라"(13절).

암몬은 이스라엘이 애굽에서 나오면서 원래 자신들의 땅이었던 곳을 차지했으니 그 땅을 다시 내놓으라고 말했습니다. 그러나 정작 역사를 살펴보면 그들이 주장하는 것과는 다름을 알 수 있습니다.

이스라엘이 애굽을 탈출해서 나올 때에 지나가야 하는 나라들에게 그저 통과만 할 수 있도록 허락해 달라고 요청했는데, 각 나라의 왕들은 그 요청을 들어 주지 않았습니다. 그래서 에돔과 모압의 경우에는 국경을 멀리 돌아서 가야 했습니다. 그런데 시혼 땅에 왔을 때는 지나가지 못하게 하는 정도가 아니라 싸우자고 공격해 왔고, 할 수 없이 전쟁을 해서 아모리 땅을 점령하게 된 것이었습니다. 그 땅은 여호와께서 이스라엘에게 주신 땅이고 삼백 년 동안 살아온 땅이었습니다. 그런데 그 땅을 이제 와서 내놓으라고 하니 이치에 닿지 않는 말인 것입니다.

입다는 다시 사자를 보내어 이런 요지의 말을 암몬 왕에게 전했습니다. 입다는 싸움에 능했을 뿐만 아니라 역사의식을 가지고 있는 사람이었습니다. 그는 칼을 쓰는 무장이었지만 그렇다고 해서 자신의 민족이 어떤 역사적 여정을 거쳐 왔는지에 등한한 사람이 아니었습니다. 무예를 닦는 한편으로는 역사에 대한 식견도 충분히 가지고 있어서 다른 사람의 왜곡된 역사 해석을 논리적으로 반박할 수 있는 사람이었던 것입니다. 이것이 바로 리더다운 모습입니다.

준비된 리더 입다는 암몬 왕이 이치에 닿지 않은 말을 했을 때 확실한 역사적 근거를 들어서 그 말을 반박할 수 있었던 것입니다. 이처럼 후손들에게 자기 나라의 역사를 올바르게 가르치는 것은 매우 중요한 일입니다.

입다는 자신의 사자를 통해서 암몬 왕에게 네 가지 역사적 사실을 지적했습니다. 첫째는 암몬이 요구하는 땅은 아모리와 모압 쪽의 땅이지 암몬의 땅이 아니라는 것이었습니다.

둘째는 종교적인 전쟁을 해서 승리한 신이 준 땅이면 그 땅은 승리한 사람의 것이므로 그것을 다시 돌려달라고 할 권리가 없다는 것이었습니다. 이런 승자의 법은 그 당시에 서로 인정했던 법이었습니다.

24절을 보십시오.

"네 신 그모스가 네게 주어 얻게 한 땅을 네가 얻지 않겠느냐 우리 하나님 여호와께서 우리 앞에서 어떤 사람이든지 쫓아내시면 그 땅을 우리가 얻으리라."

그 당시 각 족속들 간의 전쟁은 그 족속들이 섬기는 신들의 싸움이라고 여겼습니다. 그래서 그 전쟁에서 이기게 되면 자신들이 섬기는 신이 이기는 것이고, 정복한 땅은 신의 선물이라고 생각했습니다. 따라서 그 땅은 여호와 하나님께서 이스라엘에게 주신 땅이라는 말이 정당한 것입니다.

그리고 그 땅은 암몬 사람의 땅이 아니라 모압 사람의 땅이고, 모압 사람들은 삼백 년 동안 그 땅을 돌려달라고 말한 적이 없는데 이제 와서 암몬 사람이 그 땅을 돌려달라고 하는 것은 이치에 닿지 않는 요구인 것입니다.

셋째는 시간적 이유를 제시했습니다. 이스라엘이 헤스본에 정착한 지 벌써 삼백 년이나 되었는데 주인도 아닌 사람이 남의 땅을 돌려달라고 나서는 것은 당치 않은 소리라는 것이었습니다.

마지막으로 하나님께서 이스라엘과 암몬 중 누구의 손을 들어 주시는지 보자고 했습니다(11:27).

그러나 암몬은 이렇게 논리적인 입다의 설명을 무시했습니다. 그러자 여호와의 신이 입다에게 임하셨습니다. 입다는 자기 족속에게뿐 아니라 하나님께도 리더로서의 확인을 받은 것입니다. 하나님과 이스라엘 백성에게서 리더로 인정을 받은 입다는 전쟁 준비를 합니다. 그리고 전쟁에 돌입하기 전에 하나님께 서원을 합니다. 그 맹세의 내용은 입다의 열정을 보여 주지만, 경솔하게 서원을 함으로써 머지않아 슬픈 일을 당하게 됩니다.

[불만이 다스리지 못하게 하라]

사사기 11:29~12:15

하나님이나 사람에게 사랑받는 사람은 겸손한 사람입니다.
어려운 일이 생길 때 우리는 다윗의 마음 자세를 배워야 합니다.
왜 사건이 일어났는지, 이 사건을 통해 말씀하시고자 하는 바는 무엇인지,
나는 하나님의 음성을 듣고 있는지 돌아보아야 합니다.

급한 마음을 조심하라

입다는 암몬과의 전쟁을 하러 나가기 전에 여호와께 서원을 합니다. 그런데 하나님의 도우심이 없으면 전쟁에서 승리할 수 없다고 생각한 나머지 무리한 서원을 하게 됩니다.

목회자가 된 분들 중에는 위급한 상황을 벗어나게 해 주시면 하나님의 종이 되겠다고 서원 기도를 한 사람들이 많이 있습니다. 어떤 분은 월남전에 파병되어 베트콩과 싸우면서 이 전쟁에서 살아남게 해 주시면 하나님의 종이 되겠다고 서원하여 목회자가 된 분도 있습니다. 또 병이 나서 죽을 지경에 이르게 되었을 때, 살려 주시면 어떤어

떤 일을 하겠다고 서원을 하는 분들도 종종 있습니다.

입다도 절박한 심정으로 승리를 구하면서 하나님께 서원을 했습니다. 그런데 그 서원의 내용이 즉흥적이고 무리한 것이었습니다. 자신이 전쟁에서 돌아오자마자 집에서 제일 먼저 자기를 맞으러 나오는 것을 하나님께 드리겠다고 한 것입니다.

이런 입다의 서원에 대해서는 여러 가지 해석이 있습니다. 이 서원의 내용이 하나님의 말씀에 맞지 않으므로 용납되지 않는다는 견해도 있고, 미혼인 입다의 딸이 정말 제물로 바쳐진 것이 아니라 성전에서 평생 하나님을 섬기도록 한 것이라는 해석도 우세하게 주장되고 있습니다. 어느 것도 정확하다고 단언할 수 없지만 만약 입다가 딸을 태워서 번제물로 바쳤다면 이것은 성경에 맞지 않는 일이기 때문에 문제가 됩니다.

31절을 살펴보겠습니다.

> "내가 암몬 자손에게서 평안히 돌아올 때에 누구든지 내 집 문에서 나와서 나를 영접하는 그는 여호와께 돌릴 것이니 내가 그를 번제로 드리겠나이다 하니라."

여기서 "내 집 문에서 나와서 나를 영접하는 그는(11:31)"이라는 말은 영접하는 것이 짐승일 수도 있고 사람일 수도 있는 두 가지 가능성이 있습니다. 만일 짐승이 나오면 번제로 드리고 사람이 나오면 그를 하나님께 헌신하는 사람으로 드리겠다는 말을 한 것으로 해석해야 한다는 견해가 있습니다. 그 근거는 우리 말 해석과 다르게 히브리

원문에 나오는 접속사 '와우'를 "그를 여호와께 돌릴 것이 '고' 내가 그를 번제로 드리겠나이다"에서 '고'를 '그리고'라는 뜻으로 해석을 했는데, 그렇게 하지 말고 '하거나' 혹은 '그러면'으로 해석하자는 것입니다.

그래서 다시 번역을 하면 "주님께 번제로 바치든지 아니면 헌신시키든지"라고 해석할 수 있습니다. 이렇게 서원을 했는데 가장 먼저 뛰어나온 것이 딸이었기 때문에 그를 결혼시키지 않고 성전에서 평생 헌신하도록 했다는 것이 요즘의 우세한 해석입니다.

그 당시에 여자를 결혼시키지 않고 평생 아이를 낳을 수 없도록 한다는 것은 말할 수 없는 희생이었습니다. 아이를 낳는 것은 하나님께서 여자에게 주시는 큰 복이기 때문에 아이를 낳지 못하면 저주를 받은 것으로 생각하기도 했습니다. 그래서 입다의 딸과 그의 친구들은 두 달의 말미를 얻어 함께 산에 올라가서 애곡했던 것입니다. 이것이 이스라엘의 관례가 되어 해마다 처녀들은 길르앗 사람 입다의 딸을 위하여 나흘씩 애곡하는 기간을 갖게 되었습니다.

우리는 입다의 경우를 보고 서원에 관해서 다시 한번 생각해야 합니다. 서원은 함부로 해서는 안 되는 것이고, 일단 서원을 했으면 반드시 지켜야 합니다. 그러나 하나님의 말씀에 맞지 않는 서원을 했을 경우에는 지킬 필요가 없습니다. 서원은 하나님의 명령에 의해서 하는 것이 아니라 자기가 스스로 알아서 하는 것입니다. 그러나 그 서원이 하나님의 말씀에 맞지 않을 경우에는 그것을 강제로 지키게 하시지는 않습니다.

흥분된 상태에서 앞뒤 가리지 않고 함부로 하는 서원은 잘못된 것입니다. 본인도 이런 상태에서 서원하는 일이 없어야겠지만 교회에서도 그런 분위기를 만드는 일이 없어야 합니다. 그것은 하나님께나 교회에나 성도에게나 어느 누구에게도 도움이 되지 않는 일입니다.

교회는 무슨 일이든 은혜와 감동을 통해서, 성령의 인도하심을 따라서 스스로 움직이도록 해야 합니다. 큰 일일수록 오랫동안 기도하고 하나님의 응답을 받아서 기쁜 마음으로 해야 합니다. 그래야 하나님께는 영광이 되고 성도들에게도 기쁨과 감사가 되는 것입니다. 인간적인 방법으로 교회를 무리하게 운영해 가려고 해서는 안 됩니다. 하나님의 감동으로 교회는 성장하는 것이기 때문입니다.

한번은 어느 집사님이 저를 찾아왔습니다. 어떤 분이 예언하는 목사님이 있다고 하면서 자신을 억지로 그분에게 데려갔는데, 처음 만난 그 목사님이 자기 머리 위에 손을 얹고 말하기를, 당신은 목회자가 되어야 하니 신학교를 가라고 했다는 것이었습니다. 그분은 교수가 되려고 박사 과정을 밟고 있는 중이었습니다. 그런데 그런 말을 들었으니 얼마나 고민이 되었겠습니까. 그래서 저를 찾아온 것이었습니다.

저는 그 집사님에게 하나님께서 당신을 목사로 만들 계획을 가지고 계시다면 직접 말씀하실 것이라고 말해 주었습니다. 목회자가 되는 것은 자기의 전 인생을 하나님께 바쳐야 하는 일인데 그런 일을 하나님께서 다른 사람을 통해서, 전혀 엉뚱한 시기와 환경에서 지시하지는 않으십니다. 하나님은 본인에게 직접 말씀하시고 납득이 될 수 있도록 설득하시고 환경을 만들어 주실 것입니다. 그분은 저의 말을 듣고 안심하고 돌아갔습니다.

또 한번은 어떤 학생에게 예언을 한다는 목사님이 안수를 하면서 "너는 목회자가 되어야 하는데 절대로 크게 쓰임 받는 목사는 못 될 것이다"라고 하셨다고 합니다. 그 말을 들은 학생은 목회자가 될 생각으로 신학교에 갔으면서도 미래에 대한 큰 꿈도 없이 공부를 해야 했습니다. 저는 그 학생에게 그런 예언은 믿을 게 못 된다고 말해 주었습니다. 하나님께서는 절대로 그런 말씀을 하실 분이 아니며, 하나님을 진정으로 사랑하는 사람 누구에게나 힘을 주시고 귀한 그릇으로 쓰시는 분이니 그런 인정할 수 없는 예언 때문에 인생을 어둡게 살아서는 안 된다고 분명하게 말해 주었습니다. 그런데도 이 학생은 그 예언에서 완전히 해방되지 못했습니다. 이 얼마나 딱한 일입니까.

예언의 은사를 받았다고 함부로 말해서는 안 됩니다. 하나님의 이름으로 무엇인가를 말하는 것부터가 얼마나 조심스러운 일인지 모릅니다. 하나님의 영으로 말한다고 하는 사람들을 모두 믿을 수도 없습니다. 거짓 선지자들도 하나님의 이름으로 말하기 때문입니다. 영을 분별하는 은사가 있는 사람이라면 모르지만, 예언하는 이가 있다는 말만 듣고 여기저기 쫓아다니는 것을 조심해야 합니다. 하나님의 음성인지, 사탄의 음성인지 하나님의 이름을 빙자한 사람의 음성인지 분별해야 합니다.

불만을 극복하는 법칙

입다는 암몬군을 깨끗이 격파하여 승리를 거두었습니다. 그런데 12:1~6을 보면 에브라임 사람들이 자기들에게 도움을 청하지 않았다고 하면서 입다에게 싸움을 걸어 왔습니다. 에브라임 지파가 미디안과의 전쟁 때에 마지막에 참전했다가 기드온에게 찾아와 자신들을 처음부터 청하지 않았다고 화를 낸 일이 있다는 것은 이미 알고 계실 것입니다. 그런데 이번에는 입다를 찾아와서 암몬과의 전쟁에 자신을 부르지 않은 것에 대해서 또 불만을 터뜨리며 입다와 그의 집을 불사르겠다고 협박을 한 것입니다.

에브라임은 늘 자신을 내세우는 지파였습니다. 또 자기를 알아 주지 않으면 다른 지파에게 불만을 늘어놓거나 위협을 하기도 했습니다. 어느 단체에서나 불평을 하는 사람들은 늘 정해져 있습니다. 불평하는 것이 습관이 된 사람은 어떤 상황에 있더라도 늘 불평합니다. 불평은 고질적인 병입니다. 젊어서 그런 경향이 있던 사람은 나중에 나이가 들어서도 여전히 그런 경향을 보입니다. 참으로 안타까운 일입니다. 나쁜 습관은 일찍부터 제거해야 합니다.

불평이 많은 사람들은 대부분 개인적으로나 가정적으로 문제가 있는 경우가 많습니다. 자라면서 좋지 않은 환경에 있었다든지 부모님과 관계가 좋지 않았다든지 하는 상처가 있습니다. 그리고 선천적으로 완벽주의자로 태어난 경우가 많습니다. 이런 사람들은 기질적으로 우울질인 사람들이 많고, 사물을 치밀하고 분석적인 눈으로 봅니다. 그래서 남의 잘못이나 약점이 더 잘 보이기도 합니다. 작은 것을 보아도 잘된 것보다 잘못된 것을 더 많이 보기 때문에 삶이 짜증스럽고 어렵습니다. 기질적으로 힘든 사람이라고 할 수 있습니다.

불만으로 가득 차 있는 사람들은 행복하게 살 수 있는 조건과 환경에서도 그것을 즐길 줄 모릅니다. 자기와 남을 사랑할 줄 모르고 누리는 방법을 모르기 때문에 더욱 사는 것이 힘들고 불편한 것이 많습니다.

저는 두서너 가지 방법으로 이런 분들의 성향을 해결해 보려는 생각을 가지고 있습니다. 첫째는 다른 사람들은 다 안 들어 주어도 목사님은 내 말을 들어 준다는 생각을 갖게 하는 것입니다. 비판적인 성향을 가진 사람들은 다른 사람들에게 인정이나 사랑을 받기 힘들기 때문에 주변에 친구가 없습니다. 그런 사람을 사랑으로 감싸고 이야기를 들어 주는 것이 중요합니다. 일단 이야기를 시작하면 끝까지 들어주어야 합니다.

아무도 들어 주지 않는 이야기를 끝까지 들어주는 것은 어려운 일입니다. 그 사람이 말을 끝낼 때까지 비판하지 않고 계속해서 거울과 같은 역할을 해 주어야 합니다. 그렇게 해 줄 때에 그 사람이 처음으로 가슴이 시원하게 말을 할 수 있게 되는 것입니다. 그렇게 한 번 이야기를 하고 나면 그 사람에 대해서 훨씬 많은 것을 알게 되고 많은 것을 이해하게 됩니다. 그러면 이런 성향을 조금이나마 고칠 수 있는 길이 생기기도 합니다.

에브라임이 기드온에게 불만을 터뜨렸을 때 기드온은 그들의 공을 인정해 주고 잘 달래서 보냈습니다. 그러나 입다는 기드온과 달랐습니다. 입다는 기드온처럼 마음의 여유가 있는 사람이 아니었습니다. 그는 고통을 가진 사람이고 그런 배경 때문에 다혈질이 된 싸움꾼이었습니다. 따라서 고분고분 에브라임의 이야기를 들을 리가 없었습니다.

하나님이나 사람에게 사랑받는 사람은 겸손한 사람입니다. 그리고 자신이 원치 않는 일이 생길 때에도 그것을 긍정적으로 생각해서 극복해 낼 수 있는 믿음이 있는 사람입니다. 다윗이 압살롬에게 쫓겨서 도망갈 때에 시므이가 그를 저주합니다. 그러자 다윗의 옆에 있던 요압 장군이 칼을 빼 들고 죽여 버리겠다고 흥분합니다. 그러나 다윗은 요압의 칼을 막습니다. 하나님이 시므이의 입술을 닫지 않으시는 것을 보면 하나님이 시켜서 하는 말이니 그냥 두라는 것이었습니다. 얼마나 호걸 같은 말입니까. 다윗이 이런 성품과 믿음의 사람이기 때문에 하나님께서 그를 마음에 합한 자라고 한 것입니다.

우리도 어떤 사건을 대할 때에 다윗의 이런 마음 자세를 배우는 것이 좋다고 생각합니다. 이 사건이 왜 일어났는지, 하나님께서 이 사건을 통해서 말씀하시고자 하는 바는 무엇인지, 나 자신은 이 사건을 통해서 말씀하시는 하나님의 음성을 듣고 있는지를 생각해 보아야 합니다. 모든 면을 이렇게 생각한다면 무슨 일이든 선하게 처리할 수 있을 것입니다.

입다는 암몬 자손들과 전쟁을 할 때에 에브라임에게 도움을 청했으나 그들이 도와 주지 않아서 하나님만을 의지하고 싸워 승리했는데, 이제 와서 자기들을 부르지 않았다고 불평하는 것은 옳지 않다고 했습니다. 전쟁의 승리는 하나님과의 문제인 것입니다.

신앙인은 하나님만 의지하고 살아야 합니다. 신앙은 나와 하나님 사이의 개인적인 문제입니다. 외로울 때 친구가 되어 주시는 분이 하나님이시지만, 하나님만 바라보아야 하기 때문에 때로는 사람이 없어서 외롭기도 합니다. 부모나 아내나 자식이 도움이 되기는 하지만 결국 인생은 자기 자신의 문제로 남는 것입니다. 자신만이 해결할 수 있습니다.

신앙생활은 외롭게 해야 합니다. 외로움 속에서 영적인 힘이 나옵니다. 돕는 사람, 위로할 사람, 같이 일할 사람이 많다는 것은 인간적으로는 행복해 보이지만, 하나님의 세미한 음성을 듣기는 힘듭니다. 구약시대의 선지자들이 왜 그렇게 힘이 있고 능력이 있는 사람들이 되었는지 아십니까? 그분들은 일생을 하나님만을 바라보며 외롭게 살았기 때문입니다.

하나님과 나 사이에 다른 누구도 비집고 들어설 수 없고, 또 들어서게 해서도 안 됩니다. 결국 신앙은 혼자 가는 고독한 길입니다. 그리고 주님과 함께 가는 그 길에 승리가 있습니다. 하나님과 홀로 대면했을 때에 가장 정확한 대답을 얻을 수 있는 것입니다.

외롭다는 것은 두 가지 뜻이 있습니다. 누군가와 같이 있고 싶은데 같이 있을 수 없어서 외로운 경우가 있고, 또 하나는 그냥 혼자 있고 싶어서 혼자 있는 것을 즐기는 상태를 말합니다. 같이 있고 싶은데 사람이 없으면 괴롭고 힘들지만, 혼자 있고 싶어서 혼자 있는 사람은 오히려 충전의 시간입니다. 혼자인 상태는 둘 다 같지만 그 외로움을 대하는 태도는 전혀 다른 것입니다. 겉으로 보기에는 같아 보이지만 한 사람은 외로움을 때문에 고통을 당하나 한 사람은 외로움을 사랑합니다.

굶주리는 것과 금식의 차이점도 이와 같습니다. 음식을 먹지 못하는 것은 같지만 뜻하고 있는 의미는 전혀 다른 상태인 것입니다. 굶주리는 사람은 허기로 인해 고통을 당하고 괴롭지만 스스로 금식하는 사람은 그 고통스러운 상태를 이기면서 기쁨을 맛봅니다. 이것은 엄청난 차이입니다. 이런 차이는 다른 일들에도 얼마든지 적용될 수 있습니다. 주님과 나만의 관계는 외롭습니다. 그러나 그것은 축복입니다.

교만한 자의 종착지

입다는 사람들을 동원해서 에브라임과 전쟁을 했고 에브라임은 크게 패해 도망갔습니다. 이것이 자기 주장만을 고집하고 자기만을 앞세운 사람의 말로입니다. 에브라임 사람들은 평소에 길르앗 사람들을 에브라임과 므낫세에서 도망한 사람들이라고 생각하고 무시하고 있었습니다. 은근히 멸시하고 업신여기는 감정이 있었기 때문에 전쟁에서 이긴 그들에게 생트집을 잡았던 것입니다.

에브라임 사람들은 전쟁에 패하자 자기 고장인 요단강 서쪽으로 돌아가려고 강가로 모여들었습니다. 그런데 그 길목을 입다가 막고 있었습니다. 그리고 강을 건너려는 사람이 에브라임 사람인지 아닌지를 구별해서 에브라임 사람이면 그 자리에서 죽였습니다. 에브라임 사람을 구별하는 데에는 '십볼렛 테스트'라는 방법을 썼습니다.

5, 6절을 보십시오.

> "길르앗 사람이 에브라임 사람 앞서 요단 나루턱을 잡아 지키고 에브라임 사람의 도망하는 자가 말하기를 청컨대 나로 건너게 하라 하면 그에게 묻기를 네가 에브라임 사람이냐 하여 그가 만일 아니라 하면 그에게 이르기를 십볼렛이라 하라 하여 에브라임 사람이 능히 구음을 바로 하지 못하고 씹볼

렛이라 하면 길르앗 사람이 곧 그를 잡아서 요단 나루턱에서 죽였더라 그 때에 에브라임 사람의 죽은 자가 사만 이천 명이었더라."

각 나라 사람들에게 잘 안 되는 발음들이 있고, 한 나라에서도 지방마다 발음이 안 되는 것들이 있습니다. 우리나라 사람들은 영어의 f나 r 이나 th 발음을 잘 하지 못합니다. 어른이 되어서 아무리 연습을 해도 어딘가 표가 나게 되어 있습니다. 그리고 우리나라 안에서도 전라도 사람들은 '의' 발음이 잘 안 되고 경상도 사람들은 'ㅆ' 발음이 잘 되지 않습니다. 그래서 그런 발음들이나 억양들을 통해서 그 사람이 어느 지방 사람이라는 것이 금방 표가 납니다.

에브라임 사람들은 '쉬'(sh) 발음이 잘 되지 않았습니다. '십볼렛' 이라는 말은 본래 '개울'이라는 뜻인데 그 말을 에브라임 사람들은 '씹볼렛' 이라고 발음하는 것이었습니다(12:6). 그래서 자신이 아무리 에브라임 사람이 아니라고 말해도 일단 그 발음을 해 보아서 되지 않으면 그는 에브라임 사람으로 판명되어 죽음을 당했습니다. 그로 인해서 죽임을 당한 에브라임 사람이 사만 이천 명이나 되었습니다. 에브라임은 섣불리 입다에게 대들었다가 많은 사람들이 죽었습니다. 교만의 대가는 너무 컸습니다.

입다는 6년 동안 이스라엘의 사사로 있었습니다. 기생의 아들로 태어나 형제들에게 쫓겨 자기 땅에서 살지도 못했던 그가 이스라엘을 다스리는 사사가 되어 다른 민족의 압제에서 자기 민족들을 구원해 내는 영웅이 되었던 것입니다. 그런 의미에서 입다는 시작은 미약했으나 끝은 창대하게 된 사람의 전형 중 하나라고 할 수 있습니다.

저 또한 워낙 어려운 환경에서 자랐기 때문에 하나님을 원망한 적도 있었습니다. 또 좋은 환경에서 공부하는 친구들을 부러워도 해 보고 질투도 해 보았습니다. 그러나 지금 생각해 보면 시작은 어디서 했더라도 상관이 없다는 것이 실감이 납니다. 하나님께서는 어디서 시작했든지 간에 우리를 얼마든지 변화시켜서 창대한 존재로 만들 수 있는 분입니다.

입다의 뒤를 이은 세 사사들

12:8~2:15절은 입다의 뒤를 이은 사사들에 대한 이야기가 나옵니다. 그런데 이들에게는 별로 특기할 만한 사건이 없습니다. 입산이라는 사사에게는 아들 삼십 명과 딸 삼십 명이 있었는데 딸들은 타국으로 시집 보내고 아들을 위해서는 타국에서 여자 삼십 명을 들여왔다는 것이 전부입니다. 자신의 영향력을 그만큼 넓히려는 의도에서 타국 사람들과 혼인한 것입니다. 그는 칠 년 동안 이스라엘을 다스렸습니다. 자식 많이 낳아서 타국인들과 결혼시켰다 정도밖에 남긴 것이 없습니다.

엘론은 이스라엘을 십 년 동안 다스렸다는 것 외에는 다른 기록이 없습니다. 십 년을 다스리고도 남길 기록이 없었습니다.

압돈은 아들 사십과 손자 삼십이 있었는데 이들은 모두 나귀를 타고 다녔다고 되어 있습니다. 그만큼 재력이 있었다는 뜻입니다. 그는 팔 년 동안 이스라엘을 다스렸습니다. 그 많은 자손들이 좋은 차 하나씩 타고 다녔다는 정도밖에 더 복된 이야기가 없나요?

입다 이후의 세 사사들이 다스린 시대는 평화로운 시기였습니다. 그러나 다음 장에 보면 다시 이스라엘 백성들이 타락하는 모습을 볼 수 있습니다. 즉 평화시대 때의 안일과 나태가 초래한 결과라고 볼 수 있습니다. 평화로울 때 더욱 헌신하여 성령님께서 인도하시는 대로 더 잘 순종해야 될 줄로 믿습니다.

[영적 리더가 꼭 가져야 할 것들]
사사기 13:1~25

지도자는 영적인 일을 희망적으로 해석해야 합니다.
같은 사건일지라도 지도자가 영적인 눈으로 보고 해석을 잘 해 주면
전혀 다른 사건이 될 수 있습니다.
마치 같은 밑그림이라 할지라도 어떻게 색칠하느냐에 따라
다른 그림이 될 수 있는 것과 같습니다.

주전 1134년에 이집트의 람세스 3세는 해양에서부터 침략해 들어오는 블레셋 사람들을 몰아냈습니다. 애굽에서 밀려난 블레셋은 가나안 서남쪽의 해안으로 들어와 정착하게 되었습니다. 그곳에는 미노아 사람들이 정착해 있었는데 그들과 함께 블레셋은 엄청난 군사력을 갖게 됩니다. 그런데 이스라엘 사람들은 그때 하나님을 저버리고 우상숭배에 빠져 있었기 때문에 하나님께서는 블레셋의 손에 의해 40년 동안 억압받는 고통을 주셨습니다. 그리고 삼손은 20년 동안 하나님의 사사로서 이스라엘 사람들을 이끌게 되었습니다.

병든 가슴을 드러내라

1절에 보면 이스라엘이 다시 하나님 앞에서 악을 행하였다는 말이 나옵니다.

"이스라엘 자손이 다시 여호와의 목전에 악을 행하였으므로 여호와께서 그들을 사십 년 동안 블레셋 사람의 손에 붙이시니라."

인간은 끝없이 죄를 반복하며 살아야 하는 존재인 것 같습니다. 죄 때문에 고생을 많이 했으면 이제는 죄에서 손을 뗄 것도 같은데 그렇지 못하고 계속해서 하나님께 범죄하는 것이 인간입니다. 그래서 인간만으로는 희망이 없는 것입니다.

제가 젊었을 때는 사사기를 읽을 때마다 속이 상했습니다. 똑같은 죄를 십여 차례 범함으로 인해서 반복해서 고통을 당하는 그들이 이해되지 않았습니다. 그런데 한참을 살다 보니까 제가 바로 그렇게 살고 있다는 것을 알게 되었습니다. 이스라엘의 잘못을 볼 때는 의분에 차서 이해할 수 없는 일이라고 흥분했었는데, 제가 바로 그런 사람이라는 것을 알게 되었으니 얼마나 놀라고 충격적이었겠습니까.

사사기는 저 자신뿐 아니라 믿는 사람들의 영적인 모습을 보여 주고 있습니다. 인간이 가지고 있는 적나라한 죄의 모습이 그대로 나타나 있는 것이 바로 사사기인 것입니다. 사사기는 인간은 영적으로 스스로 일어설 수 없는 존재임을 보여 줍니다.

제가 외국어대학에 특강을 하러 간 적이 있었습니다. 유럽에서 수

십 명의 학생들이 와서 한국에 대해서 배우는 프로그램이 있었는데, 제가 한국의 종교에 대한 강의를 맡게 되었습니다. 저는 샤머니즘과 불교, 유교, 천주교, 기독교에 대해서 이야기를 하면서, 그 중에 기독교가 인간의 죄 문제에 대해서 정확하고 완전한 대답을 제공했을 뿐만 아니라 우리 한국인들에게 새로운 삶의 비전과 삶의 전망을 주었다고 말했습니다.

"우주를 창조한 절대자 하나님이 우리의 하나님이라는 사실은 엄청난 생각의 변화를 가져왔습니다. 또 성경에 나타난 개념 하나하나가 그때까지 생각했던 우리의 전통적 고정적인 관념의 많은 부분을 깬 것도 사실입니다. 우리에게 해방감을 주었습니다."

제가 이런 이야기를 하니까 자신들이 기독교의 원류라고 생각했던 그 학생들이 눈을 크게 뜨고 저를 쳐다보았습니다. 그러더니 한 학생이 손을 들고 저에게 질문을 했습니다. 선과 악이라는 것은 전혀 존재하지 않는 것이라는 자신의 의견을 이야기했습니다. 이것이 그들이 유럽에서 배운 교육입니다. 일종의 다원주의적 상황윤리적 이론인 것입니다.

저는 그 학생에게 누군가가 무고하게 살인을 했는데도 그것이 악이 아니라고 할 수 있느냐고 물었습니다. 그리고 만일 죽임을 당한 사람이 당신의 아버지였다고 해도 악이 아니라고 할 수 있느냐고 했습니다. 그랬더니 그 학생은 모든 것은 이렇게 볼 수도 있고 저렇게 볼 수도 있다고 다시 주장했습니다. 저는 물론 회색 지대라는 것이 있을 수는 있지만 그렇다고 검고 하얀 것이 전혀 구분되지 않는 것은 아니라는 것을 알아야 한다고 다시 설명해 주었습니다.

절대자가 있을 때는 절대선이 있고, 절대선이 있을 때는 그 기준에 맞지 않는 절대악이라는 것이 있습니다. 그리고 절대악은 분명히 죄입니다. 악이라는 것은 하나님의 거룩하심에 어긋나는 것입니다. 로마서에는 모든 사람이 죄를 범하여 하나님의 영광에 이르지 못하였다고 말하고 있습니다. 하나님의 영광에 이르지 못하는 것은 모두 악입니다(롬 3:23). 그래서 인간 스스로는 아무리 노력을 한다 해도 하나님의 완전한 선에 절대로 도달할 수 없습니다.

제가 젊었을 때 저의 주변 사람들은 저를 착한 청년으로 보았습니다. 그러나 제가 생각하는 저는 그렇지 않았습니다. 다른 사람들은 아무도 모르지만 하나님과 저만은 알고 있는 것입니다. 다른 사람들이 모르는 저의 죄악된 모습 때문에 저는 갈등에 휩싸이게 되었고 절망감도 많이 느꼈습니다.

그렇지만 역시 그리스도 안에서 병든 가슴을 그대로 용납하시는 하나님이 계시다는 것을 깨달았을 때의 해방감은 엄청났습니다. 그 뒤로 점점 죄의식에서 벗어나기는 했습니다만 그렇다고 해서 죄성이 사라지는 것은 아니었습니다. 다른 사람들이 몰라서 그렇지 죄성과 나 자신과의 갈등은 계속해서 반복되었고, 인간은 어쩔 수 없는 존재라는 것을 깨달아 갔습니다. 그래서 이제는 감추지 않고 저의 죄성을 다른 사람들 앞에서 말할 수 있게 되었습니다.

리더의 조건

이제 2, 3절을 보겠습니다.

"소라 땅에 단 지파의 가족 중 마노아라 이름하는 자가 있더라 그 아내가 임태하지 못하므로 생산치 못하더니 여호와의 사자가 그 여인에게 나타나시고 그에게 이르시되 보라 네가 본래 임태하지 못하므로 생산치 못하였으나 이제 임태하여 아들을 낳으리니."

이 구절이 말씀하는 것은 기적적인 은혜는 있다는 것입니다. 기적적인 하나님의 은혜는 필요에 따라서 나타납니다. 이것은 인간에게 희망을 주는 대목입니다. 우리의 죄성과 무능력 때문에 할 수 없는 일들이 있지만, 그런 인간에게도 하나님이 계시면 기적적인 은혜가 가능하다는 것입니다. 우리에게 다른 방법이 전혀 없을 때, 하나님 앞에 엎드려 간절히 은혜를 구하고 믿으면 하나님께서는 우리에게 기적을 베푸십니다. 이런 사실이 우리에게 희망을 주고 용기를 주는 것입니다. 제한된 능력을 가진 인간이 초월적인 능력을 가진 하나님을 발견한다는 것은 아주 놀라운 사건입니다.

마노아의 아내에게 나타난 하나님의 사자는 그녀가 아이를 낳게 될 것인데 그 아이는 나실인이 될 것이라고 했습니다. 그러면서 다음의 세 가지를 지키라고 합니다.

첫째, 독주나 포도주를 마셔서는 안 되고, 부정한 음식을 먹게 해서는 안 된다고 했습니다.
술 자체가 악이라는 말은 성경에 없습니다. 그러나 금주는 경건의 상징으로 나타납니다. 그래서 저는 금주가 한국 교회의 대단히 좋은 전통이라고 생각합니다. 기왕에 예수님을 믿을 바에는 철저하게 믿어야 합니다. 제가 경험한 바에 의하면, 철저하게 믿는 사람이 승리하는 삶을 삽니다. 철저하게 믿지 않는 사람들은 신앙생활을 함으로써 얻는 기쁨을 체험하기 힘듭니다.

둘째, 몸에 면도칼을 대지 말고 머리를 빡빡 깎지 말라고 했습니다.
이것은 나실인의 표시인데, 날 때부터 하나님이 주신 자연 그대로의 상태를 보존한다는 뜻이 있었습니다. 그는 이미 이스라엘을 구할 하나님의 사사로 내정된 사람이었습니다. 그 당시 이방인 사제들은 삭발을 했었습니다.

셋째, 시체를 만지지 말라는 것이었습니다.
시체는 부패하기 때문에 부정한 것이었습니다. 그래서 거룩한 하나님을 모시는 사람은 부패한 것을 만지지 않게 되어 있습니다. 거룩한 하나님을 섬기고 말씀을 대언하는 사람은 하나님과 같이 거룩해야 했습니다. 하나님의 자녀인 우리들은 속된 것, 더러운 것, 악한 것을 만지거나 접하지 않도록 구별된 사람이 되어야 합니다.

그래서인지 하나님께 충성하는 사람들은 유난히 깨끗하고 예쁘게 보입니다. 특히 새벽기도를 같이 나오는 젊은 부부들을 보면 얼마나 아름답게 보이는지 모릅니다. 저는 그런 부부를 보면 손을 마주잡으면서 반가워하고 아름다움을 칭찬합니다. 예수님을 믿고 그 뜻대로 살려고 하는 사람들은 생김새와 상관 없이 아름답습니다. 거룩하신 하나님의 빛을 받아서 그런 것입니다.

그런데 6절에 보면 마노아의 부인이 말하기를, 하나님의 사람이 나타났는데 그 용모가 하나님의 사자의 용모 같았다고 했습니다. 이런 것을 보면 천사가 사람의 모습으로 나타날 수 있다는 것을 알 수 있습니다. 계시록에도 천사의 한 큐빗과 사람의 한 큐빗이 동일하다고 되어 있습니다. 큐빗은 팔꿈치에서 가운데 손가락 끝까지의 길이를 말하는데 추측하기는, 이런 정도로 사람과 천사는 닮아 있는 것 같습니다(계 23:18). 그런데 사람과 똑같은 용모에도 불구하고 하나님의 사자를 만나면 굉장한 경외감을 느끼게 됩니다. 그 자리에서 머리를 숙이고 엎드리고 싶은 마음이 절로 일어나게 됩니다. 하나님의 천사는 완전히 거룩한 분들이기 때문입니다. 그분들의 속에는 죄성이 없습니다. 그래서 죄성이 있는 인간이 천사를 만나면 감히 바라볼 수 없는 경외감을 느끼는 것입니다.

7절에서 마노아의 아내는 남편에게 고하기를 하나님의 사자가 자신에게 임해서 자신이 잉태할 아이가 '태에서 나옴으로부터 죽을 날까지 하나님께 바치운 나실인'(13:5)이 될 것이라고 했다고 말했습니다. 그런데 사실 하나님의 사자는 '태에서 나옴으로부터' 라는 표현은 썼지만 '죽는 날까지' 라는 말은 하지 않았습니다. 그 말은 마노아의 아내가 미루어 해석한 것입니다.

사실 하나님의 말씀은 더하거나 빼지 않아야 합니다. 그러나 더했다 하더라도 하나님 말씀에 어긋나지 않고 말씀을 더 정확하게 풀어서 전달해 주는 것이라면 상관이 없습니다. 목회자들의 설교가 바로 그런 역할을 하는 것입니다. 저는 설교라는 것은 하나님의 말씀을 현대인들에게 맞는 말로 가장 정확하게 전달하는 것이라고 생각합니다.

또 설교는 자신의 생각을 만들어 내는 것이 아니라 하나님의 말씀을 묵상하면서 진리를 발견하는 것입니다.

　어떤 분들은 성경을 읽고 나서 자기 나름대로 생각한 것을 말하는 걸 설교라고 하기도 합니다. 주로 자유주의 신학에 근거해서 설교를 하는 분들의 말씀을 들어 보면 성경 자체에 근거해서 이야기하는 것이 별로 없습니다. 일단 성경을 읽기는 하지만 정작 설교는 자기가 하고 싶은 말들을 합니다. 그래서 자유주의 신학자들은 창의력을 많이 사용합니다. 자기의 이론을 만들어 내야 하기 때문입니다. 실제로 자유주의 신학자들은 색다르고 창의력이 있는 이야기들을 많이 합니다. 그러나 인간을 변화시키는 영력은 없습니다.

　어쩌다 보면 설교를 하는 것이 자기 능력이라고 착각할 때가 있습니다. 그래서 내가 어떻게 이 많은 성도들에게 은혜를 끼칠 것인가를 생각할 때가 있습니다. 나의 언변과 언어를 가지고 성도들을 감화시켜야 한다는 생각을 하기 때문에 이런 걱정을 하게 되는 것입니다. 그러나 그러다가도 다시 본래의 설교에 대한 개념으로 돌아오면 마음이 달라지고 하나님을 의지하게 됩니다.

　저는 설교를 제 생각대로 창작해서 하지 않습니다. 하나님의 말씀을 있는 그대로 읽고 그것을 현대적인 언어로 해석해서 전달하려고 합니다. 하나님의 말씀 속에 능력이 있는 것이지 내 말 속에 능력이 있는 것이 아닙니다. 하나님의 말씀을 그대로 전달하려고 노력하고 하나님께서 주시고자 하는 영적인 교훈을 얻으려고 하면 인간적으로 말하는 능력은 좀 부족해도 영적인 진리 자체 속에서 능력이 나오는 것입니다.

크리스웰 목사님은 40년 동안 목회하면서 성경 전체를 세 번 설교했다고 합니다. 창세기부터 요한계시록까지 한 번 설교하는 데 18년이 걸렸다고 합니다. 그는 하나님의 말씀에 최대한 충실히 설교를 했던 목회자였습니다.

다행히도 마노아의 아내는 하나님의 말씀을 전하면서 그 말씀을 자기 마음대로 왜곡시키지는 않았습니다. 하와가 뱀과 대화할 때 "만지지도 말라"는 말을 보태는 바람에 하나님의 말씀을 크게 왜곡시킨 것과는 다릅니다. 한 사람은 하나님의 말씀을 다르게 왜곡시켰지만, 한 사람은 하나님의 말씀을 더욱 분명하게 해주었습니다.

마노아는 자기 아내의 말을 의심하지는 않았습니다. 그러나 다시 하나님의 말씀을 확인해서 자신이 어떻게 해야 하는지 알려고 했습니다. 그러자 전에 나타났던 하나님의 사자가 다시 나타났습니다. 부부가 서로 하나님의 뜻을 찾으려 하고 확인하려고 하는 것은 좋은 태도입니다. 서로서로 깨달은 것을 나누려고 노력하는 것은 부부 생활에 도움이 될 것입니다. 남편도 아내도 진리를 확인하고 순종하려는 것은 좋은 일입니다.

제가 목회지를 옮길 때 미국에서 한국으로 나가라고 하는 하나님의 지시를 저만 받았습니다. 저는 그 지시가 확실했는데 제 아내는 그렇지 못했습니다. 아내를 설득하는 데 오랜 시간이 필요했습니다. 아내에게는 그런 지시가 직접 전달되지 않았기 때문입니다. 단 둘이 열흘 동안을 산에서 지내면서 설득을 하려고 노력했는데도 잘 되지 않았습니다. 그러나 아내는 마지막에 제 모습을 보고 동의를 했습니다. 다행하고 감사한 일이 었습니다. 처음부터 두 사람 모두 하나님의 말씀을 들었거나 확인이 되었더라면 더 좋았을 것이라고 생각합니다.

저는 일상적인 일을 결정하는 것은 거의 아내에게 맡깁니다. 무슨 옷을 입든 무슨 음식을 먹든 그것은 아내가 결정해도 무방합니다. 그러나 일생의 결정적인 고비를 맞이할 때는 제가 하나님의 음성을 들어야 합니다. 그런 때는 하나님 외에 사람들의 말만으로 움직일 수 없기 때문입니다. 가족이 동의하지 못해도 하나님의 명령이면 어쩔 수가 없습니다. 온 교회가 다 좋다고 해도, 세상이 다 반대를 해도 하나님이 아니라고 하시면 할 수 없습니다. 하나님의 말씀만이 절대적인 것입니다.

어느 개인의 마음에 맞는가 맞지 않는가 하는 것은 중요한 것이 아닙니다. 하나님의 말씀에 맞는가 그렇지 않은가가 중요할 뿐입니다. 하나님의 말씀에서 벗어나지 않는 것이라면 가능하면 다수가 원하는 쪽으로 하면 됩니다. 그러나 하나님의 명령이 있다면 그 길이 시련의 길, 가시밭 길로 보인다 하더라도 어쩔 수 없습니다. 그저 그 말씀을 따라가야 하는 것이 믿는 사람의 바른 태도인 것입니다. 그것이 행복해지는 비결입니다. 그 길밖에는 없습니다.

그러나 아무리 좋은 환경, 좋은 여건에 있다 하더라도 하나님의 뜻을 따라 사는 것이 아니라는 생각이 들면 그 사람은 그 좋은 환경을 제대로 누리고 살 수 없습니다. 어떻게 보면 그것만큼 불행한 일이 없습니다. 예수님께서도 하나님의 뜻을 행하러 오셨다고 하시지 않았습니까? 사람이 무어라고 하는 것이 문제가 안됩니다. 하나님께서 어떻게 말씀하시는가 가 중요한 것입니다.

하나님의 뜻을 찾아라

마노아 부부는 하나님의 뜻을 찾았습니다. 이상적인 부부관계라고 할 수 있습니다. 하나님의 사자는 마노아의 아내에게 했던 말을 마노아에게도 똑같이 했습니다. 하나님의 사자의 말은 하나님의 말이었기 때문에 변하지 않았던 것입니다. 진리는 변치 않습니다.

제가 미국의 신학교에서 강의를 할 때에 공군 대위였던 학생이 한 주 동안 결석을 했습니다. 그래서 그 다음 주에 지난주에 왜 결석을 했느냐고 물었더니 자기 아내를 찾으러 갔었다고 대답했습니다. 그의 아내가 쪽지를 써 놓고 사라졌는데 그 쪽지에는 성령님께서 자기더러 집에서 떠나라고 했다고 쓰여 있었답니다. 그래서 이 사람이 자기 아내를 찾기 위해서 사방을 돌아다녔는데도 찾지 못하고 다시 학교에 나오게 된 것입니다.

저는 그 사람에게 "성령님께서는 하나님의 뜻에 어긋나는 말은 절대로 하지 않는다"고 말했습니다. 아내에게 한 말과 남편에게 하는 말이 다를 리가 없습니다. 아내에게는 A라고 말하고 남편에게는 B라고 반대로 말하면 그것은 하나님의 말씀이라고 할 수 없습니다. 어떻게 한 분 하나님께서 모순된 이야기를 하실 수 있겠습니까. 성경에 맞지 않는 말은 하나님의 말씀이 아닙니다. 환상을 보았든 꿈에 무슨 말씀을 들었든 그것이 성경에 맞는 말씀이 아니면 하나님 말씀이 아닙니다.

성도들 가운데는 환상에 대해서 집착하는 사람들이 있습니다. 환상으로 본 것을 하나님의 말씀보다도 더 신뢰하는 것은 잘못된 태도입니다. 하나님께서 말씀하시는 것은 반드시 현실에서 그대로 일어납니다. 그리고 그 환상과 현실이 일치함으로 인해서 그 사람의 인생이 바뀌어 버립니다. 하나님께서 아브라함에게 여덟 번 나타나셨는데 그때마다 그의 인생에 결정적 변화가 있었습니다.

하나님의 환상이라면 그 환상대로 이루어지지도 않고 삶에 변화도 나타나지 않는 경우는 없습니다. 절대자 하나님께서 개인의 삶에 나타나실 때는 그때마다 엄청난 개인적인 변화들이 나타납니다.

마노아는 새끼 염소를 잡아서 천사에게 식사를 대접하려 했지만 하나님의 사자는 거절했습니다. 제물은 오직 여호와께만 드릴 수 있는 것이기 때문이었습니다. 그러자 마노아는 여호와의 사자의 이름을 물었고 이에 여호와의 사자는 기묘라고 대답합니다(13:18). 기묘라는 말은 놀랍다는 뜻으로 이사야 9장, 28장, 욥기 42장, 시편 139편에도 나오는데 하나님의 이름 가운데 하나입니다.

마노아는 염소 새끼 하나와 소제물을 취하여 반석 위에서 여호와께 드렸습니다. 그러자 하나님의 사자가 이적을 행했습니다. 불꽃이 단에서부터 하늘로 올라가는 동시에 여호와의 사자가 단 불꽃 가운데로 좇아 올라갔습니다. 그것을 본 마노아와 그의 아내는 얼굴을 땅에 대고 엎드렸습니다(13:20). 이것은 상당히 놀랄 수밖에 없는 광경이었을 것입니다.

저는 가끔 구약시대 사람들이 부러울 때가 있습니다. 요즘도 그런 일이 일어나면 좀 더 신앙생활을 잘 할 것 같은 생각이 들어서입니다.

그러나 구약을 보면 그렇지도 않다는 것을 알게 됩니다. 또, 예수님 시대에도 기적은 많았지만 그렇다고 해서 예수님 시대의 사람들이 우리보다 예수님을 더 잘 믿은 것은 아니지 않습니까. 그런 것을 보면 기적 때문에 잘 믿는 것은 아닌 것 같습니다.

터키의 아라랏 산에 노아의 방주가 있는가 없는가를 가지고 여러 과학자들이 말이 많습니다. 어떻게 해서든 그 산 위에 올라가려고 많은 사람들이 노력을 하고 사진을 찍어 오기도 했습니다. 그러면서 노아의 방주만 발견할 수 있다면 성경 말씀이 모두 진리라는 것을 증명할 수 있을 것이라고 생각합니다. 그러나 그것을 증명한다고 사람들이 예수님을 믿는 것은 아닙니다. 나사로가 무덤에서 일어났을 때 그것을 본 사람들 모두가 예수님을 믿지 않았습니다. 오히려 예루살렘으로 그것을 고발하러 간 자도 있었습니다.

믿음은 증거에서 나오는 것이 아닙니다. 믿음은 그 자체가 하나님의 은혜입니다. 그래서 우리에게 믿음이 있다는 것은 하나님의 은혜를 받았다는 말입니다. 예수님께서도 보지 않고 믿는 자가 복이 있다고 하셨습니다. 보지 않고도 믿었는데 그것이 사실이라는 것입니다.

마노아는 자신이 하나님을 보았으므로 죽게 되었다고 생각했습니다. 이 하나님의 사자는 성육신화되기 전의 예수님의 모습입니다. 마노아는 그것을 모르고 두려움에 떨면서 죽게 될 것이라는 말을 아내에게 했던 것입니다.

그러나 마노아의 아내가 마노아보다 현명하고 믿음이 있는 사람이었습니다. 그래서 만일 하나님께서 자기들을 죽일 생각이었다면 하나님이 나타나실 리도 없고 제물을 받지도, 기적을 행하지도 자신들에게 말씀하지도 않았을 것이라고 말했습니다. 마노아의 아내는 마노아보다 더 영적인 지혜가 있는 사람이었습니다. 영적으로 더 성숙한 사람이 하나님의 말씀을 잘 해석합니다. 그래서 하나님이 마노아의 아내에게 먼저 나타났고 그 나타나신 뜻을 잘 알 수 있었던 것입니다.

하나님이 나타났다는 사실만으로도 죽게 되었다고 생각한 마노아의 모습은 마치 우리들을 죽이려고 광야로 끌고 나왔느냐고 불평하고 원망한 이스라엘 백성의 모습과 같습니다. 믿음이 없는 사람은 이렇게 매사를 어둡게 해석합니다. 부정적이며 절망적으로 보는 것입니다. 작은 일도 큰일처럼 생각하고 곧 죽을 것처럼 생각하기도 합니다.

그러나 영적인 사람은 큰일이 난 순간에 그 일을 통해서 하나님께서 큰일을 이루려 하신다는 것을 깨닫습니다. 같은 사건을 놓고서도 믿음을 가진 사람과 그렇지 못한 사람과는 이렇게 다른 해석을 합니다.

어떤 경우에는 몸이 피곤해도 영적으로 어두워지게 됩니다. 몸에서 에너지가 다 빠져나가면 영이 지쳐서 어두운 생각을 하게 됩니다. 그래서 몸과 마음과 영혼의 건강이 필요한 것입니다. 저는 몸과 마음과 영혼의 건강과 평화를 구하는 기도를 많이 합니다. 특히 영적인 일에 비중을 두는 사람들은 육적인 것을 소홀히 하는 경향이 있습니다. 그리고 경건을 위한 금욕적인 생활에 치중하다 보면 몸을 움직이면서 하는 일들에 대해서는 가볍게 여기거나 중요하지 않게 생각합니다. 앉아서 기도만 하는 것이 경건하다고 생각하기 쉽습니다.

그러나 건강을 유지하기 위해서 운동을 하는 것도 영적인 것입니다. 편안히 휴식을 취하는 것도 영적인 것이고, 좋은 음식을 잘 먹는 것도 영적인 활동의 일부로 보아야 합니다. 몸이 건강하지 않으면 그만큼 영적인 건강도 유지하기 어렵고 힘들게 되어 있습니다.

하나님의 뜻을 잘 이해하고 제대로 해석하는 것은 아주 중요한 일입니다. 특히 리더는 영적인 일을 희망적으로 해석해야 합니다. 삶의 전반에 일어나는 사건들을 잘 해석하고 전달해서 행동으로 이끌어 내는 것이 리더의 임무입니다. 같은 사건이라 할지라도 리더가 영적인 눈으로 보고 해석을 잘 해주면 전혀 다른 사건이 될 수 있습니다. 이것은 같은 밑그림이라 할지라도 자신이 어떤 색을 칠하느냐에 따라서 얼마든지 다른 그림이 될 수 있는 것과 같습니다.

마노아의 아내는 밝은 색깔을 선택해서 칠할 줄 아는 사람이었습니다. 인생의 그림에서 어떤 색을 선택하는가는 대단히 중요합니다 (13:24).

드디어 마노아의 아내에게서 삼손이 태어났습니다. 그리고 하나님께서는 그에게 복을 내려주셨습니다. '삼손'이라는 이름의 뜻은 정확하지는 않지만 '햇빛'이라는 말에서 온 것으로 봅니다. 삼손이 자라자 여호와의 신은 비로소 그에게 감동하셨습니다. 삼손은 소라와 에스다올 사이 마하네단에서 사역을 시작했습니다. 성령의 임재만이 우리의 한계를 넘어서 일하게 하십니다. 인간이 자신의 한계를 넘어서 일할 수 있는 길은 성령의 힘을 의지하는 길밖에 없습니다.

삼손은 하나님께서 부모에게 특별한 은혜를 주심으로 태어나게 하신 사사였습니다. 그의 출발은 대단히 좋았습니다. 그러나 좋은 출발을 했다 하더라도 그것이 나머지 생애를 보장해 주진 않습니다. 어떻게 태어났느냐보다는 어떻게 끝을 맺느냐가 더 중요한 것입니다. 그리고 성령님만이 좋은 끝을 맺을 수 있도록 도와 주실 수 있습니다.

이런 사람과 결혼하라

사사기 14:1~15:20

외적인 매력에만 초점을 맞추면 영적인 혼동이 옵니다.
준비 없는 결혼은 불행을 초래할 수 있습니다.
결혼은 현실입니다.
하나님과 가족과 나의 관계가 다 맞아야 합니다.
그래서 깊이 기도하면서 주님의 인도하심을 따라야 하는 것입니다.

사사 삼손의 이야기는 사사기에서 많은 장을 차지하고 있습니다. 그 만큼 삼손은 중요한 인물이며, 우리는 그를 통해서 많은 것을 배울 수 있습니다.

사사기 14~15장은 삼손의 결혼 이야기가 나옵니다. 삼손의 이야기는 하나님을 믿는 사람이 어떻게 결혼하면 안 되는가를 잘 보여 줍니다. 사람은 남자와 여자로 태어나고, 대부분의 사람은 언젠가 결혼을 합니다. 과정 속에서 첫 번째 만난 남자나 여자와의 관계가 그 사람의 일생에 중요한 영향을 미치게 되는 것입니다.

삼손의 경우도 첫 번째 여자와의 잘못된 관계가 그의 일생을 어렵게 만드는 계기가 되었습니다. 이성을 사귈 때 육체적인 매력을 최우

선으로 본다든가 상대방의 세련된 화술에 빠져 들어서, 그것이 사귐의 기준이 되어서는 안 됩니다. 그렇다고 인간적인 순수한 정 때문만으로도 안 됩니다. 이런 모든 것들이 어떻게 조화를 이루어 가느냐 하는 것이 문제입니다.

어떤 배우자를 선택할 것인가?

14장 1절을 보면, 삼손은 딤나에 가서 블레셋 딸 중 한 여자를 만났습니다.

삼손이 속한 단 족의 거주지는 블레셋 지역과 근접해 있어서 삼손은 자연스럽게 그들과 접촉할 기회를 많이 갖게 되었습니다. 삼손은 블레셋을 자주 드나들었기 때문에 세속화될 수밖에 없었습니다. 불신자들 사이에 계속 있으면 세속화될 가능성이 큽니다. 삶의 방향을 어떻게 정하는가 하는 것은 중요한 일입니다. 그것을 잘 보여 주는 것이 아브라함과 롯입니다. 아브라함이 어디로 갈 것인가를 물었을 때, 롯은 소돔과 고모라 쪽으로 방향을 정했습니다. 그리고 소돔과 고모라를 향하여 천막을 쳤습니다. 그 다음에는 소돔과 고모라로 들어가 버리고 말았습니다. 세상과 지속적으로 접촉하면 결국 세속적 사고를 가질 수밖에 없으며 세속화되면 그 결과는 엄청난 불행으로 돌아옵니다.

처음부터 믿는 사람들은 믿지 않는 사람과 친구 이상의 관계를 가져서는 안 됩니다. 그것을 무시하고 계속해서 만나게 되면 자연스럽게 이성교제를 할 수밖에 없습니다. 신앙과는 상관없이 아름다운 남자와 여자는 눈길을 끌게 되어 있습니다. 그러니까 처음부터 분별력

있게 사귀어야지 눈에 좋고 조건이 좋다고 해서 거기에 끌리면 결국 은 신앙을 팔게 되어 있는 것입니다.

제가 '국제 기독교 21세기 운동' 총무로 있는 루이스 부시 가족을 만난 적이 있었는데 그 중에 큰딸은 자기 결혼 상대자의 조건으로 20가지가 있다고 했습니다. 그래서 첫 번째만 이야기를 하라고 했더니 영적으로 헌신된 사람이어야 한다고 대답했습니다. 저는 그 말을 듣고 첫 번째 조건이 그것이면 다른 것은 들을 필요가 없다고 이야기해 주었습니다.

아름다움은 눈길을 끌지만 그것이 영원히 지속되는 것은 아닙니다. 특히 결혼을 해서 평생을 함께 살아야 하는 경우에는 외적인 조건이 그렇게 중요하지 않습니다. 가끔 볼 때 아름다움이 돋보이는 것이지 늘 보면 겉모습에 대한 감각이 무뎌지게 됩니다. 외적인 매력에만 초점을 맞추면 영적으로 혼동이 생길 수 있습니다. 그래서 영적인 판단이 흐려지고 육적인 결정을 내리게 될 수가 있습니다. 첫 번째 단추를 제대로 채워야 다음 단추들도 다 제자리에 끼우게 됩니다.

저희 교회 안수집사님 한 분은 자기 아들의 결혼 상대자를 찾는데 첫 번째 조건으로 아름다움을 들었습니다. 누가 뭐라고 해도 여자는 아름다워야 한다는 것이었습니다. 그것을 아주 철칙처럼 지키고 사는 분이었습니다. 그래서 저는 그분이 참 큰일났다고 생각했습니다. 그러더니 첫아들을 아주 아름다운 여자에게 장가 보냈습니다. 처음에는 좋았겠지요. 그러나 일 년 후에 이혼을 하고 말았습니다.

그분의 아들은 제가 기대를 많이 하고 있던 젊은이였는데 여자 문제로 한 번 실족하더니 방황을 하기 시작했습니다. 아버지의 잘못된 기준 때문에 아들이 피해를 보게 된 것입니다. 그 아들은 재혼을 했지만 그 상처가 아물려면 많은 시간이 흘러야 할 것입니다. 물론 미모나 학벌이나 집안이 다 좋으면 더 좋을 것입니다. 그러나 그런 것들이 영적인 조건보다 우선할 수는 없습니다.

제가 아는 장로님 중에 한국 남자치고는 아주 멋진 분이 있습니다. 외모나 말씀하는 것이나 모든 것이 같은 남자가 보기에도 얼마나 멋있는지 반할 지경입니다. 그래서 저런 분의 사모님은 얼마나 미인일까 궁금했습니다. 그런데 그 집에 방문해 보고는 좀 실망을 했습니다. 처음에는 저렇게 멋진 분이 어쩌면 그렇게 판단력이 없을까 하는 생각까지 들었습니다. 물론 나중에는 저의 생각이 잘못된 것을 깨달았지만 말입니다.

그 사모님의 얼굴은 예쁘다고 말하진 못하겠지만 그분의 신앙과 인격은 대단히 감동적이었습니다. 저렇게 멋진 신앙과 인격을 가진 분이기 때문에 멋진 남편을 만난 것이라는 생각이 절로 들었습니다.

삼손은 여자를 선택하는 데 있어서 신앙을 보지 않고 육체의 매력에 끌렸습니다. 그리고는 부모에게 이방 여인과의 결혼을 허락하라고 강요했습니다. 결혼은 자연스럽게 그리고 순리대로 해야 합니다. 조급한 상태에서 해서는 안 됩니다. 그런 결혼의 결말은 보장이 안됩니다. 하나님의 섭리를 기다리며 기도하는 가운데 그분의 인도하심을 받아서 결혼해야 합니다. 하나님과 부모의 축복을 받고 하나님의 섭리대로 결혼을 해야 복된 인생을 살 수 있는 것입니다.

결혼은 감정이 아니고 현실이라는 것을 삼손은 알지 못했습니다. 결혼은 혼자만의 일이 아닙니다. 하나님과 가족과 나의 관계가 다 맞아야 합니다. 그래서 더욱 순리적으로 자연스럽게 이끌어가야 하며, 깊이 기도하면서 주님의 인도하심을 따라야 하는 것입니다.

그런데 이런 잘못된 상황을 통해서도 하나님께서는 이루시려는 섭리가 있었습니다. 하나님께서는 삼손을 통해서 이스라엘을 지배하고 있는 블레셋을 치려는 계획을 가지고 계셨던 것입니다. 그러나 삼손의 부모는 이 일이 여호와께로부터 나온 것인 줄 알지 못했습니다.

우리 모두는 다 실수를 하는 사람이라서 간혹 잘못된 결정을 해서 고통을 당하는 경우가 있습니다. 그런데 나중에 돌이켜 보면 그 잘못을 통해서 하나님의 섭리가 나타나는 것을 볼 때가 있습니다. 하나님은 절대로 시간을 낭비하거나 손해를 보시는 분이 아닙니다. 인간은 하나님의 뜻대로 행하지 않아서 실수하고 범죄하지만 하나님은 결코 손해 보지 않으십니다. 하나님께서는 우리의 실수에도 불구하고 하나님의 뜻을 이루어 나가십니다.

리더에게 임한 성령의 능력

5~6절은 사자를 손으로 찢은 이야기입니다. 삼손이 블레셋 여인과 결혼을 하러 내려갔는데 그때 어린 사자 한 마리를 만났습니다. 하나님께서는 삼손에게 임하사 그 사자를 찢을 수 있는 힘과 능력을 주셨습니다. 성령께서 하실 수 있는 일은 엄청나고 다양합니다. 그리고 인간이 원하는 것은 성령 안에 다 들어가 있습니다.

여기에 나타난 것을 보면, 성령님께서는 육체적인 힘도 주실 수 있습니다. 맹수의 왕인 사자와 접전을 해서 이기게 하시고 그 몸을 찢을 수 있는 용기와 힘을 주신 것입니다. 이것은 삼손 자신의 힘이 아니었습니다. 그는 머리만 깎아도 힘을 쓸 수 없는 사람이었습니다. 하나님의 성령께서 역사하셨기 때문에 그가 큰 힘을 쓸 수 있었던 것입니다.

성령님 한 분을 의지하는 것이 세상의 무엇보다도 더 우월한 것입니다. 성령님 한 분이 할 수 있는 일은 인간이 생각하고 할 수 있는 것과 비교할 수 없습니다. 지혜가 필요하면 지혜를 주십니다. 믿음이 필요하면 믿음을, 육체적인 힘이 필요하면 육체적인 힘을 주십니다. 성령님은 하나님과 함께 우주를 창조하는 일에도 역사하신 분입니다. 바로 이런 분이 우리 안에 계신 것입니다. 우리가 이것을 깨닫지 못하기 때문에 무엇이든 우리의 힘으로 하려고 합니다.

우리가 성령님이 누구인지, 성령님의 능력이 어떤 것인지 안다면 내 힘으로, 내 지혜로, 내 능력으로 하려고 하지 않을 것입니다. 성령님이 어떤 분인지 안다면 행여 자신의 힘을 의지하게 될까 봐 겁을 내고 겸손해지려고 안간힘을 쓸 것입니다. 나의 능력이나 나의 지식이나 나의 재주는 힘이 될 수 없다는 것을 깨닫게 됩니다. 그러므로 믿는 사람에게 있어서 성령님을 의존해서 살아야 한다는 것이 얼마나 큰 축복인지 모릅니다. 특히 리더는 더욱더 성령 충만 해야 합니다. 사도 바울은 "모든 것을 해로 여김은 내 주 그리스도 예수를 아는 지식이 가장 고상함을 인함이라 내가 그를 위하여 모든 것을 잃어버리고 배설물로 여김은 그리스도를 얻고"라고 고백했습니다. 이런 말은 성령께서 자신에게 충만히 임재하심을 알고 있을 때에 할 수 있는 이야기입니다.

성령을 마음에 모시고 사는 그리스도인이면서 자기 자신을 의존하고 산다는 것은 어리석은 일입니다. 우리에게 성령님이 함께 하신다는 것이 가장 큰 희망입니다.

7절에 보면, 삼손이 블레셋 여자와 대화를 하는 장면이 나옵니다. 그런데 그 여자가 삼손을 즐겁게 해 주었습니다. 호감을 갖게 하는 화술은 계발할 만한 것입니다. 상대방의 말을 잘 들어 주고 자기가 할 말을 조리 있게 하는 것은 훌륭한 자질입니다. 특히 공적인 임무가 있는 사람들에게는 꼭 필요한 자질이기도 합니다. 블레셋 여자가 삼손의 환심을 산 것은 다른 조건이 있어서가 아니라 그가 미모와 훌륭한 대화술을 가지고 있었기 때문이었습니다.

삼손은 다시 한번 그 여자를 만나러 가면서 사자의 시체 안에 꿀이 있는 것을 발견하고는 그것을 떠다가 자기도 먹고 자기 부모에게도 가져다 주었습니다. 물론 부모에게는 그 꿀이 어디서 났는지 말하지 않았습니다. 여기서 삼손은 시체를 만지지 말라는 나실인의 서약을 어겼습니다. 출발을 잘못하니까 계속 잘못된 길로 가게 되는 것입니다.

삼손과 여인은 결혼식을 올리고 나서 칠 일 동안 잔치를 베풀었습니다. 그 잔치에서 술을 마셨습니다. 두 번째 나실인의 서약을 어겼습니다. 그리고 고대 습관 가운데 하나인 수수께끼 놀이를 시작했습니다. 삼손은 '먹는 자에게서 먹는 것이 나오고 강한 자에게서 단 것이 나왔다' 라는 수수께끼를 내었습니다. 이것은 삼손이 사자의 시체에서

꿀을 얻은 사건을 말합니다. 그리고 잔치를 하는 칠 일 동안에 그것을 풀지 못하면 베옷 30벌과 겉옷 30벌을 내놓기로 했습니다. 그 문제의 내용이 14절입니다.

"삼손이 그들에게 이르되 먹는 자에게서 먹는 것이 나오고 강한 자에게서 단 것이 나왔느니라 그들이 삼일이 되도록 수수께끼를 풀지 못하였더라."

수수께끼를 풀지 못하게 된 블레셋 사람들은 삼손의 아내를 협박해서 삼손에게서 답을 알아내게 했습니다. 그리고 여자의 눈물을 못 이긴 삼손은 슬그머니 답을 가르쳐 주었습니다. 대개의 남자들은 여자의 눈물에 약합니다. 여자의 눈물에 대부분의 남자들이 넘어갑니다. 이것이 여자의 무기인지도 모릅니다.

마을 청년들은 삼손의 수수께끼에 대답을 했지만 그 대답이 어디에서 난 것인지 안 삼손은 분노했습니다. 그래서 블레셋 사람들을 죽이고 옷을 빼앗아 수수께끼에서 이긴 블레셋 사람들에게 주었습니다. 화가 난 삼손은 결혼식이 끝나는 7일째 밤에 그의 아내에게 돌아가지 않고 소라에 있는 자기 집으로 가버렸습니다. 이런 것을 보면 삼손이 감정에 의해 움직이는 사람이라는 것을 알 수 있습니다. 분이 났다고 아내를 버리고 집으로 돌아가는 미성숙한 삼손의 모습에서 아직 그가 결혼할 준비가 되어 있지 않음을 알 수 있습니다.

성령의 열매 가운데 마지막이 바로 절제입니다. 그런데 삼손에게는 절제가 없었습니다. 성숙한 사람은 자기를 통제하는 사람입니다. 그래서 성숙한 사람은 실수가 적습니다.

잘 준비된 결혼이 실패를 막는다

이성관계는 조심스럽게 출발해야 하며, 조심스러운 과정들을 거쳐서 결혼으로 가야 합니다. 삼손은 그것을 잘 처리하지 못했습니다. 삼손의 이러한 이성관계는 두고두고 영향을 미치게 됩니다. 사람은 한 번 낙심을 하거나 타락하게 되면 그 다음부터는 멋대로 살 가능성이 있습니다. 자신을 절제하지 못하게 되는 것입니다. 그래서 첫 번째 이성에 대한 경험이 중요합니다.

미국의 배우들 중에 여러 번 결혼하는 사람들이 있습니다. 그런 사람들은 대부분 첫 번째 결혼에서 좋지 않은 경험을 했기 때문에 계속해서 잘못된 선택을 하게 되는 것입니다. 물론 사람인 이상 실수를 하지 않을 수는 없겠지만 그런 때는 하나님께 고하고 용서함을 받아야 합니다. 그런 후 하나님의 인도하심을 구하면 잘못된 일을 반복하지 않을 수 있습니다.

결혼식을 올리지 않고 함께 살다가 아이부터 낳고 결혼식을 하는 사람들이 가끔 있습니다. 그런 사람들이 저에게 와서 주례를 해 달라고 하면 저는 그 사람들의 신앙을 체크해 봅니다. 그러면 대개 믿는 가정에서 태어났을 뿐이지 신앙은 없는 사람이 많습니다. 그런 경우 저는 그 사람들을 회개시키고 거듭나게 합니다. 지금까지의 삶이 잘못되었다는 것을 고백하게 하고 다시 출발하겠다는 고백을 하게 하는 것입니다.

첫 단추를 제대로 끼우는 일은 언제나 중요합니다. 처음부터 선택을 잘 해야 합니다. 이것이 삼손이 주는 경고입니다. 특히 결혼은 육체적으로 준비가 되어 있다고 해서 하는 것이 아닙니다. 또한 나이가 들었기 때문에 하는 것도 아니고 영적으로 정서적으로 준비가 되었을 때에야 할 수 있는 것입니다.

어떤 여자분이 저에게 묻기를 왜 하나님께서는 자신의 기도를 들어 주지 않는지 모르겠다고 했습니다. 오래 기도했는데도 하나님의 응답이 없다는 것이었습니다. 그래서 그 내용이 무엇인지 알아보았더니 결혼할 상대를 주지 않는다는 것이었습니다. 나이가 마흔 정도가 되었는데도 하나님께서 짝을 주시지 않으니 그것이 짜증이 나고 하나님이 싫어진다는 것이었습니다.

그런데 제가 그분의 말을 들으면서 느낀 것은 그분이 아직 결혼할 때가 안 되었다는 것입니다. 그분의 대화법이 호감을 줄 수 없을 정도로 투박했기 때문이었습니다. 그래서 저는 그분에게 당신은 사회적으로는 성공을 했지만 여자로서는 아직 성공을 하지 못했다고 말했습니다. 그러면서 한 가지 조건을 갖추면 하나님께서 사람을 보내주실 거라고 말해 주었습니다. 그 조건은 결혼할 준비를 말하는 것입니다.

여자는 여자로서의 아름다움이 나타나야 하고 남자는 남자로서의 늠름함이 나타나야 합니다. 나이가 들었다고 무조건 결혼에 성공하는 것은 아닙니다. 남자와 여자 모두 서로를 사랑할 줄 알고 돌볼 줄 알아야 합니다. 또 서로에게 도움이 되어야 합니다. 이것은 젊은 남녀들이 알아야 할 중요한 부분입니다.

하나님을 믿지 않는 여자인데도 불구하고 단지 예쁘고 자기를 기쁘게 해 준다는 이유만으로 결혼하려고 했던 삼손. 결혼할 준비가 되어 있지 않음에도 불구하고 억지로 결혼하려고 했던 삼손의 모습에서 우리는 많은 교훈을 얻습니다.

준비 없는 결혼은 불행을 초래할 수 있습니다. 결혼하기 원하시는 분들은 기도하며 하나님의 인도하심을 구하십시오. 그리고 영적, 정서적, 헌신적 준비를 하십시오. 또 결혼 적령기의 자녀들이 있는 분들은 자녀들을 위해 기도하십시오. 하나님께서 예비하신 짝을 만나게 해달라고 하시고, 결혼을 잘 준비할 수 있도록 기도하시기 바랍니다.

복수와 보복의 싸이클

집으로 돌아갔던 삼손은 그 후에 그의 아내에게 줄 선물로 염소 새끼를 가지고 처가인 딤나로 갔습니다(삿 15:1). 그러나 이미 그의 아내는 삼손의 친구 중 한 사람의 아내가 되어 있었으므로 그녀를 다시 찾을 수 없는 상황이었습니다. 삼손이 그녀를 미워하는 줄로 안 장인이 그녀를 다른 사람에게 주어 버린 것입니다(15:2). 남의 뜻을 확인 없이 가정하는 것은 잘못된 결정을 할 수 있는 가능성을 만듭니다. 확인 과정이 늘 필요합니다. 그래서 그는 그 딸 대신 동생을 주겠다고 제안했습니다. 요즘 같으면 있을 수 없는 이야기지만 그 당시로서는 가능했던 풍습이었습니다.

15장 3절을 보면 삼손이 지난번에 자신이 블레셋 사람들을 해친 것에 대해서 후회하고 있다는 것을 알 수 있습니다. 삼손은 말하기를 "이번은 내가 블레셋 사람을 해할지라도 그들에게 대하여 내게 허물이 없을 것이니라"라고 말합니다(15:3). 지난번에는 자기 아내가 자신을 배신한 것에 대한 분풀이로 사람들을 닥치는 대로 해치기는 했지만 그것이 결코 잘한 일이라고는 생각하지 않고 있었던 것입니다.

그러나 이번엔 자신이 잘못한 일이 없다고 생각한 삼손은 여우 삼백 마리를 잡아서 두 마리씩 꼬리를 묶고 그 사이에 횃불을 달아서 여우들을 블레셋 사람들의 밭으로 몰아 곡식단과 아직 베지 않은 곡식과 감람원들을 불살랐습니다. 다시 극단적인 보복을 한 것입니다. 절제 없는 행동은 극단적 행동을 일으킵니다. 보복의 악순환이 시작됩니다.

삼손이 이런 짓을 저질렀다는 사실을 안 블레셋 사람들은 그에 대한 보복으로 다시 장인과 여자를 태워서 죽여 버렸습니다. 폭력이 폭력을 낳은 것입니다. 칼로 일어선 자는 칼로 망하게 되어 있습니다. 하나님께서는 원수 갚는 것이 하나님께 있으므로 스스로 원수 갚으려 하지 말고 하나님께 맡기라고 말씀하셨습니다. 그리스도인은 선으로 악을 이겨야 합니다. 보복의 싸이클을 끊을 수 있는 길은 사랑밖에 없습니다.

분노는 과격한 행동을 유발시킵니다. 인간이 당하는 정서적 고통 가운데 가장 큰 것 두 가지가 바로 분노와 두려움입니다. 이 두 가지는 인간이 끝까지 통제해야 하는 정서적 문제입니다. 분노 때문에 그 동안의 공력을 다 무너뜨리기도 하고 두려움 때문에 아무것도 성취 못하는 일이 많이 있습니다. 대부분의 문제들이 이 두 가지에서부터 생깁니다. 이 둘을 극복할 수 있으면 성숙한 사람입니다.

복수의 고리를 끊는 것은 칼이 아니라 사랑입니다. 악을 악으로 대항해서는 그 뿌리가 뽑히지 않습니다. 이런 성경의 가르침은 숭고하고 아름다울 뿐 아니라 실용적인 것입니다. 그리고 이것은 성령 충만하지 않으면 할 수 없는 일이기도 합니다. 내가 죽고 그리스도가 내 안에서 살아가는 모습이 인격화되어 가면서 할 수 있는 일인 것입니다.

블레셋 사람들의 보복에 대해서 다혈질적인 삼손이 가만 있었을 리가 없습니다. 그는 다시 블레셋 사람들을 도륙했습니다(15:8). 도륙했다는 말은 원어에 보면 허벅지와 엉덩이를 쳤다는 말인데 이것은 치명적으로 철저하게 섬멸했다는 뜻입니다.

그러자 블레셋 또한 반격을 했습니다. 그들은 삼손의 행동을 이유로 그 당시 그들이 지배하고 있었던 유다를 포위하고 공격했습니다. 삼손은 유다 족이 아니라 단 족이었는데도 유다를 괴롭힌 것입니다. 이들은 당사자인 삼손을 젖혀 두고 무고하고 약한 사람들을 복수의 대상으로 선택하고 있는 것입니다. 싸우려면 맞수가 되는 정당한 상대와 싸워야 하는데 비겁한 방법을 택하고 있다는 것을 알 수 있습니다. 분노는 이성을 잃게 합니다.

저는 남자가 여자에게 폭력을 휘두르는 것이 가장 비겁하고 부끄러운 일 가운데 하나라고 생각합니다. 이것은 야비한 사람들이나 하는 짓이지 정상적인 남자가 하는 짓이 아닙니다. 도저히 상대가 되지 않는 대상을 힘이 세다고 폭력을 휘두른다는 것은 부당합니다. 그런데 그럼에도 불구하고 우리 주변에서 이런 일들이 비일비재하게 일어나고 있으니 얼마나 불행한 일입니까.

아내를 폭행하는 사람은 어쩌다 한 번이라고 말할 수 있을 것입니다. 그러나 폭행을 하는 것도 일종의 습관입니다. 처음부터 바로잡지 않으면 안 됩니다. 미국에서는 폭행 신고를 하면 폭행한 사람이 남편일지라도 구속되게 제도화되어 있습니다.

계속 맞으면서 참고 지내서도 안 됩니다. 처음에 그런 일이 생겼을 때 그냥 참고 있지 않겠다는 것을 단호하게 보여 주어야 합니다. 그렇지 않으면 평생 맞고 살겠다는 의지를 표현하는 것이나 마찬가지입니다. 폭행도 습관입니다. 조기에 고치지 않으면 못 고칠 수도 있습니다. 나라의 법은 누구를 막론하고 폭행은 용납할 수 없다는 것을 분명히 해야 합니다.

신앙생활을 하면서도 마음이 비뚤어져 있는 사람들이 있습니다. 그런 사람들은 교회에서 문제를 일으키고 목회자를 괴롭힙니다. 저는 그런 사람을 보면 만나서 이야기를 해 봅니다. 자라온 환경에서부터 학교 교육 등등의 이야기를 들어 봅니다. 그러면 대부분 성장 과정에서 문제가 있었던 분들이 교회에서도 문제를 일으킨다는 것을 알 수 있습니다. 또 자기 가정에서 문제가 있는 사람들이 교회에 와서도 문제를 일으킵니다. 특별히 자기 아내와 갈등을 일으키는 사람들이 교회에서도 갈등을 일으키는 경우가 있습니다.

그런 원인들을 알고 나면 그 사람을 이해하고 불쌍히 여기게 됩니다. 마치 감기에 걸린 사람처럼 보는 것입니다. 감기에 걸린 사람은 기침을 하고 열이 나지요? 그렇다고 해서 기침하는 것을 그저 나무라서 무슨 유익이 있습니까? 그 사람에게 바이러스가 들어가 있기 때문에 당연히 기침을 하고 열이 나게 되어 있다는 것을 이해하는 것입니다. 그리고 그를 위해서 기도하게 됩니다. 그를 도와주고 싶지요. 이성으로 생각하면 극단적인 반응을 하지 않을 것입니다.

하나님이 도우시는 사람

블레셋의 공격을 받은 유다는 문제의 원인이 된 삼손을 잡아다가 블레셋에 넘겨 주기로 결정을 합니다(15:10). 그리고 삼손 한 사람을 체포하는 데 삼천 명을 보냈습니다. 삼손이 얼마나 강하고 센 사람이었는가는 이것을 보면 알 수 있습니다. 유다 사람들이 그를 죽이지 않겠다고 하자 삼손은 자신을 그냥 결박한 채로 블레셋에 넘겨 줄 것을 제안했고 유다 족속은 그 말에 동의했습니다.

삼손이 결박된 채로 끌려오자 블레셋 사람들은 함성을 지르며 몰려왔습니다. 그러나 바로 그때 하나님의 영이 삼손에게 강림하사 놀라운 힘을 발휘하게 했습니다(15:14). 그를 묶은 줄이 불탄 삼처럼 팔에서 떨어져 나갔습니다. 성령님이 하실 수 있는 일은 무한합니다. 육체적인 힘이 요구될 때에는 과거에 경험해 보지 못한 힘도 공급하실 수 있습니다. 이러한 성령님의 능력이 삼손에게 임하자 삼손은 곧바로 공격을 시작하였습니다.

15, 16절을 보십시오.

> "삼손이 나귀의 새 턱뼈를 보고 손을 내밀어 취하고 그것으로 일천 명을 죽이고 가로되 나귀의 턱뼈로 한 더미, 두 더미를 쌓았음이여 나귀의 턱뼈로 내가 일천 명을 죽였도다."

사사기는 삼손 혼자서 나귀 턱뼈 하나로 천 명을 죽였다고 기록하고 있습니다(15:15). 그런데 어떤 신학자들은 삼손이 혼자서 그렇게 많은 사람들을 친 것이 아니고 삼손이 앞장서서 블레셋을 치기 시작하니까 그 뒤에 있었던 유다의 군대 삼천 명이 함께 싸웠던 것이라고 보고 있습니다. 승리의 주원인은 삼손이기는 하지만 혼자서 싸운 것은 아닐 것이고 유다 군인들이 합세하여 승리한 후 모든 공력을 삼손에게 돌린 것으로 생각하는 것입니다.

삼손은 블레셋 사람들을 한 더미 두 더미로 쌓았다고 했는데, 히브리어로 '더미'라는 말이 당나귀라는 단어와 같으므로 모두 당나귀처럼 만들어 버렸다는 것으로 해석할 수도 있습니다. 당나귀를 만들었다는 것은 아무 쓸모없는 사람을 만들었다는 말입니다. 삼손이 블레셋을 친 장소는 '라맛 레히'라고 이름했는데(15:19) 그 말은 '턱뼈의 언덕'이라는 말입니다.

18~20절 사이에는 샘물의 기적이 나타나 있습니다. 삼손이 한참을 싸우다 보니까 기진하고 목이 말라서 견딜 수 없게 되었습니다. 그러자 그는 하나님께 물을 달라고 부르짖었습니다. 하나님께서는 레히의 한 우묵한 곳을 터뜨리시고 삼손이 물을 마실 수 있도록 해 주셨습니다. 그래서 그 샘의 이름을 '엔학고레'라고 불렀는데 이 말은 '부르짖는 자의 샘'이라는 뜻입니다.

하나님은 위험에 빠진 사람이 간절히 구할 때에 구원해 주시며 응답해 주시는 분이십니다. 아무것도 없는 상태에서도 있게 하시는 분이 하나님이십니다. 자신의 주위에 아무것도 없다고 절망하고 구하지도 않는 사람은 그 상태에 머물든지, 더 악화될 수밖에 없습니다. 그렇지만 절망적인 상황에서도 주님을 믿고 구하는 사람은 살아날 수 있습니다. 하나님께 소망을 둔 사람들에게는 사는 길이 있습니다.

하나님의 사람들은 불평 대신 기도해야 합니다. 혼자 불평하고 독백하는 것은 아무 소용이 없지만 탄식하는 말을 하기 전에 주님을 부르면 그것이 바로 기도가 됩니다. 탄식을 해도 주님을 부르며 주님 앞에서 탄식해야 합니다. 고난이 닥치고 문제가 생기면 하나님을 멀리 떠나는 사람들이 있습니다. 그런 사람들은 고난에서 벗어날 수 없으며 더 깊은 절망으로 빠져 들게 됩니다. 하나님의 복을 받는 사람들은 문제가 생기면 하나님 앞에서 이길 때까지 씨름하는 사람들입니다. 하나님께서는 자기를 찾는 자를 도우십니다. 여기에 신앙생활의 즐거움이 있습니다.

[회개하는 영적 리더가 되라]

사사기 16:1~31

회개는 긴 기도가 필요한 것도 아니고
많은 노력이 요구되는 것도 아닙니다.
진심으로 하나님 앞에 자신이 죄인임을 드러내는 한마디가
주님의 은총을 우리에게 가져다주는 것입니다.

❧

사사기 16장은 삼손의 타락과 죽음에 관한 이야기입니다. 삼손은 엄청난 재능을 가지고 태어난 사람이었습니다. 강력한 블레셋 군대를 무찌르고 겁을 준 사람이었습니다. 그런데 이러한 삼손도 한 연약한 여자에게 정복당하자 비참한 종말을 맞게 되었습니다. 그래서 삼손의 삶은 모두에게 상당한 경고를 주는 동시에 교훈을 줍니다. 앞에서도 말했지만 첫 번째 여성관계가 잘못된 것이었기 때문에 삼손은 나중까지 여자 문제로 고생을 합니다.

저의 여성관은 저의 어머니에게서 왔습니다. 저는 어머니를 대단히 존경하고 귀하게 여겼기 때문에 여성을 훌륭한 존재로 생각하게 되었

습니다. 그리고 저의 아내는 저에게 좋은 여성관을 갖도록 만들어 주었습니다. 결혼을 해서 낳은 세 딸들도 저에게는 좋은 느낌과 사랑을 갖도록 했습니다.

그런데 삼손은 그렇지 못했습니다. 그는 일평생 여자 때문에 고생을 하고 비참한 최후를 맞습니다. 첫 결혼을 일주일만에 끝내게 된 그는 가사라는 곳에 있는 기생에게로 갔습니다. 여성과 건전한 인격적인 관계를 맺지 못하고, 여성을 단지 일시적인 쾌락의 도구로 본 것입니다. 처음 출발할 때도 자신을 기쁘게 해 준다는 이유로 여성을 선택했습니다. 육신적인 쾌락 때문에 여성을 필요로 했던 것입니다. 여성을 성적인 대상으로만 본 것입니다.

성적인 욕구를 하나님의 뜻에 맞게 다스릴 수 있게 되면 삶의 어떤 것이든 자제할 수 있는 능력을 갖 출 수 있게 됩니다. 식욕과 성욕을 다스릴 수 있는 사람은 대단한 자제력을 가진 사람이라고 할 수 있습니다.

삼손이 가사의 기생에게 간 것을 안 블레셋 사람들은 그 집 주위를 포위하고 성문을 잠근 뒤에 새벽에 그를 잡으려는 계획을 세웠습니다. 그러나 한밤중에 기생의 집을 나온 삼손은 성 문짝들과 설주와 빗장을 빼 어깨에 메고 헤브론 앞산 꼭대기로 갔습니다. 그런데 여기서의 꼭대기는 산 바로 아래를 말하는 것으로 보입니다. 왜냐하면 헤브론 산은 거리가 37마일이나 떨어져 있어 너무나 멀고 굳이 그곳까지 가야 할 이유도 없기 때문에, 헤브론 쪽에 있는 어느 산이라고 보고 있는 것입니다. 삼손은 안전을 보장하는 성문을 떼어냄으로써 블레셋 사람들에게 모욕을 주었고 안전이 없음을 보여 주었습니다.

하나님께서 떠나심

　4~22절 사이에는 그 유명한 들릴라 이야기가 나옵니다. 가사 사건 이후 삼손은 소렉 골짜기에 사는 들릴라를 사랑하게 되었습니다. 이들 관계 역시 인격적인 관계가 아니었습니다. 들릴라가 블레셋 여자라는 구체적인 언급은 없지만 앞뒤 관계로 봐서 블레셋 여인임에 틀림없습니다.
　삼손이 들릴라에게 온다는 것을 안 블레셋의 왕들은 들릴라를 찾아왔습니다. 그리고 삼손이 어디에서 힘을 얻는지 그 비결을 가르쳐 주면 각 왕들이 은 1,100세겔을 주겠다고 제안했습니다. 이 돈은 수천만 원에 해당하는 엄청난 돈입니다. 들릴라는 삼손을 진심으로 사랑하는 것이 아니었으므로 그 제안을 수락했습니다. 사람보다 돈이 더 중요하다고 생각하는 여인입니다.
　5절을 보십시오.

> "블레셋 사람의 방백들이 그 여인에게로 올라와서 그에게 이르되 삼손을 꾀어서 무엇으로 말미암아 그 큰 힘이 있는지 우리가 어떻게 하면 그를 이기어서 결박하여 곤고케 할 수 있을는지 알아보라 그리하면 우리가 각각 은 일천 일백을 네게 주리라."

　출발이 잘못되면 이렇게 두고두고 문제를 일으키게 됩니다.
　들릴라는 삼손을 구슬려서 어디서 그 힘이 나오는지를 물었습니다. 삼손은 처음에는 마르지 않은 푸른 칡 일곱 줄로 자신을 묶으면 약해진다고 했습니다. 두 번째는 사용한 적이 없는 새 줄로 결박하면 힘을 못 쓰게 될 것이라고 했습니다. 세 번째는 자기 머리털을 베틀의 위선과 바디로 섞어 짜야 된다고 했습니다.

들릴라는 삼손이 잘 때 이 세 가지 방법을 썼습니다. 그리고 그때마다 블레셋 사람들이 쳐들어왔다고 외쳤습니다. 그러나 이 세 방법은 삼손의 힘을 빼앗을 수 없었습니다. 삼손은 세 번의 거짓말을 한 것입니다. 문제는 더 복잡한 문제를 일으킵니다.

그런데 들릴라가 자신을 사랑한다고 하면서 거짓말을 하는 것은 자신을 진실로 사랑하는 것이 아니라면서 며칠을 졸라 대자 삼손은 할 수 없이 진실을 말합니다. 삼손은 천 명의 군대와는 싸워서 이겼지만 한 명의 여자에게는 어이없이 무너지게 된 것입니다.

제가 미국에 있을 때 유명한 목사님들이 여자 문제 때문에 실족하는 것을 볼 수 있었습니다. 그 결과가 얼마나 비참한지 모릅니다. 남자에게 있어서 가장 조심해야 할 것이 바로 여자 문제입니다. 하나님의 일을 하는 사람이면 더욱 더 조심해야 하는 부분입니다. 음란 죄는 인간이 가장 쉽게 범할 수 있는 죄 중의 하나입니다.

삼손의 말이 진실이라는 것을 안 들릴라는 삼손을 자기 무릎을 베고 자게 한 후에 그의 머리털 일곱 가닥을 밀고 괴롭게 했습니다. 그리고 나서 그에게 힘이 없어졌다는 것을 알게 되었습니다. 주님께서는 그때 삼손을 떠나셨던 것입니다.

20절을 보십시오.

"들릴라가 가로되 삼손이여 블레셋 사람이 당신에게 미쳤느니라 하니 삼손이 잠을 깨며 이르기를 내가 전과 같이 나가서 몸을 떨치리라 하여도 여호와께서 이미 자기를 떠나신 줄을 깨닫지 못하더라."

삼손이 힘이 없어진 것은 머리를 깎았기 때문이 아니었습니다. 머리카락은 단백질 덩어리인데 그 자체에 무슨 힘이 있겠습니까. 하나님께서 그를 떠났기 때문에 힘이 없어진 것이었습니다. 머리카락이 문제가 아니라 주님이 그와 함께 하는가 그렇지 않은가가 문제였던 것입니다. 머리카락은 심볼에 불과했습니다.

주님의 임재에 대한 확신은 구원의 확신 다음으로 중요합니다. 과거 훌륭한 신앙인들은 주님께서 자기와 함께 하신다는 것을 언제나 확신하는 사람들이었습니다.

제가 성도들에게 제일 먼저 주려고 하는 것은 구원의 확신입니다. 누구를 만나든지 구원의 확신이 있는지 먼저 점검해 보고 만일 확실치 않으면 다시 복음을 전해서라도 확신을 얻게 합니다. 이것이 없으면 다른 것은 아무런 소용이 없습니다. 그리고 그 다음에는 주님의 임재에 대한 확신을 심어 주려고 합니다. 주께서 나와 함께 하신다는 것, 성령님께서 나와 함께 계셔서 한 순간도 떠나지 않는다는 것을 확신하는 것입니다. 이 확신은 우리의 삶을 환하게 만들어 줍니다. 우리에게 엄청난 가능성이 있음을 알게 해줍니다. 내가 지금 어떤 모습인가는 중요하지 않습니다. 우리는 우리 자신을 성령님께 맡기면 되는 것입니다. 그리고 하나님께서 우리를 사용하시면 하실수록, 성령의 역사인 줄 알고 더 겸손해져야 합니다.

제가 최근에 어느 젊은 사업가와 대화를 한 적이 있습니다. 그분은 사업을 하기에는 아직 젊은 축에 드는데도 현재 사업을 잘하고 있습니다. 이런 성장세로 간다면 앞으로 20년쯤 후에는 우리나라에서 이름 있는 사업가가 될 기질이 있는 분입니다. 그래서 제가 그분에게 겸손에 대한 이야기를 했습니다. 하나님께서 복을 많이 주시면 주실수록 더 많이 기도하고 더 하나님을 높이는 사람이 되어야 한다고 말해 주었습니다. 그렇지 않으면 자신이 잘나서 성공하는 줄로 생각하고 교만해지기 쉽습니다. 그리고 교만해지면 하나님께서는 그 복을 거두어 가실 것입니다. 작은 은혜라 할지라도 우리가 주님 앞에 겸손할 때 지속적인 하나님의 은혜를 받을 수 있는 것입니다.

주님이 우리를 떠나고 나면 우리는 아무것도 아닙니다. 그러나 삼손은 그것을 알지 못했습니다. 블레셋 사람들이 나타났지만 주님이 떠난 삼손은 힘을 쓸 수 없었습니다. 그는 다른 사람들과 똑같은 평범한 사람이 된 것입니다. 블레셋 사람들은 삼손의 두 눈을 빼고 가사에 있는 감옥으로 그를 데리고 갔습니다. 그리고 들릴라는 그 대가로 상금을 받게 되었습니다. 성령이 없는 사람은 별 것이 아닙니다.

마지막 순간에 만나다

욕정과 교만은 삼손의 눈을 잃게 하고 힘을 잃게 하고 그를 망하게 했습니다. 블레셋 사람들은 다곤(블레셋의 곡물 신) 신전으로 삼손을 끌고 갔습니다. 그리고 삼손을 체포한 것에 대해서 그들의 신에게 감사제를 드렸습니다.
23, 24절입니다.

"블레셋 사람의 방백이 가로되 우리의 신이 우리 원수 삼손을 우리 손에 붙였다 하고 다 모여 그 신 다곤에게 큰 제사를 드리고 즐거워하고 백성들도 삼손을 보았으므로 가로되 우리 토지를 헐고 우리 많은 사람을 죽인 원수를 우리의 신이 우리 손에 붙였다 하고 자기 신을 찬송하며."

하나님의 자녀가 범죄하면 하나님의 영광을 가리게 됩니다. 삼손이 범죄함으로 우상에게 영광을 돌리는 일을 한 것입니다.

저는 새벽기도를 할 때에 종종 목회자인 저를 위해 기도해 달라는 부탁을 합니다. 하나님의 말씀을 전하는 제가 하나님의 은총 속에서 살면 그것을 보고 수많은 사람들이 하나님을 느낄 수 있을 거라고 생각했기 때문입니다. 만일 제가 절제가 부족해서 한 번 실수를 하게 되면 이것은 보통 실수로 끝나는 것이 아닙니다. 일파만파로 번져 나가서 하나님을 믿는 성도들의 마음에 상처를 주게 되고 끝내는 하나님의 영광을 가리게 될 것이 뻔합니다. 그러니 어떻게 기도하지 않을 수 있겠습니까. 그래서 제가 저를 위해서 간절히 기도해 줄 것을 부탁했던 것입니다.

삼손처럼 하나님께서 뽑아 세우시고 다른 사람보다 큰 능력을 받은 경우에는 그 사람의 실족함이 주는 영향력은 상상을 초월합니다. 많은 사람을 시험에 들게 하고 우상에게 영광을 돌리게 되는 기회를 제공하게 됩니다. 그러므로 하나님께 복을 받은 사람들일수록 늘 겸손하게 기도하고 절제하는 삶을 살아야 하는 것입니다. 삼손의 체포는 다곤 신의 능력이 아닙니다. 그는 그 자신의 죄악 때문에 체포된 것이었습니다. 그런데도 사람들이 다곤 신을 찬양하게 하는 기회를 제공한 것입니다.

다곤 신에게 제사를 드리고 기분이 좋아진 블레셋 사람들은 삼손을 옥에서 끌어내어 기둥 사이에 묶고 그에게 재주를 부리게 했습니다. 삼손과 하나님을 조롱하면서 즐기려고 한 것입니다. 끌려나온 삼손은 자기 손을 붙드는 소년에게 자기를 그 건물을 버티고 있는 기둥 사이에 묶어 달라고 부탁했습니다.

그리고 평생에 처음으로 하나님을 의지해서 부르짖기 시작했습니다. 28절을 보십시오.

> "삼손이 여호와께 부르짖어 가로되 주 여호와여 구하옵나니 나를 생각하옵소서 하나님이여 구하옵나니 이번만 나로 강하게 하사 블레셋 사람이 나의 두 눈을 뺀 원수를 단번에 갚게 하옵소서 하고."

삼손은 하나님께 자신을 생각하여 달라고 구합니다. 이 말은 기억해 달라는 말입니다. 삼손은 자신에게 주어진 능력을 자기 멋대로 쓰면서 살아온 사람이었습니다. 그래서 그 동안은 한 번도 하나님께 기도했다는 말이 성경에 나오지 않았습니다. 그런 그가 처음이자 마지막으로 하나님의 능력을 구합니다.

이 기도는 한나가 하나님께 한 기도와 같은 내용입니다. 한나도 사무엘상 1:11에서 자신을 기억해 달라는 기도를 하나님께 드렸습니다. 또 예수님과 함께 십자가에 달렸던 강도가 예수님께 한 말과도 같습니다. 그리고 그들은 자신의 기도대로 응답을 받았습니다. 아무리 큰 잘못을 저지른 죄인이라 할지라도, 인자하심과 자비하심과 사랑이 끝이 없으신 하나님께 불쌍히 여겨 주실 것을 구하면 하나님께서는 그 사람을 반드시 돌아보십니다. 이전 것은 잊어버리시고 그 사람을 품어 주시고 은혜를 베풀어 주시는 것입니다. 하나님은 용서하시기 좋아하십니다.

하나님께서는 자신의 능력을 의지해서 교만하게 산 사람이라 하더라도 하나님께로 돌아오면 언제나 받아 주십니다. 회개는 긴 기도가 필요한 것도 아니고 많은 노력이 요구되는 것도 아닙니다. 진심으로 하나님 앞에 자신이 죄인임을 드러내고 나를 기억해 달라고 말하면 됩니다. "주님이 아니면 살 수 없습니다"라는 그 한 마디가 주님의 은총을 우리에게로 가져다주는 것입니다.

어느 12월 31일에 제가 하나님 앞에서 "저에게 자비를 베풀어 주옵소서"라는 기도를 했습니다. 그 한 해가 가는 동안 이상하게도 자비를 구하는 기도를 반복한 때가 있었습니다. 아마 그때의 형편이 하나님의 자비가 많이 필요했던 때였던 것 같습니다. 내 지혜나 내 능력으로는 도저히 주님의 일을 할 수 없다는 결론이 내려져서 그런 기도를 했을 것입니다. 이렇듯 하나님을 찾으면 하나님께서 만나 주십니다.

하나님께서는 삼손의 기도를 들어 주셨습니다. 삼손은 마지막 힘을 얻어서 자기 손이 묶여 있던 기둥을 무너뜨렸고, 그와 함께 그 기둥이 받치고 있던 지붕이 무너져 내렸습니다. 그 건물에서 잔치를 벌이고 있던 블레셋의 모든 지도자들과 남녀 삼천 명이 깔려 죽었습니다. 물론 삼손도 죽었습니다. 그러나 그는 죽는 순간에 하나님께서 자신을 불쌍히 여기셨다는 것을 확인하고 죽었습니다. 생의 마지막 순간에 하나님의 은총을 입은 사람으로 죽었습니다.

삼손이 죽으면서 죽인 사람이, 삼손이 살아서 죽인 사람보다도 더욱 많았습니다. 이스라엘의 적을 다 무찌르고 죽었습니다. 그가 평생 한 일보다 더 큰 일을 생의 최후의 순간에 해 낸 것입니다. 생의 마지막 순간에 하나님의 능력을 받아서 일생일대의 큰일을 해 낸 것입니다. 따라서 그가 비참하게 죽긴 했지만 그의 죽음이 결코 헛된 것만은 아니었습니다.

삼손이 죽자 그의 가족들이 가사로 내려와서 그의 시신을 찾아 마노아의 무덤에 그를 장사 지냈습니다. 그리하여 삼손의 20년간의(BC 1069~1049) 사사 통치는 끝이 났습니다. 삼손은 성령님에 의하여 놀라운 힘을 부여받았지만 성적인 유혹을 좇다가 고통스런 생애를 마치게 되었습니다. 이러한 그의 생애는 성적인 유혹의 길을 따라가기 쉬운 다른 사람들에게 엄중한 경고를 줍니다.

제가 아는 장로님 한 분이 돌아가셨습니다. 젊은 나이에 돌아가셨기 때문에 안타까운 마음이 있습니다. 그런데 그분은 돌아가시면서 성도들에게 얼마나 큰 은혜를 끼치셨는지 모릅니다. 간암으로 10년 동안 투병을 하시다가 돌아가셨는데 저는 그분의 죽음이 준 영적인 감동과 감화를 보면서 우리가 죽음에 대해서 다시 생각해야 한다는 것을 깨달았습니다. 저는 그분을 보고 저의 죽음까지도 하나님께서 돌보아 주셔서 죽을 때도 하나님의 영광이 나타나게 해 달라는 기도를 하게 되었습니다.

　몸과 마음은 철저히 주님의 것입니다. 따라서 어느 때라도 우리의 몸과 마음을 다스려서 주님 앞에 복종시켜야 합니다. 타고난 재능과 능력이 승리를 보장하는 것이 아닙니다. 좋은 조건을 가졌다는 것은 아무런 보장이 될 수 없습니다. 어떻게 타고났느냐 하는 것보다는 어떻게 계발하느냐가 더 중요한 것입니다. 성령의 은혜와 능력이 지속적으로 우리 삶에 나타나면 그것이 우리 삶의 승리를 보장하는 것입니다.

　우리가 삼손처럼 뛰어난 사람이 아닐지라도 일생을 사는 동안 끊임없이 우리를 망치려는 유혹은 다가옵니다. 주님에 대한 철저한 순종과 성령님을 순간마다 의지하는 것이 참된 승리의 길입니다. 그 길을 걸어야 합니다.

3부
시대를 이끄는 영적 리더가 되라

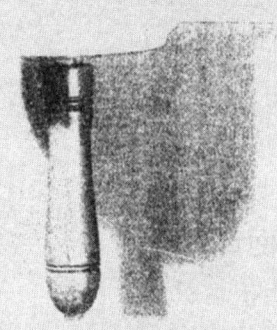
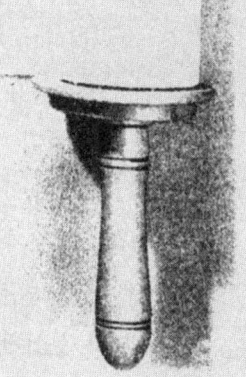

[가정을 목회의 중심으로 삼아라]

사사기 17:1~13

기독교 운동은 **가정회복운동**입니다.
교회에서는 가정을 아름답게 지키기 위한 **프로그램**들을 진행해야 합니다.
행복한 가정들이 모인 **교회**가 행복한 교회가 되는 것입니다.
가정회복운동이 **영적인** 운동의 **중심**이 되어야 합니다.

사사들의 이야기는 16장까지로 끝납니다. 17장부터는 시대적인 이야기라기보다는 사사기의 부록과 같은 이야기가 전개됩니다. 이 부록에는 그 시대의 한 면을 보여 주고 있습니다. 강력한 영적 지도자가 없을 때 나타나는 개인의 파탄과 가정의 파탄과 부족의 파탄에 따르는 처절한 모습들을 보여 주는 것입니다. 인간은 바닥까지 떨어질 수 있음을 보여 줍니다. 우리는 그것을 보면서 강력한 영적인 리더가 얼마나 필요한지를 알 수 있게 될 것입니다.

영적인 지도자가 있는 것과 없는 것은 흑과 백처럼 명백하게 차이가 납니다. 교회든 가정이든 그곳에 하나님께서 세우신 영적인 리더가 있어야 합니다. 헌신된 리더들이 있을 때는 영적인 승리를 맛 볼 수 있지만 그렇지 않은 경우에는 사사기와 같은 험한 모습을 보게 됩니다.

콩가루 집안

사사기 때의 모든 질서는 혼란에 빠져 있었습니다. 개인도 그렇고 가정의 질서도 혼란 그 자체였습니다. 그 대표적인 모습이 17장에 나옵니다. 미가의 한 가정을 통해서 그 당시의 혼란상을 엿볼 수 있습니다.

미가는 에브라임 산지 사람으로 자기 어머니에게서 은 1,100개를 훔쳐서 달아났습니다. 이 액수는 아마 그 부모가 가진 전 재산에 해당하는 금액이었을지도 모릅니다. 이 이야기는 예수님이 오시기 1300년 전의 이야기입니다. 유다가 예수님을 팔고 번 돈이 은 30개였습니다. 그 은 30개도 작은 돈이 아니었을 텐데 1300년 전에 1,100개였으니 얼마나 큰돈이었겠습니까. 보통 사람들은 만질 수도 없는 어마어마한 액수였습니다. 그렇게 엄청난 돈을 아들이 어머니에게서 훔쳐 낸 것입니다. 이 사건은 살벌하고 타락한 가정 윤리의 단면을 극명하게 보여 주는 것이라고 할 수 있습니다.

어머니 주머니에 있는 잔돈을 꺼내도 보통 일이 아닌데 그 큰돈을 어머니 모르게 훔쳐 낼 정도니 그 타락상을 짐작할 만합니다. 타락의 첫 번째 징조는 가족관계가 깨지는 것입니다. 개인이 타락하면 그 가족은 자동적으로 깨지게 되어 있습니다. 가족 간의 윤리는 무너지고 천륜을 배반하는 것을 아무렇지도 않게 여기게 됩니다. 인간이 지켜야 할 가장 기본적인 도리가 없어지는 것입니다.

영적으로 타락했을 경우 제일 먼저 나타나는 것이 음란죄입니다. 두 번째는 우상숭배입니다. 이 두 가지가 영적 타락을 나타내는 척도입니다. 그것은 지금 시대도 마찬가지입니다. 가정이 타락하니까 부모와 자식 간에도 돈이 문제가 되는 것입니다. 돈이 우상이 되어 부모도 몰라 보고 돈을 좇게 됩니다. 이런 현상들은 영적인 지도자들이 하나님의 말씀을 강력하게 선포하지 못할 때에 나타나는 대표적인 병폐입니다.

미가의 어머니는 자기 아들이 그 돈을 훔쳐 간 것을 모르고 훔쳐 간 자를 저주했습니다. 아들은 어머니의 가슴을 찢어 놓고, 어머니는 그 아들을 자기도 모르는 사이에 저주한 것입니다. 얼마나 불행한 일입니까.

기독교 운동은 가정회복운동입니다. 가정을 교회 목회의 중심으로 삼아야 합니다. 국가나 교회가 있기 전에 가정이 먼저 있었습니다. 사랑해야 할 이웃 중에 가장 중요한 이웃이 바로 가족입니다. 그 중에도 남편과 아내가 가장 중요합니다.

부부관계는 어떤 관계보다도 좋아야 합니다. 부부관계에서 재미가 없으면 관심을 다 아이들에게 쏟게 되는데, 자식은 아무리 사랑해도 나이가 들고 짝을 찾으면 부모를 떠납니다. 그리고 다시 부부만 남게 되는데 그때 서로 대화도 없고 재미있게 살지 못하면 함께 보내는 시간이 얼마나 무료하겠습니까. 부부 사이에 재미가 있어야 자녀가 있으나 없으나 서로를 향한 마음이 식지 않고 재미있게 살 수 있습니다.

교회에서는 부부관계를 돈독하게 하고 강화하는 프로그램들을 진행하고 가정을 아름답게 지키기 위한 노력들을 해야 합니다. 행복한 가정들이 모인 교회가 행복한 교회가 됩니다.

제가 미국에서 백화점 매니저를 7년 동안 했는데, 물건을 사러 오는 손님들 중에는 직원들과 싸우려고 하는 사람들이 있습니다. 그런가 하면 어떤 사람들은 즐겁게 대화를 나누면서 물건을 삽니다. 그래서 제가 점원들과 싸우려고 드는 사람들과 종종 대화를 해 보았는데 그런 사람들은 대부분 가정에 문제가 있었습니다. 그리고 물건을 사러 와서도 밝고 행복해하는 사람들을 보면 가정에서도 행복한 생활을 하는 사람들이 대부분이었습니다.

이런 것을 깨달은 지는 오래되었는데 교회에서도 살펴 보면 같은 원리가 적용됩니다. 가정에서 행복한 사람들은 교회에 와서도 즐겁게 생활하고, 가정에 문제가 있는 사람들은 교회에 와서도 문제를 일으킵니다. 그래서 가정회복운동이 영적인 운동의 중심이 되어야겠다는 생각을 해 보았습니다.

어머니가 돈을 훔쳐 간 사람을 저주하는 것을 본 아들은 자신이 돈을 훔쳐 갔다고 고백합니다. 어머니의 저주는 무서운 결과를 낳게 된다는 것을 알고 있었기 때문이었습니다. 인류학자들의 연구에 의하면, 아버지가 아들에게 하는 축복이나 저주는 그대로 맞아 들어간다고 합니다. 부모의 저주나 축복은 엄청난 힘을 발휘하게 되는 것입니다. 이런 것을 보면 자식을 계속해서 축복해 주는 것이 대단히 중요하다는 것을 다시 한번 확인하게 됩니다. 그래서 부모가 죽고 난 후에도 그 자식들의 귀에 자신을 축복하던 부모의 음성이 늘 떠나지 않아 그 축복을 그대로 이루게 되는 것입니다.

반면에 저주하는 말을 듣고 자란 아이들은 그 말 그대로 인격이 비뚤어져서 사회에서 문제를 일으키는 사람 가운데 하나가 됩니다. 십계명에도 부모에 대한 계명이 사람에 대한 계명 중에 첫 계명입니다. 부모를 공경하면 이 땅에서 장수하고 복된 삶을 살게 된다는 것이 바로 그것입니다. 인간 사회에서 저질러지는 죄 가운데 가장 악한 죄는 부모의 가슴을 아프게 하는 패륜의 죄입니다. 그 이상 더 큰 죄가 없습니다.

어떤 분이 편지로 저에게 상담을 한 적이 있습니다. 그 편지에 의하면 자기 아내는 교회를 열심히 다니면서 교회 일이라면 언제나 앞장서서 일하는데, 시어머니에게 하는 것은 아주 엉망이니 어떻게 해야 할지 모르겠다는 내용이었습니다.

성령 충만한 성도의 모습은 기도원에서 나타나는 것이 아니라 집에서 나타나는 것입니다. 성령 충만한 아내의 모습은 찬송을 할 때 나타나는 것이 아니라 남편과의 관계에서 나타나는 것입니다. 성령 충만한 자식은 자기 부모에게 효도할 때에 나타나는 것입니다.

에베소서 5:18~23 에 성령 충만에 관한 이야기를 하다가 그 중간에 아내나 남편에 대한 이야기가 나오면서 성령 충만에 대한 이야기는 끊어지는 것 같은 느낌을 줍니다. 그러나 그리스어 성경을 보면 그 문장이 계속해서 이어지고 있는 것을 알 수 있습니다. 성령 충만한 모습 속에 아내를 사랑하는 남편의 모습이, 남편을 사랑하는 아내의 모습이, 부모와 자녀들의 관계가, 주인과 일하는 사람과의 관계가 있는 것입니다.

영적인 성장의 클라이맥스는 교회에서가 아니라 가정에서 나타나게 되어 있습니다. 교회는 일주일에 한두 번 가는 장소이므로 거기서 잘하는 것은 어렵지 않습니다. 중요한 것은 예배를 마치고 집으로 돌아가면서부터 어떻게 하는가입니다.

어머니의 저주가 두려워진 미가는 자신이 어머니의 돈을 훔쳐 갔다는 것을 밝힙니다. 그리고 아들의 고백을 들은 어머니는 고마워서 그의 죄를 용서하고 축복해 줍니다. 여호와께 복 받기를 빌어 준 것입니다. 미가가 그 돈을 돌려준 것은 저주를 받을까 봐 겁나서인데 어머니는 그런 아들에게 축복한 것입니다. 아들은 철저하게 이기적인 생각을 하고 있는데 어머니는 그런 아들에게도 모성애를 발휘하고 있는 것입니다. 이것이 어머니입니다.

그러나 이런 어머니의 사랑은 옳은 것이라고 할 수 없습니다. 아마 어머니는 축복함으로써 자신의 저주를 무마시키려 했던 것 같습니다. 그러나 아들을 축복하기 전에 어머니의 돈을 훔친 것에 대한 책망이 있어야 했습니다. 잘못된 것에 대해서는 책망하는 것이 바른 사랑입니다. 옳고 그름에 관계 없이 맹목적인 사랑을 베푸는 것은 아들을 잘못된 길로 인도하는 것입니다. 아무리 사랑하는 자식이라 할지라도 잘못하면 매를 들 줄 아는 것이 진정한 사랑입니다. 그런데 미가의 어머니는 올바른 사랑을 주지 못하고 잘못된 애정을 쏟았습니다.

주일엔 교회에, 주중엔 절집에…

미가의 어머니는 자기 아들이 돌려준 은 중 200개로 우상을 만드는

데 사용했습니다. 강력한 하나님의 말씀을 들어본 적이 없는 사람들이었기 때문에 우상숭배가 얼마나 큰 죄인지 인식하지 못했을 것입니다. 3절 말씀을 보겠습니다.

"미가가 그 은 일천 일백을 그 어미에게 도로 주매 어미가 가로되 내가 내 아들을 위하여 한 신상을 새기며 한 신상을 부어 만들 차로 내 손에서 이 은을 여호와께 거룩히 드리노라 그러므로 내가 이제 이 은을 네게 도로 돌리리라."

가끔, 주일 예배를 드리면 됐지 수요 예배까지 가야 하나 하는 생각을 할 때가 있을 것입니다. 특히 비가 오는 날이나 추운 날에는 정말 교회에 가는 것이 귀찮게 느껴지기도 합니다. 한번은 비가 많이 오는 수요일이었는데 그 빗속에도 우산을 쓰고 오는 사람들을 보면서 부목사님이 하시는 말씀이, "오늘 처럼 비가 오면 목사인 저도 오고 싶지 않은데 여러분이 이렇게 오시니 대단하십니다"라고 해서 교인들과 함께 한바탕 웃은 적이 있습니다.

그러나 수요 예배는 좋은 제도입니다. 우리가 굳게 결심을 해도 작심삼일이면 그 결심이 사그러지곤 합니다. 주일 예배 드리고 은혜를 받고 돌아가도 삼 일쯤 지나면 다시 정화되어야 할 필요가 있습니다. 주일에 받은 은혜가 일주일 내내 지속되기 어렵기 때문입니다. 수요 예배가 생긴 것이 하나님의 섭리라고 저는 생각합니다.

저는 수요 예배에 오시는 교인들이 교회의 영적 엔진이라고 생각하고 사랑합니다. 비가 오나 눈이 오나 도무지 겁내지 않고 예배에 참석하는 성도들이 있습니다. 전천후 기독교인들이지요. 저도 목회자가 아니라면 오고 싶지 않을 것 같은 날에도 어김없이 나타나는 사람들을 보면 감동을 받습니다. 우스갯소리로 예수님은 비 오는 수요일 저녁에 오신다는 말이 있지 않습니까.

철저하게 기도하면서 키운 자식들에게도 어떤 때는 마귀가 달려드는데 더구나 세상에서 제멋대로 살도록 내버려 둔 자식들을 마귀가 그냥 둘 리 없습니다. 주일에는 제단 앞에 앉아서 "주여, 주여"라고 소리를 지르면서 기도를 하고도 막상 자식이 결혼을 할 때는 점쟁이한테 가서 사주팔자를 보는 어머니들이 있습니다. 이런 것은 혼합주의적 경향입니다

미가의 가정도 이렇게 여호와 하나님과 우상을 동시에 섬겼습니다. 부르는 이름은 하나님인데 정작 절하는 대상은 우상이었습니다. 한 집에 두 개의 영적인 세력이 공존하고 있는 것입니다. 영적인 혼란과 분별력이 없어질 수밖에 없었을 것입니다.

요즘에도 고등교육을 받은 사람들이 뭔가 새로운 일을 시작하면 돼지를 잡아서 머리를 상에 올려놓고 절을 하고 복을 비는 것을 볼 수 있습니다. 시대가 가면 갈수록 더한 것 같습니다. 어느 장로님 한 분은 대단히 큰 사업을 하는 분인데 새로운 공사만 하면 돼지머리를 갖다 놓고 고사를 지냅니다. 이것이 한국 교회의 혼합주의적 모습이며 현실입니다.

예수님을 철저하게 믿어야 합니다. 일사각오의 신앙에는 은혜가 있습니다. 예수 믿는 재미는 순종할 때 생기는 것입니다. 중간에서 왔다갔다 하는 사람들은 아무것도 얻지 못하고 혼란만 가중시킬 뿐입니

다. 주일에는 교회에서 예배 드리고 주중에는 점 치고 고사 지내면서 어떻게 하나님의 은혜를 기대할 수 있겠습니까?

이것은 하나님을 섬기는 태도라 할 수 없습니다. 사람은 두 주인을 섬길 수 없습니다. 두 주인을 섬기면 혼란밖에 없습니다. 한 주인만을 철저히 섬겨야 합니다. 누가 무슨 말을 하든지 개의치 않고 오로지 하나님을 섬기는 사람만이 깊은 은혜를 체험할 수 있습니다.

영적 나사를 조여야 산다

이렇게 해서 미가의 집에는 개인 신당이 생겼습니다. 가정의 질서에 혼란이 생기니까 영적인 질서에도 혼란이 생긴 것입니다. 집에 에봇과 드라빔이라는 우상을 만들어 놓고 미가의 아들 한 사람을 제사장으로 모셨습니다. 자기 마음대로 가정 제사장을 임명한 것입니다. 이런 것이 바로 미신적인 종교의 특성입니다. 자기가 만들어 놓은 신을 섬기는 것입니다.

1960년대부터 시작되어 세계를 휩쓸고 지나간 번영신학이 있는데 바로 예수를 잘 믿으면 모든 것이 번창한다는 신학입니다. 가족이 다 건강하고 아들 딸이 모두 좋은 대학에 가고 남편 사업이 잘되고 모든 것이 번성한다는 신학입니다. 그러나 믿음을 지키느라고 자신의 행복을 버린 사람도 있고 심지어는 가족과 이별하며 순교한 사람들도 있는데, 이런 사람들의 믿음은 어떻게 해석해야 하겠습니까(히 11:30~40).

성지 순례를 할 때에 반드시 돌아보아야 할 곳 중에 한 곳이 터키라고 생각합니다. 사도 바울이 사역하던 지역인데 그곳에는 땅굴을 지하 8층으로 파 놓은 곳이 있습니다. 거기서 핍박을 피해 5만 명의 기독교인들이 살았다고 합니다. 겉으로 보기에는 조그마한 구멍인데 들어가면 그 속에 하나의 도시가 이루어져 있습니다. 그것을 보면 우리 신앙의 선배들이 어떻게 살았는지 감동할 수밖에 없습니다.

제사장직은 레위족에 속한 것입니다. 종교적인 질서가 없고, 영적인 지도자가 없고, 하나님의 말씀이 없으면 금방 타락하게 되는 것입니다. 망하는 것은 잠깐입니다. 잠시만 가만 두어도 금방 쓰러지기 때문에 매일 훈련해야 합니다. 날마다 영적인 에너지를 공급받아야 합니다.

목회자들도 마찬가지입니다. 목회 활동 때문에 자신의 영적인 상태는 늘 괜찮은 것으로 생각합니다. 그러나 이것은 큰 오해입니다. 목회 활동은 자신의 영적인 상태가 어떻든지 언제나 할 수 있습니다. 그래서 목회 활동은 열심히 하는데 영적으로는 바르지 못한 때가 자주 있습니다. 따라서 목회자들은 무엇보다도 영적인 나사를 조이는 데에 늘 힘써야 합니다. 주님과 지금도 가까이 있는지 점검해 봐야 합니다. 목회자들에게 가장 중요한 것은 목회가 아니라 자기 자신입니다. 자신의 영적인 상태가 느슨해진 사람은 목회 사역을 해 보았자 효과가 없습니다. 영적으로 잘 조율된 목회자가 사람들에게 은혜를 끼치고, 그 목회자가 기도할 때 문제가 해결되는 것입니다. 영적으로 해이해지기 가장 쉬운 분들이 바로 목회자요 교회나 기독교 기관에서 섬기고 있는 분들입니다. 조심하지 않으면 착각할 수 있습니다.

6절을 보겠습니다.

"그 때에는 이스라엘에 왕이 없으므로 사람마다 자기 소견에 옳은 대로 행하였더라."

좋은 지도자가 없으니까 자기들 멋대로 살았다고 기록되어 있습니다. 정치적, 도덕적, 가정적 질서의 혼란이 생긴 것입니다. 이것은 사사시대의 특징이었습니다. 요즘도 마찬가지입니다. 사람들이 자기 주관적이고 이기적입니다. 그러나 영적인 사람이 되면 하나님 중심과 이웃 중심이 됩니다. 나보다 남을 낫게 여기고, 이웃을 돌보며 은혜를 끼치고, 다른 사람에게 복이 됩니다. 이것이 영적으로 왕성한 사람들의 특징입니다.

미신적 기독교를 경계하라

베들레헴 출신 젊은 레위인 한 사람이 에브라임 산지에 살고 있었습니다. 이 사람은 살 곳을 찾아 방황하다가 미가의 집까지 오게 되었습니다. 미가는 그에게 자기 가족을 위한 제사장이 될 것을 요청했습니다. 그리고 사례로 1년에 은 10세겔, 옷 1벌, 숙식 등을 제공하겠다고 제안 했습니다.

목회자가 먹고사는 것을 위해 움직이는 것은 타락한 증거입니다. 젊은 레위인은 미가 한 가족과 함께 사는 데에 만족한 것입니다. 이것은 제사장 제도가 완전히 무너진 것을 나타냅니다. 영적인 지도자인 레위인들이 제 역할을 다하지 못하니까 백성들이 하나님으로부터 멀어지게 됩니다. 그러다 보니 원래는 백성들이 십일조를 드려서 레위인들의 생계를 돌보도록 되어 있는데 그 책임을 이행하지 않게 됩니다. 레위인들은 할 일이 없어지고 생계도 막막하게 되었습니다. 그래서 생계를 위해 헤매다가 결국은 부자를 섬기게 된 것입니다.

목회자는 부자나 권력자 앞에서 위신을 잃을 수 있습니다. 이것을 조심해야 합니다. 목회자는 부자나 권력자를 섬기는 사람이 아닙니다. 물론 그들 역시 하나님께서 주신 사람들이므로 존귀하게 여겨야 합니다. 그러나 사람 앞에서 목회자로서의 체면을 손상하는 일은 없어야 합니다.

교회는 목회자를 잘 돌봐야 합니다. 목회자들이 교인들을 영적으로 잘 돌보면 성도들은 그 목사님으로부터 영적으로 도움을 받고 영적인 변화를 체험하게 됩니다. 그러면 그 목사님을 잘 돌볼 수 있는 것입니다. 그러나 목회자 스스로 사례비를 올려 달라는 말을 하는 것은 옳지 않다고 생각합니다. 하나님께서 채워 주실 것을 믿어야 합니다. 충성하는 자에게 주께서 채워 주실 것입니다. 하나님께서 들풀이나 짐승들을 먹여 주시는데 하물며 하나님의 종을 그대로 내버려두시겠습니까?

양의 몸에 털이 많이 나면 깎아야 합니다. 그런데 털이 없을 때 깎으면 양의 가죽이 상해 피가 날 수 있습니다. 목회자는 주님의 양들을 잘 먹이고 잘 돌봐야 합니다. 그러면 자연히 털이 많이 날 것이고 그 털을 깎으면 되는 것입니다.

저는 아직까지 한 번도 사례에 대해 물은 적이 없습니다. 그러나 목회자를 잘 돌보려 하지 않는 교회는 하나님의 복 주심을 모르는 교회입니다. 그들이 하나님의 말씀을 잘 깨달을 수 있고 영적으로 왕성할 수 있도록 만들어 주는 데에 목회자들이 초점을 맞추어야 하겠습니다.

미가는 레위인을 제사장으로 삼았으니 하나님께서 복을 주실 것이라고 생각했습니다. 레위인을 제사장으로 집에 모셔 놓았다는 사실 때문에 하나님께서 자신에게 복을 주실 것이라고 생각한 것입니다. 큰 오해입니다. 하나님과 우상을 겸하여 섬기는 신당을 만들어 집에 모셔 놓고 자기 멋대로 자기 아들을 제사장으로 만들어 놓더니 이번에는 방황하는 레위 청년을 제사장으로 맞아 들였습니다. 즉 종교적 구색을 갖추었다고 하나님의 복을 기대하고 있는 것입니다. 이런 것을 일컬어 미신적 종교, 기복적 종교라고 합니다.

가짜 종교는 하나님의 영광이 아니라 개인의 복에 초점을 맞춥니다. 우리 신앙의 선조들은 죽도록 충성했습니다. 또 하나님께서 크신 복을 주셨습니다. 건강도 주셨습니다. 그러나 어떤 때는 주님을 위해서 건강을 잃을 때도 있습니다. 예수를 믿으면 반드시 번영합니까? 육적으로는 번영하지 않을 수도 있습니다. 있던 것도 빼앗길 수 있습니다. 그러나 영적으로는 번영합니다.

얼마 전에 인도 목사님이 쓰신 글을 읽었는데 그 글 가운데 가난을 영적인 부족으로 생각하지 말라는 귀절이 있었습니다. 그분은 "부자 나라들은 풍성하지만 가난한 인도 교회는 제대로 살지 못하는 사람들이 얼마나 많습니까? 그렇다면 인도 교회들은 영적으로 부족하고 서양의 부유한 기독교인들은 하나님 앞에 더 영적으로 왕성하다는 말입니까?"라고 반박했습니다.

우리도 조심해야 합니다. 한국이 부자가 되는 것이 우리가 영적으로 인도 사람보다 더 낫다는 이야기는 아닙니다. 혼돈하면 큰일입니다. 사실 유럽처럼 영적으로 쇠퇴해 있는 곳이 어디 있습니까? 그러나 그들은 부유합니다. 미국 역시 도덕적으로 많이 타락했습니다. 그러나 그들은 한국보다 수입이 몇 배나 많습니다. 그러면 한국인들의 영성이 미국인의 영성보다 부족합니까? 반드시 그렇지 않다는 것은 여러분들도 잘 아실 것입니다.

육적인 풍요가 영적인 풍요와 비례한다고 생각하는 것은 미가와 같은 사고 방식입니다. 종교 제도의 형식을 갖추었다는 것이 영적인 축복의 보장은 아닙니다. 하나님에게는 마음이 중요하지 제도나 형식이 중요하지 않습니다.

인간은 겉을 보지만 하나님께서는 중심을 보십니다. 하나님께서는 제물을 원하는 것이 아니라 우리의 마음을 원하신다고 말씀하셨습니다. 한국 기독교와 우리가 제대로 되려면 미신적 요소를 제거해야 합니다. 내가 이런 저런 일을 했으니 하나님이 복 주실 것이라는 계산적인 생각을 버려야 합니다. 하나님은 하나님이시기 때문에 우리가 섬기는 것입니다. 그 이유 외엔 다른 것이 없습니다. 내 재산을 모두 가져간다 하더라도, 주신 이도 여호와시요 가져가신 이도 여호와시니 여호와의 이름이 영광되길 바란다고 하는 믿음이 있어야 합니다(욥 1:21). 그래서 사나 죽으나 내 몸에서 그리스도가 존귀히 되기를 바라는 것이 참된 기독교의 정신입니다(빌 1:20).

헌금 많이 하면 사업이 잘되기 때문에 봉사하고 헌금하는 것이 아닙니다. 십일조를 드리면 물론 하나님께서는 약속을 지키십니다. 그러나 하나님에게서 더 많은 것을 얻기 위해서 십일조를 해야 한다는 생각은 미신입니다. 같은 십일조인데 한 사람에겐 미신, 다른 한 사람에겐 참된 신앙이 될 수 있습니다. 주님께 마땅히 해야 할 일을 한다고 생각하는 것이 참된 신앙이지, 하늘에서 내리는 복만을 바라고 하는 것은 미가의 종교라고 할 수 있습니다. 겉으로 보면 똑같은데 마음에서 미가의 종교와 참된 종교가 갈라지는 것입니다. 무엇인가를 바라고 드리는 십일조는 무용지물입니다. 기독교는 마음의 종교, 영혼의 종교입니다. 신앙이 미신화되고 기복화되는 것을 막아야 합니다.

17장도 우리에게 주는 교훈이 많습니다. 사사 시대의 영적 혼란은 혼합주의적 형태로 변해 갔습니다. 그러다 보니 가정, 정치, 종교 모두 파괴되었습니다. 자식이 부모의 재산을 훔쳐 가도 어머니는 그 자식을 책망하지 않습니다. 돈으로 우상을 만들어 집에 모셔 두고, 하나님의 제단은 개인의 미신적 욕구를 충족시키는 데에 사용되고 말았습니다. 종교적 형식만 갖추면 하나님의 복을 보장받을 줄로 믿고 사는 미신적 종교였습니다. 영적 혼란은 너무도 많은 부수적인 혼란을 초래하고 있었습니다.

영적인 단추를 제자리에 끼워야 나머지 단추들이 제자리에 들어가는 것입니다. 먼저 이 땅의 목회자들이 철저하게 영적으로 강력한 지도자들이 되어야겠습니다. 영적으로 철저하게 헌신하는 종들이 이 땅 곳곳에서 일어날 때에 하나님의 은총이 이 민족과 교회에 계속될 것입니다.

[각 지역의 영적 리더가 되라]
사사기 18:1~31

하나님은 우리를 한 지역의 영적인 통치자로 세워 주셨습니다.
강력한 종교 지도자가 자기들에게 맡겨진
동네를 향하여 강력하게 영적인 운동을 벌이면
그 사회는 살 수 있는 것입니다.

우리는 미가의 가정을 통해서 한 가정의 영적 타락상을 보았습니다. 그 당시는 모두가 타락한 상태에 있었지만 특별히 단 족의 타락상을 통해서 가정뿐만 아니라 그가 속한 부족도 어떻게 어려웠는지를 살펴보겠습니다.

사사 시대에는 영적인 지도자도 없고 왕도 없어서 정치적으로나 영적으로 타락했습니다. 하나님께서는 우리를 한 지역의 영적인 통치자로 세워 주셨습니다. 지역마다 영적인 영역이 있고 그 영역을 맡기신 영적인 리더가 있습니다. 그런데 그 리더가 부재하거나 약할 때 나타날 수 있는 가정의 문제, 지역의 문제, 국가의 문제를 본문을 통해서 배울 수 있습니다.

영적 지역을 사수하라

단 족은 64,400명이라는 큰 규모의 군사력을 갖고 있었습니다. 당시 가장 큰 지파였던 유다 족과 거의 맞먹는 수준입니다. 이처럼 강력한 부족임에도 불구하고 그들은 하나님께서 주신 자기 지역을 장악하지 못하고 블레셋 사람들에게 밀려 산으로 쫓겨 올라가 살고 있었습니다. 하나님께서는 여호수아에게 너의 발로 디디는 그곳을 네게 주겠으니 가서 점령을 하라고 하셨습니다. 이미 주신 약속의 땅이므로 강력하게 밀고 나가면 넉넉히 정복할 수 있었습니다. 그럼에도 불구하고 용기와 믿음이 없었기 때문에 단 족은 자기 몫도 찾아 먹지 못했습니다.

이것은 우리의 영적 상태와도 비교할 수 있습니다. 하나님의 약속은 성경에 많이 기록되어 있습니다. 그러나 그 약속을 스스로 취하는 자만이 자기 것으로 만들 수 있습니다. 믿음이 약하거나 불순종하면 하나님의 약속이 있는데도 믿지 못합니다. 확실한 약속을 자기 것으로 받아들이지 않을 때에 삶이 흔들릴 수밖에 없습니다.

기독교는 순종의 종교입니다. 하나님께서 말씀하시는 것을 지킬 때 복이 있습니다. 그러나 의심하는 사람들은 불안을 느낍니다. 의심하는 사람은 마음에 안정이 없고 마음속에 어두운 죄의식이 가득 차 있어 예수님께서 말씀하신 풍성한 삶을 살지 못합니다. 그래서 순종과 믿음이 부족하면 늘 어려운 것입니다.

하나님께서는 가나안에 처음 입성한 이스라엘 백성들에게 그 땅을 주시겠다고 약속하셨습니다. 그러므로 그 땅을 정복할 수 있는 것입니다. 그러나 단 족은 큰 군대를 갖고 있었으면서도 블레셋 사람에게 밀려서 그 넓은 곳에서 쫓겨나 산 위로 올라가서 살게 된 것입니다. 불쌍한 일이 아닐 수 없습니다. 그런데 산 위에서도 살 수가 없으니 이민을 가자고 한 것입니다. 그래서 먼저 다섯 명의 수색대를 보냈습니다.

2절 말씀입니다.

> "단 자손이 소라와 에스다올에서부터 자기 온 가족 중 용맹 있는 다섯 사람을 보내어 땅을 탐지하고 살피게 하며 그들에게 이르되 너희는 가서 땅을 살펴보라 하매 그들이 에브라임 산지에 가서 미가의 집에 이르러 거기서 유숙하니라."

단 족은 어려운 형편을 이겨 내기 위해서 북쪽에 있는 새로운 영토를 찾아보라고 용맹한 다섯 사람으로 수색팀을 구성했습니다. 이들이 길을 가다가 에브라임 산지의 미가의 집에 도착했는데 마침 미가는 집에 없었고, 미가 개인의 제사장인 젊은 레위인을 만났습니다. 단 족은 레위인에게 자기들이 가는 길이 평탄할 것인지를 하나님께 물어봐 달라고, 마치 점쟁이에게 물어 보는 것처럼 요청을 했습니다.

성도들은 목회자들이 하나님과 만나는 특수 경로가 있을 것이라고 생각하고 목회자들에게 기대를 합니다. 그런데 가끔 목사 점쟁이들도 있는 것 같습니다. 점 치듯이 "이렇게 될 것이다, 저렇게 될 것이다"라고 말하는 경우가 있습니다. 그러나 성령께서만 확실하게 대답하실 수 있습니다. 성령은 대강 말하지 않으십니다. 구체적인 것도 다 이루어집니다.

신명기 13장에 보면, 어느 선지자가 예언을 했는데 그대로 이루어지지 않으면 거짓 선지자인 줄 알고 돌로 쳐 죽이라고 했습니다. 여러 차례 보았습니다만 예언의 은사를 받았다고 하는 사람들이 "예언"을 해서 성도들을 괴롭히는 일들이 종종 있습니다. 아무 상관도 없는 분이 갑자기 성도들의 가정에 나타나서 엉뚱한 예언을 하고 자기를 따르라고 합니다. 또 성도들이 무언가를 알고 싶으면 그 예언한다는 목사님에게로 갑니다. 마치 점쟁이에게 가듯이 말입니다. 그러나 그 예언이 그대로 되지 않습니다.

문제가 있으면 하나님께 물어 봐서 그 대답을 각자가 들어야 합니다. 상담할 일이 있으면 담임 목사와 상의해야 합니다. 여러 사람에게 물어 보면 혼란이 생기므로 조심해야 합니다. 또 목회자는 각자에게 맡겨진 성도를 잘 돕기 위해 담임 목사와 상담하도록 권유해야 합니다. 저는 상담할 때 성도에게 "하나님께서 부족하지만 저를 이 교회 담임 목사로 세워 주셨습니다. 저는 당신에 대한 책임이 있습니다"라고 말합니다. 제가 교회에 있을 동안 성도들은 모두 저의 책임입니다.

영적으로 무능한 레위인임에도 불구하고 단 족 사람들은 그에게 여정이 어떠할 것 같으냐고 물어 봅니다. 레위인은 돈에 관심 있는 사람이므로 "편안히 가라. 주께서 함께 하시니라"라고 말합니다. 상대방이 듣고 싶은 이야기를 해 준 것입니다. 하나님의 말씀을 들려주는 것이 아니라 상대방에게 솔깃한 이야기를 해 주는 것은 잘못된 영적 지도자의 모습입니다.

세속적인 지도자

다섯 명의 정찰팀은 북쪽에 가서 라이스라는 도시를 발견했습니다. 라이스는 갈릴리 바다 북쪽에 있는 도시입니다. 라이스는 레셈(수 19:47)이라고도 불려졌습니다. 라이스에 사는 사람들은 적들로부터 멀리 떨어져 있었으므로 위협을 받지 않고 안전하고도 평화롭게 살고 있었습니다. 모든 것이 풍요로운 도시였습니다. 다섯 용사는 이 도시를 보고 매우 흡족해 했습니다.

소라와 에스다올로 다시 돌아온 다섯 용사는 600명의 군대를 이끌고 라이스를 점령하러 떠납니다. 그런데 라이스로 떠나는 도중에 미가의 집에 들러서 미가의 우상을 훔쳐 갑니다. 우상뿐만 아니라 그 집의 레위인을 설득해서 데리고 갔습니다. 레위인은 한 가정의 제사장이 되기보다는 한 부족의 제사장이 낫지 않겠냐는 말에 동의하고 따라갑니다.

목회자들도 조심할 일 가운데 하나가 교회를 옮기는 것입니다. 옮기는 동기를 검토해야 합니다. 큰 교회니까 옮겨 가는 것인지, 아니면 하나님의 뜻을 발견하고 하나님께서 옮기라고 해서 옮기는 것인지 생각해야 합니다. 단지 지금 있는 교회보다 낫다고 해서 계산적으로 옮기는 것은 온전치 못합니다. 하나님의 섭리에 따라 움직여야 합니다.

미국의 1.5세대 젊은 목사 20여 명이 한국 교회를 방문한 적이 있습니다. 그분들이 저에게 "김 목사님은 미국에서 오래 목회하셨고, 여기 한국에서도 오래 목회하셨는데 어느 쪽이 더 좋습니까?"라고 물었습니다. 미국 목회가 좋은지 한국 목회가 좋은지 묻는 것입니다. 그것은 레위 제사장과 같은 질문입니다. 어느 쪽이 더 편한지 비교해 보라는 질문이었던 것입니다. 그래서 저는 "목회자는 어느 쪽이 더 좋기 때문에 가지 않습니다. 하나님께서 가라고 하면 가고 오라고 하면 와야 하는 것입니다. 계산해서 선택하는 것은 자기 일을 하는 것이지 하나님의 일을 하는 것이 아닙니다"라고 대답했습니다. 하나님의 종은 반드시 하나님의 부르심에 순종하며 살아야 합니다. 목회자는 궁극적으로 하나님을 섬기는 사람이지 자신을 섬기거나 가족을 섬기거나 또는 어떤 사람들을 섬기는 것이 아니기 때문입니다. 목회자가 개인의 영달과 이익을 위해 산다면 이름만 목회자일 뿐 쓸모도 없고 교인들에게 영적 영향을 줄 수도 없습니다.

결국 단 족속들은 도둑이 된 것이며, 단 족들이 듣고 싶은 이야기만을 해 주는 이 레위인은 세속적인 사람인 것입니다. 영적 타락은 도덕적 타락을 일으킵니다. 그러나 사사 시대에는 이러한 타락 현상은 흔한 일이었다고 17:2~3에 기록되어 있습니다. 영적인 타락은 도덕적인 타락을 반드시 동반합니다. 도덕적인 문제는 도덕적인 문제를 해결할 수 없습니다. 도덕적인 문제는 그보다 한 단계 위인 영적인 것으로 해결해야 합니다.

하나님은 없고 우상만 있다

20~26절 사이를 보면 도적을 맞은 후 미가의 반응이 나타납니다. 24절을 봅시다.

"미가가 가로되 나의 지은 신들과 제사장을 취하여 갔으니 내게 오히려 있는 것이 무엇이냐 너희가 어찌하여 나더러 무슨 일이냐 하느냐."

미가가 집에 돌아와 우상과 레위 제사장이 없어진 것을 보고는 찾아 나섭니다. 미가는 단 족이 왔었다는 말을 듣고 그들을 쫓아갔습니다. 그리고 그들을 만납니다. 단 족 대표가 미가에게 "무슨 일이냐"라고 물었습니다. 영어 성경에는 "What's ails you"라고 기록되어 있습니다. 'ail'이라는 말은 '아프다'는 말입니다. "What's ails you"라는 말에는 "무엇이 그렇게 속상하냐"는 뜻이 담겨져 있습니다.

미가는 "내게 남은 것이 무엇이냐"라고 말합니다. 이것은 우상과 제사장이 없어지니까 내게 남은 것이 아무것도 없다는 말입니다. 미가의 표현 속에 있는 미가의 생각을 살펴봅시다. 미가는 자기 삶의 소망을 하나님이 아닌 우상과 엉터리 제사장에게 둔 것입니다. 인생의 소망을 하나님께 두어야지 금, 은 같은 우상이나 사람에게 두어서는 안 됩니다. 물질과 사람에 소망을 두면 그것들이 없어졌을 때 절망하기 쉽습니다.

어느 분이 저에게 상담을 하러 왔습니다. 친척이 사업을 하는데 보증을 서 주었다가 부도가 나서 모든 것을 잃게 된 것입니다. 이분의 이야기를 들으니 너무 안타까웠습니다. 저는 성도들에게 절대 보증 서지 말라고 말합니다. 하나님이 주지 않는 돈은 쓰지 말라는 이야기입니다. 선교도 마찬가지입니다. 얼마 전에 어느 기독교 기관 사람과 대화했는데, 그는 큰 기독교 행사를 벌여 놓고는 빚을 많이 졌다고 합니다. 하나님께서 원하시는 일을 하면 물질을 채워 주십니다. 어떤 때는 후원해 주서서 고맙다는 편지를 보낼 우표 값만 남고 모든 것이 딱 들어맞는 경우가 있습니다. 하나님께서 하라고 할 때는 어떤 방법으로든지 재정의 뒷받침이 됩니다. 하나님이 일을 시키시고 필요한 재정을 안 주시겠습니까? 하나님이 돈이 없는 분이십니까? 그렇지 않다는 것은 여러분이 잘 아실 것입니다. 본인 수중에 돈이 없고 나올 가능성이 없는데 있는 것처럼 쓰겠다는 것은 옳지 않습니다.

단 족은 미가에게 "노한 자들이 너희를 쳐서 네 생명과 네 가족의 생명을 잃게 할까 하노라"하고 위협했습니다. "화 나면 너와 네 가족을 죽여버리겠다"는 말입니다. 그러자 미가는 위협을 느끼며 집으로 돌아가고 맙니다.

라이스에 도착한 그들은 그곳을 점령합니다. 미가의 우상과 엉터리 제사장을 강탈하고 미가를 협박합니다. 라이스 사람들은 평화롭게 지냈기 때문에 싸울 능력이 없었던 것 같습니다. 단 자손들은 성읍을 불살랐습니다. 도시를 다시 재건하고 그들의 선조인 단의 이름을 따라 그곳을 '단'이라고 불렀습니다. 그리고 미가의 집에서 훔쳐 온 우상을 세우고 모세의 손자 게르손의 아들 요나단과 그 자손을 제사장으로 세웠습니다. 하나님이 어떻게 생각하시는지는 관심이 없고 오로지 종교적 형식만을 취한 모습입니다. 그리고 "이 백성이 사로잡히는 날"까지 우상숭배를 했습니다. 여기서 "이 백성이 사로잡히는 날"은 실로에서 법궤를 빼앗기는 때를 의미합니다(삼상 4:11). 그러나 어떤 학자들은 앗수르가 이스라엘을 포로로 잡은 때거나 디글랏 빌레셀 3세 때 갈릴리 주민들이 포로가 된 사건으로 보기도 합니다.

본문 말씀에서 우리는 가족도 부패하고 부족도 부패하고 종교 지도자도 부패한 모습을 볼 수 있습니다. 성한 곳이 하나도 없는 타락한 사람들입니다. 이런 일들이 어느 한 지파에게만 일어난 일이 아니라 흔한 일이었다는 사실이 놀랍습니다. 그래도 하나님께서는 이들을 용서하시고 구원을 베풀어 주셨습니다.

현 시대도 사사 시대와 비슷하다고 합니다. 하나님의 뜻은 물어 보지 않고 우리의 의지대로 사는 것이 아닌지 돌아보아야겠습니다. 하나님은 제사보다 순종을 더 원하십니다. 하나님의 마음을 헤아려 드려서 그분을 기쁘게 하는 모두가 되기를 원합니다.

[윗물이 탁하면 아랫물도 탁해진다]

사사기 19:1~30

모든 타락의 출발은 영적인 타락에 있습니다.
영적으로 타락하면 도덕적으로 타락하고,
도덕적으로 타락하면 가정이 깨집니다.
그리곤 개개인이 깨져서 악하게 되는 것입니다.
기독교는 사회의 도덕과 윤리를 이끌어 주어야 할
책임이 있습니다.

―❦―

그 동안 가정의 타락과 한 공동체의 타락상을 보았습니다. 19장은 한 도시의 타락상이 나타납니다. 17, 18, 19장에 특이할 만한 점은 계속해서 "이스라엘에 왕이 없었다"라는 이야기가 나오는 것입니다. 이것은 사사 시대가 무정부 상태이며 불의가 편만했음을 보여 줍니다. 또 왕정의 당위성을 말해 주고자 하는 것입니다. 19장에는 가정과 부족의 영적 타락이 어떻게 한 도시 전체에 영향을 미치게 되는지 알 수 있도록 이야기가 전개되고 있으며, 베냐민 지파의 도시 가운데 하나인 기브아의 타락성을 통해서 그 당시의 모습을 볼 수 있습니다. 하나님께서 우리에게 주시는 교훈이 있을 줄 압니다.

목회자의 첩

첫째로 1~2절에 기록된 바에 따르면 레위인마저도 젊은 여인을 첩으로 두었습니다. 말도 안 되지요. 비참한 이야기입니다. 카톨릭 교회에서도 물의를 일으킨 적이 있었습니다. 여자와 동거하는 신부님들이 있다는 것을 카톨릭 교회 한 신부가 책을 써서 폭로하여 미국에서 상당한 화제가 된 적이 있었습니다. 알다시피 카톨릭 신부들은 결혼을 하지 않습니다. 그런데 어떤 신부들에게는 결혼하지 않은 아내들이 있다는 것입니다.

유럽도 마찬가지입니다. 대표적인 예로 로마의 대주교가 사창가에서 죽어 세계적으로 큰 파장을 일으킨 적이 있었습니다. 레위인은 목회자입니다. 목회자가 첩을 둔 것을 보면 얼마나 사회가 타락했는지, 또 당시의 영적 형편이 어떠했는지 넉넉히 알 수 있습니다.

구약 성경에 보면 영적으로 타락하면 두 가지 현상이 나타나는데 하나는 우상숭배고 다른 하나는 성적 타락입니다. 본문에서도 마찬가지입니다. 레위인의 첩이 불륜을 저지르고 친정에서 몇 달 동안 기거하고 있었습니다. 레위인은 에브라임 산지에 살고 있었고 첩은 베들레헴이 고향이었는데, 레위인은 자기 첩을 찾아가서 돌아오라고 간청합니다. 흥미로운 것은 3~4절에 나타나 있는 첩의 아버지의 태도입니다. 그 여자의 아버지는 레위인을 반가워했습니다. 딸의 남자가 레위인 목회자라고 그를 반갑게 맞이한 것입니다. 사사 시대가 영적, 도덕적인 혼란 상태에 빠져 있음을 보여 주는 한 단면입니다. 그런데 딸의 문란한 생활은 아버지의 규범 없는 삶 때문인 것을 본문을 통하여 볼 수 있습니다. 3절을 봅시다.

"그 남편이 그 여자에게 다정히 말하고 그를 데려오고자 하여 하인 하나와 나귀 두 필을 데리고 그에게로 가매 여자가 그를 인도하여 아비의 집에 들어가니 그 여자의 아비가 그를 보고 환영하니라."

아버지의 영적, 윤리적인 상태가 이 정도니 그 딸이 레위인의 첩으로 들어갈 수도 있는 것입니다. 그 아버지의 그 딸입니다. 아버지의 모습이 4~5절에 또 나옵니다.

"그 첩 장인 곧 여자의 아비가 그를 머물리매 그가 삼 일을 그와 함께 거하며 먹고 마시며 거기서 유숙하다가 나흘 만에 일찌기 일어나 떠나고자 하매 여자의 아비가 그 사위에게 이르되 떡을 조금 먹어 그대의 기력을 도운 후에 그대의 길을 행하라."

영적인 관심은 전혀 없고 육적인 관심만 있는 상태입니다. 며칠을 먹고 마시는 데에 보냅니다. 아버지는 나흘 동안 레위인과 함께 먹고 마셨습니다. 떠나는 날까지 마셨습니다. 삶의 목적이 결여되어 있습니다. 먹고 마시는 것만을 위해서 사는 사람처럼 불쌍한 사람은 없습니다. 먹고 힘을 얻어 보람 있는 일을 하기보다는 단지 먹고 마시는 것만을 위해서 사는 사람은 인간으로서 불쌍한 사람입니다.

얼마 전에 어느 분에게서 전화를 받았는데 이분은 먹고 마시는 일 외에는 할 일이 없는 분이었습니다. 재산이 충분히 있어서 다른 일을 하지 않았던 것입니다. 그런데 이분이 극동방송에 나오는 저의 설교를 듣고는 전화를 걸었습니다. 자기는 나이가 50이 되어 가는데 목사님이 설교하시는 것과 같은 영적인 세계를 한 번도 느낀 적이 없다고, 사는 게 재미가 없다고 이야기했습니다.

먹고 마시고 육신의 정욕만을 위해서 산다는 것은 보통 고생이 아닙니다. 삶의 의미를 못 느끼는 것입니다. 매달 월급만을 받기 위해서 억지로 일하러 가는 사람은 불쌍한 사람입니다. 월급날을 위해서 한 달을 참고 기다리니 얼마나 힘이 들겠습니까.

믿는 사람은 먹든지 마시든지 무엇을 하든지 하나님의 영광을 위해서 해야 합니다. 믿는 사람들은 "무슨 일을 하든지 마음을 다하여 주께 하듯 하라"(골 3:23)는 말씀을 상기해야 합니다. 작은 일이라도 성실하게 하는 사람들은 성공할 수밖에 없습니다. 이것이 하나님의 복입니다.

제가 가르치는 학생들에게 앞으로 자신이 무슨 일을 하면서 살 것인지 써 오라고 숙제를 냈습니다. 인간이 할 수 있는 일은 많이 있지만, 그 많은 일 가운데 하나님께서 나에게 하라는 것이 무엇인지 한 가지를 써 오라고 한 것입니다. 학생들이 써 온 것을 보니 그 내용들이 저의 마음을 뜨겁게 했습니다. 저는 학생들에게 "여러분, 여러분은 젊으니까 무엇이라도 할 수 있습니다. 하나님께서 주신 뜻을 발견하고 그 목표를 향해서 지속적으로 전진하면 의식주 문제는 하나님이 해결하실 것입니다. 그러니 의식주 걱정은 마시고 무엇이 하나님의 뜻인지를 찾으십시오"라고 말한 적이 있습니다.

앞으로 많은 세월 동안 '무엇을 하며 살 것인가' 생각하는 것과 '무엇을 위해서 살아야 할 것인가' 생각하는 것에는 많은 차이가 있습니다.

얼마 전에 어떤 젊은 분을 만났습니다. 많은 어려움을 겪고 있는 분이었는데 특히 의식주 문제를 해결하기 어려워했습니다. 왜 그렇게 문제가 많은지 생각해 보니 그분에게 삶의 목적이 없다는 것을 알았습니다. 삶의 목적이 있어야 그것을 향해 전진해 나갈 때 주님이 먹여 주십니다.

성경에 보면 "염려하여 이르기를 무엇을 먹을까 무엇을 마실까 무엇을 입을까 하지 말라…너희 천부께서 이 모든 것이 너희에게 있어야 할 줄을 아시느니라"(마 6:31~32)라고 기록되어 있습니다. 먼저 주의 나라와 주의 의를 구하면 양식은 하나님께서 주십니다. 이러한 사람은 단지 의식주만을 추구하는 것이 아니라 먹고 난 후 무엇을 할 것인지를 추구하는 사람입니다. 의식주 문제를 해결하기 위해서 사는 사람들은 하나님나라의 일을 알지 못하지만 하나님나라의 일을 하는 사람들은 의식주가 공급된다는 것입니다.

하나님께서 인간을 창조하실 때 무엇을 먹을까, 무엇을 마실까 염려하며 살라고 창조하시진 않았습니다. 소명이 있을 때 양식의 문제는 해결됩니다. 먹는 문제는 하나님께서 보장하십니다.

여섯 가지 파탄

장인의 만류에도 불구하고 레위인은 첩을 데리고 집으로 돌아갑니다. 예루살렘 건너편까지 왔는데, 그 당시 예루살렘에 살고 있던 사람은 이스라엘 사람이 아니라 여부스 사람이었습니다. 그래서 레위인은 그곳에 들어가지 않았습니다. 레위인은 여부스 사람들이 이방인이기 때문에 동족인 베냐민 지파에 속한 기브아나 라마 중 한 곳에 가서 유숙하려고 했습니다. 그런데 기브아에 가까이 이르러서 해가 졌습니다. 기브아의 길거리 한복판에 앉아서 누군가 자기를 집으로 초청해서 밤잠을 자게 해 주기를 기다리는데 아무도 청하는 자가 없었습니다(15절). 레위인은 제사장인데 아무도 청하지 않았던 것입니다. 성경은 손님을 친절히 대하라는 명령으로 가득 차 있습니다. 외인을 함부로 대하지 말고 사랑하라는 말들이 많이 기록되어 있습니다. 그런데도 레위인을 홀대한 것은 베냐민 지파가 영적으로 타락한 상태라는 것을 보여 주는 한 단면입니다.

영적으로 타락하면 이웃에 대해 무관심해집니다. 성경에도 손님 대접하기를 힘쓰라고 말씀하고 있습니다. 리더들은 사람들과 좋은 관계를 맺어야 하며 사람들에게 인정을 받아야 합니다.

에베소서 5장을 보면 성령 충만한 사람의 세 가지 특징이 나오는데 하나는 찬송의 은혜, 둘째는 감사의 생활, 셋째는 좋은 인간 관계입니다. 또한 찬송의 생활과 감사의 생활에 대한 내용은 한 구절만 소개되어 있는데 대인관계는 여러 구절에 걸쳐 기록하고 있습니다. 그리고 여섯 가지 관계가 성령 충만에 계속 연결되어 나타납니다. 성령 충만한 사람은 대인관계가 성공이라는 것입니다. 사도 바울도 다른 사람에게 인정을 받으라고 했으며 손님 대접하기를 열심히 하라고 했습니다.

사람과의 관계가 좋지 않은 사람은 영적으로 문제가 있는 사람입니다. 영적으로 잘 다듬어진 사람들은 다른 사람들에게 좋은 인상을 주고 좋은 평을 받고 좋은 관계를 유지합니다(행2:47).

구약 성경에도 외인들을 잘 대접하라고 말씀합니다. 그러나 베냐민 지파 사람들은 그렇게 하지 않았습니다. 그런데 기브아 사람이 아닌 다른 지방에서 온 에브라임 노인 한 사람이 다가왔습니다. 그 노인은 그들에게 관심을 갖습니다. 레위인은 자기들은 모든 것이 다 있으며 잠잘 곳만 있으면 되는데 아무도 청해 주지 않는다고 말합니다. 노인은 그들을 집에 초청하고 나귀도 돌봐 주었습니다. 사람뿐만 아니라 사람이 가져온 짐승까지 돌봐 주는 멋진 사람입니다.

사람뿐만이 아니라 짐승마저도 귀하게 여기는 것이 하나님의 마음입니다. 이 세상을 잘 돌보라고 하나님께서는 말씀하십니다. 환경 문제도 마찬가지입니다. 우리는 이 자연의 세계를 내가 이용하고 착취할 대상이 아닌 나와 함께 더불어 사는 내 동료로 보아야 합니다. 왜냐하면 자연을 창조하신 분도 아버지이고 나를 창조하신 분도 우리 아버지이기 때문입니다. 자연과 우리는 형제간입니다.

풀 한 포기도 우리의 형제입니다. 믿는 사람들은 이러한 눈으로 세상을 봐야 합니다. 우리는 "땅을 정복하라"는 말씀을 잘못 이해해서 자연을 돌보지 않고 모조리 훼손했습니다. 200여 년 동안 산업화라는 이름으로 인류는 발전했지만 자연은 무참히 망가진 것입니다. 우리 자신의 욕심을 위해서 자연을 잘 돌보지 않은 결과 지금 우리가 아주 낭패한 상태에 빠져 있는 것입니다.

얼마 전에 교회 뒷산에 올라갔는데 나무의자 밑에 할렐루야교회 신문이 버려져 있는 것을 보고 얼마나 큰 충격을 받았는지 모릅니다. 할렐루야 교인이 신문을 받아서 읽고는 거기다 버리고 간 것입니다. 우리 성도들 가운데 환경을 더럽히는 사람이 있다는 것이 저에게는 충격이었습니다. 그 다음 주일에 제가 얼마나 충격을 받았는지 교인들에게 이야기했습니다. 그랬더니 그 후엔 산에 교회 신문이 버려진 것을 보지 못했습니다. 감사한 일입니다.

인간이 타락했을 때 죄가 들어와 인간의 내면이 파괴되었는데 그 중 첫째가 영적인 파탄입니다(창세기 3장). 그 다음에는 지적 파탄, 정서적 파탄, 사회적 파탄, 육체적 파탄, 마지막으로 환경의 파탄입니다. 가시와 엉겅퀴가 나타났습니다. 죄가 들어오면 이 여섯 가지의 파탄 상태가 나타납니다.

예수 믿는다는 것은 예수 그리스도를 통해서 이 여섯 가지의 파탄이 회복되는 것입니다. 파탄된 인간이 회복되는 것을 구원이라고 합니다. 예수 믿으면 천국 가는 것은 당연한 것입니다.

그뿐 아니라 예수 믿은 후 이 여섯 가지 상태를 균형 있게 회복시켜 주는 것이 목회자의 일입니다. 영적인 상태를 개발해 주고 지적인 상태와 정서적인 상태와 사회적인 상태와 또 심지어 육체적인 것, 그리고 환경적인 것의 관계를 원만하게, 주님이 기뻐하시는 삶이 되도록 계발시켜 주어야 합니다. 목회자는 지속적으로 모든 영적인 방법을 총동원해서 여섯 가지 파괴된 상태가 회복되도록 훈련시켜 주어야 합니다.

외인에 대한 친절은 성숙한 사람의 표시입니다. "나그네로 거리에서 자게 하지 아니하고 내가 행인에게 내 문을 열어 주었었노라"(욥 31:32)라고 욥은 이야기했습니다. 간혹 집을 지을 때 방 하나를 더 만드는 성도들이 있습니다. 그 방은 손님들을 위한 방입니다. 그래서 선교사가 오든지 누가 방문하면 자기 집에 머무르도록 하는 것입니다. 그리고 집을 구할 땐 다른 사람을 위해 쓸 수 있도록 방 하나를 더 달라고 기도합니다. 이런 기도를 하는 사람은 자기 식구에게 필요한 방 외에도 방을 하나 더 얻을 것입니다.

예수 잘 믿는 사람은 언제나 한 수가 높습니다. 얼마나 멋집니까? 하나님께 구할 때는 크게 구해야 합니다. 조금 더 높여 구해야 여유가 있습니다.

저희 교회에 사업하는 분이 있습니다. 사업을 하는데 남편은 3을 구했습니다. 그러나 아내는 10을 구했습니다. 남편이 그렇게까지 구할 수 있느냐고 아내를 나무랐습니다. 그랬더니 아내가 구할 바엔 10을 구하지 왜 3을 구하냐고 했습니다. 그래서 10을 구한 결과 다섯이 되었습니다. 그 아내가 저에게 하는 말이, 자기 남편이 구하는 대로 가만 두었으면 3밖에 안 되었을 텐데, 10을 구했기 때문에 그래도 다섯은 되었다고 했습니다. 아내 기도덕에 2를 더 얻은 것입니다. 100을 구해서 70%를 얻는 것이 50을 구해서 100%를 얻는 것보다 낫습니다.

이보다 악할 순 없다

기브아에는 손님을 맞을 줄 아는 선한 노인이 있었는가 하면, 손님을 괴롭히는 악한 사람들이 있었습니다. 한참 즐겁게 저녁을 먹고 있는데 그 도시의 깡패들이 그 집을 에워쌌습니다. 22절입니다.

> "그들이 마음을 즐겁게 할 때에 그 성읍의 비류들이 그 집을 에워싸고 문을 두들기며 집 주인 노인에게 말하여 가로되 네 집에 들어온 사람을 끌어내라 우리가 그를 상관하리라."

마음을 즐겁게 할 때라는 것은 목욕을 하고, 발을 씻고, 저녁을 먹을 때를 말합니다. 위의 구절을 보면 문맥상 "갑자기"란 말이 빠졌는데, "그들이 마음을 즐겁게 할 때에 그 성읍의 비류들이 갑자기 그 집을 에워싸고"라고 하는 것이 더 좋습니다. 그들은 레위인을 욕정의 대상으로 내놓으라고 요구하였습니다. 소돔과 고모라에서도 비슷한 사건이 있었습니다(창 19장).

본문의 '비류'라는 말은 히브리어로 '벨리알'이라고 합니다. 이 말은 '벨리알의 아들'이라는 말로서 법도 윤리도 없는 사람들에게 쓰는 표현입니다. 아무 데도 쓸모없는 사람이라는 뜻이며 우상숭배하는 사람들에게도 쓰여진 단어였습니다(신 13:13). 또 반역자, 주정꾼, 불륜한 자에게도 '비류'라는 단어가 쓰여졌습니다.

주인은 레위인을 보호하려고 자기 딸과 레위인의 첩을 데려가라고 간청했습니다. 창세기 19장에서도 롯이 자기 집에 머문 천사들을 보호하려고, 그 천사들을 내놓으라고 하는 사람들에게 도덕적인 연설을 하였습니다. 도덕적으로 타락한 사람들에게 도덕적인 연설을 하여 그들을 설득해 보려 했습니다. 제가 거기서 느낀 것은 도덕적인 문제는 도덕적인 강의로 해결되지 않는다는 것입니다. 도덕적인 문제는 영적으로 해결해야 합니다. 영적으로 그 사람이 변화되면 도덕은 저절로 해결되게 되어 있습니다. 그런데 도덕적인 문제를 도덕적, 윤리적으로 풀려고 한다면 잘 되지 않습니다.

저는 에브라임 노인의 모습을 보고서 마음이 아팠습니다. 집주인은 레위인의 첩을 내어 주게 되었습니다. 그런데 레위인은 자기 첩을 보호하려고 하지 않았습니다. 아브라함도 사라가 붙들려 갈 때 한 마디도 안 하고 가만히 있었습니다. 이삭도 자신이 죽을까 봐 리브가더러 가 보라고 했습니다. 모두 남편으로서 아내의 신변을 보호하려는 아무런 노력도 하지 않았습니다. 성경 어디에도 노력했다는 기록이 없습니다. 남편이기를 포기한 사람들입니다. 아브라함과 이삭은 그들이 죽을까 봐 거짓말을 했다고 했습니다. 거짓말을 해서 자기 아내가 어려움을 입어도 내 목숨은 지키겠다는 것입니다. 이런 사람은 남편의 자격이 없습니다. 자기 아내를 살리려다가 맞아 죽더라도 그 쪽이 더 가치가 있습니다.

어떤 부부가 잠을 자는데 새벽 2~3시경에 밖에서 이상한 소리가 들리더랍니다. 그 소리를 아내가 먼저 들었습니다. 잘 들어 보니 또 소리가 났습니다. 아내는 남편을 흔들어 깨우면서 밖에 누가 왔다고 했습니다. 그러나 남편은 오긴 누가 왔느냐고 하면서 자는 사람을 깨운다고 화를 냈습니다. 다시 소리가 들려서 아내가 남편더러 나가 보라고 했더니 남편이 당신이나 나가 보라고 했답니다. 그 이야기를 듣고 참 민망했습니다. 아브라함이나 이삭, 레위인과 같은 모습입니다.

왜 사사 드보라를 하나님께서 들어 쓰셨습니까? 그 시대 최고의 남자가 바락 정도니깐 여자인 드보라를 쓰지 않을 수 없었던 것입니다. 드보라가 바락에게 군대를 이끌고 가서 싸우라고 하면서 하나님께서 함께 하실 것이라고 하니, 바락은 드보라가 같이 안 가면 가지 않겠다고 했습니다. 그 당시 최고의 남자가 그 정도였습니다.

교회에서도 종종 안타까운 모습이 보입니다. 목회자는 상담을 많이 하는데 상담의 내용을 보면 한국 남자들에게 책임의식이 다소 부족합니다. 가정의 행복에 대한 책임이 약합니다. 직장에 가서 일하고, 술 먹고 집에 와서 잠자고 다시 출근하는 반복된 생활을 합니다. 안타까운 일입니다. 남자를 잘 못 키웠다는 생각을 가끔 합니다. 아들이라는 이유로 상전 모시듯 해서 자기 책임을 다할 줄 모르는 사람으로 키웠다는 생각이 들 때가 있습니다.

남편들은 가정의 중대사를 아내에게 다 떠맡깁니다. 그래서 책임감이 없어집니다. 남아선호 사상이 남자들을 책임 없는 사람으로 만든 것입니다. 그리고 아들들이 잘못하면 엄마 책임으로 돌려서 그들을 정죄합니다. 모든 책임을 엄마에게 돌립니다. 아들이 누구에게 남자임을 배우겠습니까? 아들은 아버지에게서 배웁니다. 딸은 어머니에게서 배웁니다. 그런데 모두 어머니에게 맡겨 놓으니 마마보이가 되는 것입니다. 가장이 자식 성장의 책임을 포기하니 이런 일들이 나타나는 것입니다. 사회에 나가서도 책임감이 없습니다. 그래서 목회자들은 가정에 대해 열심히 가르쳐야 합니다.

그들은 레위인의 첩을 밤새 성폭행했고, 그 여자는 새벽에 집에 돌아와서 문고리를 잡고는 죽었습니다. 비참한 이야기입니다. 한 여자가 얼마나 고통을 당했으면 쓰러져 죽었겠습니까? 아마 성경 이야기 가운데 이 사사기 19장처럼 악한 이야기는 없을 것입니다. 가장 악한 모습입니다.

레위인은 쓰러져 있는 자기 첩을 발견하곤 시체를 12조각으로 잘라서 12부족에게 한 쪽씩, 경고와 도전의 의미로 보냈습니다. 레위인은 목회자입니다. 그런데 목회자가 이러한 방법으로 문제를 해결한다는 것을 상상해 보십시오. 목회자부터 잘못하니까 다른 모든 것들이 잘못되는 것입니다. 그와 같은 일이 출애굽 이후엔 있은 적이 없었다고 성경은 말하고 있습니다.

이스라엘 민족의 영적 타락과 도덕적 무감각 상태를 일깨우고 힘을 모아서 베냐민 지파를 처벌하려고 과격한 방법을 사용했는데 결국 이 일로 전쟁이 일어납니다. 사울의 시대에도 비슷한 일이 있었습니다. 이스라엘 사람들이 암몬 왕 나하스에게 평화적으로 언약을 맺자고 하였습니다. 그러나 나하스가 이스라엘 남자들의 오른눈을 뽑고 나서야 평화조약을 맺겠다고 했습니다. 그때에 사울 왕이 황소를 잡아 12조각을 내어 12지파에게 보낸 적이 있습니다.

그리스도인의 사명

사사기 19장의 이야기는 너무 끔찍하면서도 극심한 타락상을 보여줍니다. 여기서 주는 교훈을 요약해 봅시다. 우선, 종교인의 타락이 어떤 결과를 가져왔는지 볼 수 있습니다. 강력한 지도자가 맡겨진 자기 영역에서 강력한 영적 운동을 벌이면 그 사회는 살 수 있습니다.

종교인의 타락, 지나가는 나그네에 대한 무관심과 냉대, 전무후무한 잔인한 강간, 살인, 끔찍한 시체 절단, 민족적인 분노 등, 이스라엘 역사상 가장 도덕적으로 타락한 시대가 사사 시대였습니다. 인간이 하나님을 저버리면 어디까지 추락할 수 있는가를 보여 주는 이야기입니다. 특히 인간은 타락하면 극단적으로 악하게 될 수 있습니다.

모든 타락의 출발은 영적인 타락에 있습니다. 영적으로 타락하면 도덕적으로 타락하고, 도덕적으로 타락하면 가정들이 파괴됩니다. 사람 개개인이 깨어져서 악하게 되는 것입니다. 기독교와 같은 곳은 종교가 계속 발달함으로써 사회의 도덕과 윤리를 이끌어 주어야 할 책임이 있는 것입니다.

노벨상을 받은 영국인인 러셀(Bertrand Russell) 교수는 예수를 믿는 사람이 아니었습니다. 그분이 『나는 왜 기독교인이 아닌가』라는 책을 썼는데 이 책이 대학 캠퍼스에서 많이 읽혀졌습니다. 그 책에 보면 그가 기독교인이 아닌 이유가 여러 가지 쓰여 있는데 그 중 하나가 예수님의 윤리는 너무 이상적이라는 것입니다. 그래서 그가 예수를 믿으면 그 윤리대로 살 수 없기 때문에 안 믿는다는 것입니다. 원수를 사랑하라는 등의 너무 높은 이상적인 윤리를 자신은 감당할 수 없기 때문에 안 믿겠다는 것입니다.

앞에서도 언급했지만 목표는 높게 설정되어야 합니다. 높은 이상을 세워 놓아야 비록 그곳까지는 가지 못해도 근처에는 갈 수 있고, 그 이상을 실천해 보려고 발버둥치기 때문입니다. 원수를 사랑하지 못해도 사랑해 보려고 애쓰게 된다는 말입니다. 그래서 서양 세계의 사회 윤리가 그만큼 높아진 것입니다. 목표를 세운 곳까지 올라가려고 발버둥을 쳤기 때문입니다. 그러나 이상이 없고 목표가 없다면 이 세상은 험한 세상이 될 것입니다.

예수님이 말씀하신 "악을 악으로 갚지 말고 선으로 악을 갚으라"라는 이상적인 교훈이 인간에게 필요합니다. 목표가 있으면 목표를 향해 움직이는 것입니다. 그러나 방향이 없으면 갈 곳이 없습니다. 그래서 기독교와 같은 고등종교는 사회와 세계를 위해서 반드시 필요합니다.

지금 우리나라가 도덕적으로 많이 타락해 있습니다. 사람들은 교회가 많은데 왜 이리 타락했느냐고 묻습니다. 기독교 책임이라고도 말합니다. 그러나 저는 기독교가 있으니 이 정도라도 된 것이라고 생각합니다. 기독교마저도 없었더라면 더 부패했을 것입니다. 그래도 여기저기에서 몸부림치는 사람들이 있으니 이 정도까지라도 왔습니다. 물론 더 노력해야 합니다. 가룟 유다가 그렇게 된 것이 예수님의 책임이 아니듯 모든 사회악을 교회의 책임이라고 하는 것은 옳지 않습니다. 사회 문제를 교회가 책임지자고 하는 말과 모든 잘못은 교회 책임이라고 하는 말은 다릅니다. 그러나 잘못된 것을 기독교가 책임을 지고 개선하자는 데는 찬성합니다.

카톨릭에서는 "내 탓이오" 운동을 벌이고 있습니다. 물론 내 탓도 있습니다. 그러나 사무엘 아들들이 선지자의 아버지 때문에 타락한 것입니까? 인간은 모두 의지와 자유가 있어서 자기가 선택할 수 있는 능력이 있습니다. 스스로 선택해서 악해지는 것입니다. 기독교는 고등 종교이며, 고등 종교의 특징은 이상적인 윤리를 가지고 있다는 것입니다. 높은 이상을 향해서 달려가야 합니다. 그러나 정상에는 가지 못합니다. 성경은 "모든 사람이 죄를 범하였으매 하나님의 영광에 이르지 못한다"(롬 3:23)라고 분명히 기록되어 있습니다. 그러나 구원받은 사람으로서 사회를 위해서 계속 선을 행하려고 노력할 때, 한국 사회는 점점 밝아질 것입니다.

어렸을 때 한번은 제가 뺨을 맞은 적이 있습니다. 그땐 정말 참기 어려웠습니다. 그런데 오른쪽 뺨을 맞으면 왼편도 돌려 대라는 예수님의 말씀이 생각나서 왼편도 돌렸습니다. 그랬더니 그 친구가 놀라서 더 때리지 않았습니다. 그땐 왜 그리 예수 믿는다는 것이 속상하던지……. 얼마 후 그 친구가 또 저를 발로 찼습니다. 그러나 그땐 그 동안 참았던 것이 폭발해서 그 친구를 때려 눕혔습니다. 예수님 말씀 때문에 한 번은 참아 주었던 것입니다.

하나님께서는 우리들에게 말씀을 통해서 이상적 세계를 주셨습니다. 물론 끝까지 참지 못해 때린 것을 지금도 후회합니다. 그때도 참았으면 더 좋았을 것이라는 생각이 듭니다. 그래서 지금은 정말 못 참겠다는 생각이 들 때 더 참으려고 기도합니다. "주여!" 하고 주님의 도움을 구하면 참지 못할 것 같은 것도 참게 됩니다. 성령님께서 도와주십니다.

고등 종교인 기독교가 왕성하길 바랍니다. 자신을 위해서도, 예수님을 위해서도, 한국을 위해서도 말입니다. 여러분과 제가 이 일을 위해서 주님 앞에 새롭게 헌신하시기를 바랍니다.

영성을 업그레이드하라

사사기 20:1~48

패배를 통해서 영적인 부흥이 나타났습니다.
시련을 통해서 영성이 강화된 것입니다.
행동하는 것만으로는 안 됩니다.
하나님 앞에서 우리의 마음을 깨끗하게 하는
철저한 영적인 자세가 필요합니다.

20장에는 이스라엘과 베냐민의 전쟁이 기록되어 있습니다. 앞에서도 계속 서술했지만, 사사 시대는 정치적인 지도자도, 영적인 지도자도 없던 시대여서 혼란의 연속이었습니다. 자기가 멋대로 살던 시대였습니다. 그 예가 미가의 이야기입니다. 미가라는 한 사람의 영적인 타락, 도덕적인 타락을 보았고 미가 가족의 타락과 함께 한 부족이 타락하는 모습을 보았습니다.

제사장인 레위인의 첩이 윤간을 당해 비참하게 죽은 사건으로 인해 이스라엘과 베냐민이 전쟁을 하게 되었습니다. 죄가 개인으로부터 출발해서 한 가정과 부족으로, 그리고 국가로 그 죄의 영향이 퍼져 나가는 모습을 보았습니다.

영적 느슨함을 경계하라

같은 민족 내의 전쟁은 이스라엘의 타락이 절정에 이르게 되었음을 보여 줍니다. 이 전쟁은 사흘 동안 계속되었는데 그 동안에 이스라엘에서 25,000명의 남자가 생명을 잃는 비극이 일어났습니다. 전쟁의 결과로 베냐민 지파는 600명만 남고 모두 죽었으며, 이스라엘 민족 중에서 가장 작고 약한 부족으로 남게 되었습니다. 사흘이라는 잠깐 동안에 이런 민족적 비극이 일어나게 된 것입니다. 25,000의 죽음은 그 만큼의 과부와 고아를 만들어 내었습니다. 이 사건을 통해서 죄가 얼마나 무서운 결과를 가져오는지 알 수 있습니다.

기브아의 소식을 듣고 분노한 이스라엘은 40만 명의 연합군을 조직해서 법궤가 있는 미스바에 모여서 레위인에게 그 동안의 상황을 직접 묻고 설명을 듣습니다. 1~3절을 보십시오.

> "이에 모든 이스라엘 자손이 단에서부터 브엘세바까지와 길르앗 땅에서 나왔는데 그 회중이 일제히 미스바에서 여호와 앞에 모였으니 온 백성의 어른 곧 이스라엘 모든 지파의 어른들은 하나님 백성의 총회에 섰고 칼을 빼는 보병은 사십만이었으며 이스라엘의 자손의 미스바에 올라간 것을 베냐민 자손이 들었더라 이스라엘의 자손이 가로되 이 악한 일의 정형을 우리에게 고하라."

레위인이 그의 첩에게 있었던 일을 고하자 이스라엘 자손들은 범죄자를 처벌하기 위해서 전쟁을 준비합니다. 이 전쟁을 위해 각 지파별로 군인의 1/10을 선출하였습니다. 이 일을 위하여 모든 사람들이 하나같이 합심하였습니다. 이스라엘의 대표자들이 베냐민 지파에 가서 악을 저지른 자를 처형하겠다고 내놓으라고 요구했는데, 베냐민 사람들은 회개하기는커녕 오히려 군대를 일으켜서 도전해 오게 되었습니다. 베냐민 지파는 기브아 군인 700명과 26,000명의 칼 쓰는 자를 동원해서 맞섰습니다. 700명의 기브아 군인은 왼손잡이들인데 투석 전문가들로 구성된 특수부대였다고 16절은 말하고 있습니다. 이 사람들은 얼마나 훈련이 잘 되었는지 머리카락 하나도 실수 없이 맞출 수 있을 정도의 사람들이라고 말했습니다. 베냐민 지파는 이러한 특수부대를 믿었고 그 때문에 교만해진 것 같습니다.

여호수아 시절 요단 동편 부족들과 서편 부족들 사이에 전쟁을 할 뻔했던 위기가 있은 후(여호수아 22장), 또다시 이스라엘의 위기가 온 것입니다. 여호수아 시절에는 동쪽 부족과 서쪽 부족이 서로의 의견을 존중하고 협상을 잘 했기 때문에 전쟁이 나지 않았습니다. 사사기 시절에도 죄를 지은 사람 몇 명을 내주었으면 그것으로 끝날 뻔했는데 그렇게 하지 않았습니다.

700명의 훌륭한 용사가 있다 하더라도 전 이스라엘과 전쟁을 하겠다고 나서는 어리석은 베냐민은 판단력을 상실했다고 볼 수 있습니다. 한 가정의 죄는 한 도시로 퍼졌고, 그것은 전 국가로 번졌습니다. 죄는 전염성이 있고 판단력을 흐리게 하는 것임을 알 수 있습니다. 영적으로 잘못되면 이성적 판단력도 흐려집니다. 감정에 치우쳐 오기를 부리고 상황을 제대로 판단하지 못하는 베냐민 지파의 모습은 우리가 죄에 빠져 있을 때의 모습과 비슷합니다.

사실 우리가 영적으로 약화되면 판단력이 흔들리게 됩니다. 마치 바이올린과 같습니다. 바이올린은 조금만 그냥 두어도 줄이 느슨해져서 엉뚱한 소리가 납니다. 영적인 삶은 바이올린 같습니다. 금방 조율해도 얼마간 지나면 줄이 느슨해져서 제 소리를 내지 못하는 우리의 영적인 상태와 비슷한 것 같습니다. 바이올린과 함께 라디오를 생각해 봅니다. 라디오는 다이얼이 조금만 이동해도 곧 잡소리가 납니다. 그래서 우리는 신앙을 계속 점검하고 조율해야 합니다.

저는 아무도 모르게 하나님 앞에서 하는 일이 몇 가지 있습니다. 미국에서 살 때는 제 사례비의 60%를 교회 건축 헌금으로 내곤 했습니다. 제가 먼저 앞장을 서야 성도님들이 따라올 것이 아닙니까? 몇 년간 그렇게 했습니다. 그런데 어떤 때는 60%를 헌금한다는 것을 말하고 싶었습니다. 목회자가 앞장선다는 것을 알리고 싶고, 그 사실을 알면 성도들이 자극을 받지 않을까 하는 생각이 들었습니다. 그런데 저는 그 말을 끝까지 하지 않았습니다.

제 목회 경험으로는 인간적인 정에 끌려 일을 하면 결과가 나빴습니다. 주님의 말씀에 순종하지 않으면 결과가 항상 나쁩니다. 마음에 평안함이 없음은 성령께서 허락한 것이 아닌 인간적인 압력 때문에 일을 했기 때문입니다. 사람이 보기에는 지혜로워 보이나 하나님의 마음에 맞지 않는 것은 하지 않도록 도와 달라는 기도를 했습니다.

일을 하는 데 있어서 인간적인 방법과 하나님의 지시에 따라서 하는 방법 두 가지가 있습니다. 인간적인 방법이 하나님의 일을 하는 데에 얼마나 도움이 되겠습니까. 저는 아무도 알아 주지 않아도 하나님의 방법으로 하겠다고 생각했습니다. 제가 하는 일을 아무도 몰라 주는 것 같아도 하나님을 의지하고 순종하는 것이 복된 길입니다.

순수한 목회를 이루어 가려면 목회자의 순수함이 필요합니다. 죄는 우리의 판단을 흐리게 합니다. 지도자의 판단력이 흐려지면 잘못된 결정을 하고 잘못 인도할 것입니다. 목회자가 잘못하면 하나님께 영광이 될 수 없고 교회에 유익을 줄 수 없습니다. 목회자 자신에게도 평화가 없습니다. 평화 없는 지도자가 어떻게 평화를 이루어 가겠습니까? 하나님께서 목회자들에게 영적 민감성을 주셔서 인간적인 행동을 하지 않게 되기를 바랍니다. 목회자가 하는 일은 정치도 아니고 사업도 아닌 하나님의 일입니다. 하나님의 종이 하나님의 방법으로 하나님의 때에 하나님의 일을 이루어 드릴 수 있어야 합니다.

목회자가 앞장서라

이스라엘 자손은 전쟁 여부를 타진하기 위해 벧엘에 가서 어느 부족이 전쟁에 앞장설 것인지 하나님께 물어 보았습니다. 혼란스러운 사사 시대임에도 사람들이 영적으로 움직이려고 하는 모습을 볼 수 있습니다.

> "이스라엘 자손이 일어나 벧엘에 올라가서 하나님께 묻자와 가로되 우리 중에 누가 먼저 올라가서 베냐민 자손과 싸우리이까 여호와께서 가라사대 유다가 먼저일지니라"(18절).

하나님께 여쭤 보니 유다 족이 앞장서라고 하셨습니다. 유다는 인구가 가장 많았습니다. 가장 강력한 군대를 소유하고 있었습니다.

출애굽 후 40년 동안 광야에서 행진할 때도 유다 족이 제일 앞에 섰습니다. 옛날, 야곱이 유다에게서 실로가 나온다고 예언했습니다. 유다에게서 왕이 나온다는 말입니다. 왕족이요 지도자로서 부각된 부족이므로 앞장서라고 했습니다. 즉, 지도자가 언제나 앞장서라는 것입니다.

역대상 29장에는 다윗이 성전을 짓는 이야기가 나옵니다. 세 그룹의 사람들이 헌금을 내었는데, 맨 먼저 다윗 왕이 앞장섰습니다. 다윗은 있는 힘을 다해서 하나님께 예물을 드렸습니다. 그 후엔 천부장, 부족장 리더들이 하나님께 드렸습니다. 마지막으로 백성들이 즐겁게 드렸습니다. 다윗이 앞장서자 장로들과 천부장들과 부족장들이 나서게 되고 백성들이 그 뒤를 따른 것입니다.

목회자는 교회의 총책임자이므로 목회자가 다윗처럼 모든 일에 앞장을 서야 합니다. 목사가 앞장을 서면 장로와 집사들이 따르고 그 뒤를 성도들이 따르는 것입니다. 다윗을 비롯한 모두가 전력을 다해 즐겁게 주님께 드려서 예루살렘 성전을 건축한 것처럼 말입니다.

본문에서는 유다가 리더입니다. 리더가 앞장섭니다. 유다 지파는 늘 앞장서 왔는데 느헤미야 시대에는 그러지 못했습니다. 리더의 구실을 못해 느헤미야에게 낙심을 주었습니다. 예루살렘 성벽 재건으로 한참 어려운데 유다의 리더들이 느헤미야에게 와서 일이 너무 많고 지쳐서 감당하지 못하겠다고 말한 것입니다.

왕이 나올 족속이요, 메시아가 나올 족속이며, 광야시대에도 앞장섰었고, 리더답게 살아야 될 그들이 리더답지 못한 부정적인 이야기, 실망시키는 말을 하고 있었던 것입니다. 리더가 실망을 시킵니다. 그

건 안될 일입니다.

　리더가 리더답지 못할 때 악취를 풍깁니다. 백성들은 리더가 리더답게 행동할 것을 기대하는데 그 기대를 저버리고 낙심할 때 사람들은 실망합니다. 물론 일이 많고 피곤하겠지만 그렇다고 할 수 없다는 결론을 내릴 이유는 없습니다. 일이 많으면 나누어서 하면 됩니다. 그리고 쉬었다 하면 됩니다. 리더는 한 가지 해결책만이 아니고 여러 가지 방법으로 문제를 풀어 가야 합니다.

　만일 길을 가다가 담벼락을 만났다면 낙심하여 주저앉아 있지만은 않을 것입니다. 담벼락은 넘어갈 수 있고 돌아갈 수 있고 폭파시킬 수도 있고 땅 밑을 파서 넘어갈 수도 있습니다. 리더는 언제나 희망적이고 창의적이어야 합니다. 모두 안 된다고 해도 하나님께서 또 다른 길을 열어 주실 수 있습니다.

회개와 금식은 영성을 강하게 만든다

　유다 부족이 앞장서서 베냐민과의 전쟁을 세 번 치렀습니다. 첫 번째 전쟁은 18~21절 사이에 기록되어 있는데, 기브아에서 대전을 벌였습니다. 대전의 결과 이스라엘 사람 22,000명이 베냐민 지파의 손에 죽었습니다. 유다가 앞장서 전쟁을 했는데 베냐민 족속이 죽는 게 아니라 이스라엘 측 사람들이 죽었습니다. 이상한 일입니다. 아무튼 첫 번째 싸움은 실패했습니다. 그래서 22~25절 사이에 두 번째 전쟁을 벌입니다. 군대를 재정비해서 다시 싸울 준비를 갖춥니다. 하나님에게 물어 보았습니다. 그랬더니 올라가서 치라고 말씀하셨습니다. 그래서 가서 쳤는데 또 패배하고 18,000명이 죽었습니다. 이틀 사이에 40,000명의 이스라엘 군인이 죽은 것입니다. 학자들도 이 사건에 대해 의견이 분분합니다. 여러분은 어떻게 생각하십니까?

세 번째, 이스라엘 백성들이 벧엘에 가서 통곡하며 금식을 합니다. 이때에는 하나님의 언약궤가 거기 있었고, 아론의 손자 엘르아살의 아들 비느하스가 제사장이었습니다.

전쟁에서 지자 하나님 앞에서 통곡하며 금식하는 영적인 부흥이 일어났습니다. 시련을 통해서 영성이 강화된 것입니다. 행동만으로는 안 됩니다. 영적인 상태가 중요합니다. 금식하고 기도하며 하나님 앞에서 마음을 깨끗하게 하는 영적인 부흥이 필요한 것입니다. 이스라엘 백성들은 건성으로 하나님께 물어 보고는 영적 준비가 되어 있지 않는 상태에서 전쟁을 한 것입니다. 두 번의 패배를 통해서 이스라엘은 회개했고 영성이 강화되자 다시 올라가서 싸우는데 이번에는 하나님께서 승리를 주시겠다고 말씀하십니다.

비느하스는 여호수아 시절에도 중재 역할을 한 적이 있습니다(여호수아 22장). 이 사건이 여호수아의 죽음 이후 많은 시간이 흐르지 않아 일어났습니다. 이스라엘은 기브아의 사면에 군대를 매복시켰습니다. 앞의 두 싸움과는 다른 치밀한 전략을 짠 것입니다. 이스라엘은 전과 같은 지점에 진을 친 후 베냐민이 공격하자 도망을 쳤습니다. 베냐민 사람들을 성읍에서 끌어내기 위한 작전이었습니다. 그런데 이스라엘 사람 30명을 더 죽이게 되자 베냐민 사람들은 도망가는 이스라엘을 계속 추격했습니다. 그 전략에 말려들어 25,000명의 베냐민 사람들이 죽었습니다.

세 번째 싸움은 두 가지 면에서 다릅니다.

첫째 영적으로 준비가 되었습니다. 금식하고 기도하며 하나님께 간절히 매달렸습니다. 둘째 철저한 전략이 있었습니다. 지난 두 싸움 때에는 군인의 숫자가 많다고 무조건 쳐들어갔지만 이번에는 기브아의 사방에다 복병을 해 놓는 등 구체적으로 계획을 잘 세웠습니다. 아이 성 전투 때에도 3,000명만 보내도 이길 수 있다고 하다가 패배하지 않았습니까? 작은 성이라고 얕보고 하나님을 전적으로 의존하지 않았기 때문에 패배한 것입니다.

이스라엘 사람들은 베냐민 지파가 악을 행했으니 그들을 처벌하겠다는 인간적인 생각밖에 없었습니다. 또한 철저한 전략도 없었습니다. 그러나 세 번째 전쟁은 하나님께 묻고 기도하고 금식하여 영적으로 철저히 준비했습니다. 또 전략을 잘 세워 전쟁을 했을 때 승리하게 된 것입니다. 아이 성 전투 때에도 아간을 처벌한 후 여호수아가 치밀하게 전쟁 준비를 했음을 볼 수 있습니다. 하나님이 주신 기회와 능력을 총동원해서 하나님만 의지하고 그분의 명령을 따랐기 때문에 아이 성 싸움에서도 성공한 것입니다.

워싱턴에서 첫 전도대회를 준비하게 되었을 때의 일입니다. 온 교회의 평신도 대표자들이 모여서 두 달 동안 열심히 기도하며 꼼꼼하게 계획을 세우며 열심히 준비했습니다. 전도대회 날 아침부터 비가 많이 와서 걱정이 되었습니다. 비가 많이 오니 사람들이 오지 않을 것이고 그 동안의 수고가 수포로 돌아가는 것처럼 생각되었습니다. 그런데 전도대회 시작 시간이 되어서 나가 보니 그 큰 강당에 사람들이 넘치게 모였습니다. 시작하기 한 시간 전에 비가 그쳤고, 많은 분들이 예수님을 영접하였고, 재정도 꼭 맞게 주셨습니다.

재정 이야기가 나왔으니 한 마디 더 하겠습니다. 하나님은 인색하신 분이 아닙니다. 하나님이 선교사를 보내시려면 선교비를 주어서 보냅니다. 선교비는 한 푼도 안 주시는데 무조건 선교지로 나가서 헤매고 다니는 선교사들도 있습니다. 선교비를 안 주시는데 여비만 가지고 가니까 고생을 합니다. 하나님이 자기의 일꾼을 보내시면서 필요한 재정을 안 주시겠습니까? 하나님은 그런 하나님이 아니십니다.
　하나님이 보내지 않았는데 인간적인 열정이 앞서 나가면 하나님의 영광도 땅에 떨어지고 선교사의 이미지가 나빠지고 고생만 할 수 있습니다. 하나님보다 앞서 가면 안 됩니다. 하나님보다 뒤에 가서도 안 됩니다. 레위기 말씀 전체가 주는 교훈처럼 "하나님의 일은 하나님의 방법으로 하나님의 때에 하나님이 하라고 하는 대로 해야" 합니다. 하나님의 일은 하나님의 방법으로 하나님의 때에 해야지 내 방법으로 내 때에 하면 안 됩니다.

　모세가 이스라엘 백성들을 이끌고 광야를 지날 때 구름기둥이나 불기둥이 움직이면 움직이고, 서면 서지 않았습니까? 민수기에 보면 구름기둥과 불기둥의 움직임은 일정하지 않았습니다. 어떤 때는 서서 몇 년씩 움직이지 않았습니다. 그러다 어느 날 또다시 움직입니다. 그러면 급하게 장막을 접어 메고 갑니다. 그렇게 며칠 가다가 또 섭니다. 예측할 수 없었습니다. 여기서의 교훈은 하나님께 무조건 순종하라는 것입니다. 우리의 눈과 귀를 온전히 주님께 기울여야 합니다. 신앙의 원리는 성경에 반복해서 나타나 있습니다. 이번 싸움도 마찬가지입니다.

영적인 부흥이 일어나니까 이스라엘은 전쟁에 전처럼 대강 접근하지 않았습니다. 영적으로 좋아지자 생각이 더 치밀해지고 더 창의적인 작전을 세울 수 있었습니다. 하나님께서 그들에게 승리를 주셨습니다. 승리는 하나님께 있습니다.

남가주 주립대학에서 큐티(QT)에 대한 실험을 한 적이 있습니다. 6주 동안 매일 15분식 큐티를 시켰더니 기억력이 40%가 증가되었습니다. 불안지수가 30%로 떨어지고, 세포가 민감해졌으며 반응시간이 1/3 더 빨라졌습니다. 산소 호흡량이 1/10이 더 늘었습니다. 그 외에도 많은 육체적 변화가 나타났습니다. 저는 그 연구 보고서를 읽고 큐티의 중요성을 과학적으로 알게 되었습니다. 왜냐하면 삶의 질이 높아지기 때문입니다. 영적으로 건강한 삶을 산다는 것은 육적으로도 풍성한 은혜가 있다는 말입니다.

비극의 열매를 맺는 것은?

작전상 이스라엘이 후퇴하자 베냐민 군대가 기브아를 뒤로 두고 공격하러 나왔습니다. 숨어 있던 이스라엘 복병들은 그 사이에 기브아를 점령하고 불을 질렀습니다. 연기를 신호로 삼아 도주하던 이스라엘 군대는 돌아서서 추격하는 베냐민을 향하여 공격을 가했고, 불에 타는 도시를 본 베냐민 군대는 광야로 도주했지만 추격당해서 많은 생명을 잃었습니다. 결국은 이스라엘이 승리한 것입니다. 44절에 보면 베냐민 사람 18,000명이 전투에서 죽었고 광야로 도망치다 죽은 사람이 7,000명이었습니다. 25,000명의 베냐민 사람이 생명을 잃은 것입니다.

베냐민 사람들은 거의 다 죽고 겨우 600명이 생존해서, 벧엘에서 6km 동쪽에 있는 림몬 바위에서 넉 달을 살았습니다. 이때 이후로 베냐민은 가장 작은 부족이 되었습니다. 이스라엘 사람들은 베냐민의 온 성읍과 가축과 만나는 자를 다 죽이고 닥치는 대로 불살랐습니다.

타락한 이스라엘은 하나님의 진노를 받았고 많은 생명을 잃었으나, 그로 인해 하나님 앞에서 회개하며 금식하고 간구하는 영적 각성이 일어났습니다. 그리고 그 후에야 비로소 좀 더 조심스럽게 전쟁에 접근함으로써 베냐민을 처벌했습니다. 그러나 죄는 동족상잔의 비극을 일으켰고, 베냐민은 두고두고 가장 작은 부족으로 남게 되었습니다. 죄는 비극의 열매를 맺게 합니다. 그래서 죄를 전염병처럼 멀리 해야 합니다.

이처럼 영적으로 타락하면 무서운 결과를 초래합니다. 그 전쟁에서 이스라엘 백성이 40,000명이나 죽은 것도 죄가 얼마나 무서운 것인지 보여 줍니다. 날마다 주님과 가깝게 사귀고 성령님의 음성에 귀 기울여서 주님의 일을 주님의 방법으로, 주님의 때에 이루어 드림으로, 많은 은혜와 영광이 여러분에게 있기를 간절히 바랍니다.

당신이 바로 영적 리더다

사사기 21:1~25

사회에 악한 일들이 일어나는 원인은
영적 리더가 없기 때문입니다.
영적 리더가 강력하게 하나님의 말씀을 전하고
그들을 인도해 주지 못하면 백성들은 타락할 수밖에 없습니다.

우리는 17~20장 사이에서 사사 시대에 일어났던 사건의 단면들을 보았습니다. 미가라고 하는 한 개인의 타락과 잘못한 아들을 책망하지 않고 오히려 우상을 만드는 어머니를 통해서 그 당시 가정의 타락상을 알 수 있습니다. 또, 자기의 생계 유지를 위해 신의를 버리며 돌아다니는 레위인의 모습에서 타락한 목회자의 모습을 볼 수 있으며, 그 레위인과 우상을 훔쳐 북으로 이주한 단 족의 모습 속에서 타락한 부족을 엿볼 수 있습니다. 또한 레위인의 첩 사건에서 시작된 이스라엘 지파와 베냐민 지파 사이의 전쟁에서 타락한 민족을 봅니다. 이로 인해 베냐민 지파는 가장 작은 지파가 되었습니다. 성경 어디에서도 볼 수 없는 험하고 암울한 이야기의 연속이었습니다.

이런 일들이 일어나는 원인은 영적인 리더가 없었기 때문입니다. 여호수아가 죽은 후 영적으로 백성들을 이끌어 줄 리더가 없었습니다. 영적인 리더가 나타나 강력하게 하나님의 말씀을 전하고 그들을 인도해 주지 못했기 때문에 백성이 타락해서 그 결과 사사기의 어두운 이야기가 벌어진 것입니다. 구석구석 일어난 이야기들은 눈 뜨고 볼 수 없는 타락상이었습니다. 오늘 여기 마지막 사건이 나타납니다.

죄가 아닌 것을 죄로 만들다

전쟁에서 이긴 이스라엘 사람들은 베냐민 지파와 결혼하지 않겠다고 맹세합니다. 하나님께서는 베냐민 지파와 결혼하지 말라는 명령을 하지 않았는데 자기들 스스로가 그런 결정을 내린 것입니다. 감정에 의해서 불필요한 서약을 한 것입니다. 이런 서약을 함으로써 후에 처녀 납치 사건과 같은 또 하나의 불미스러운 일을 겪게 되었습니다. 불필요한 서약 때문에 죄가 아닌 것을 죄로 만들어 자신들이 불편하게 된 것입니다. 서약은 조심해서 해야 합니다.

예수 믿는 사람들이 예수를 좀 더 잘 믿어 보겠다고, 성경에는 없는데 스스로 만들어 놓는 규율들이 많이 있습니다. 우리 스스로 만들고 우리가 깨뜨림으로, 예수님께서도 그런 것을 "사람의 전통"이라 불렀습니다. 결국 죄가 아닌 것이 죄가 되어 버리는 경우입니다.

어느 분이 저에게 상담을 요청한 일이 있습니다. 그분이 어느 날 서원을 했다고 합니다. 그런데 그 동안 그것을 못 지켰다고 했습니다. 오래 전에 한 그 서원을 못 지켜 양심에 가책이 된다고 했습니다. 어떻게 해야 할지 모르겠다고 하는 그분에게 저는 지금이라도 그 서원을 지키라고 말했습니다. 누가 하라고 한 것도 아닌데, 스스로 서원해서 불필요하게 자기 자신을 어렵게 만드는 것입니다.

어떤 때는 사람이 하나님보다 더 엄격합니다. 하나님이 하라고 하지 않았는데 우리 스스로 자승자박(自繩自縛)하는 것입니다. 골로새서에 보면 어떤 사람들이 어떤 음식은 먹지도 말고 만지지도 말라고 했다는 말이 있는데(골 3:21), 성경이 말하지 않는 것을 자기 스스로 엄격한 규율을 만들어 자신도 힘들고 남도 힘들게 만드는 예입니다.

저도 그런 잘못을 한 적이 있었습니다. 성도들에게 매일 경건의 시간을 갖게 하기 위해서, 강력한 요구를 한 후에 새벽에 일어나서 한 시간씩 경건의 시간을 가지기로 결단하는 사람들은 다 일어나라고 했습니다. 안 일어날 사람이 어디 있겠습니까? 모두 일어납니다. 그래서 저는 여러분들이 하나님께 약속했으니 서원하고 기도하자고 했습니다.

그분들도 하루도 빼먹지 않고 한 시간씩 큐티를 하고 싶을 것입니다. 그러나 어떤 날은 안 되고, 어떤 날은 급한 일이 있어서 빠집니다. 한두 번씩 빠지니까 죄의식이 생깁니다. 그래서 하나님 앞에 회개합니다. 그리고 다시 잘 하겠다고 다짐을 합니다. 그러나 며칠 못 가 다시 서원을 어깁니다. 이것이 몇 번 반복되니까 죄의식 때문에 마음이 어두워집니다. 제가 옛날엔 그런 일을 가끔 했습니다. 미국 전역을 돌아다니며 사람들을 다 옭아맨 것입니다. 그러다 보니 제가 못할 일을 하고 다닌다는 생각이 들어 회개했습니다. 그리고 그 다음부터는 그렇게 하지 않았습니다.

그 후 저는 매일같이 큐티 하기를 원하고 노력할 사람은 일어나라고 했습니다. 그리고 혹 어떤 이유로 하루 이틀 빠지더라도 걱정하지 말고 계속해서 큐티를 하라고 했습니다. 주님과 가깝게 교제하겠다는 마음이 고맙고 귀한 것이며, 안 하는 것보다는 하는 것이 낫지 않느냐고 했습니다. 규율에 얽매이지 말고 하루하루 지속적으로 노력하라고 했더니 오히려 더 편안하게 큐티를 하는 사람이 많아졌습니다.

잘 되면 내 탓, 잘못 되면 하나님 탓?

시간이 흐르자 이스라엘 백성들은 베냐민 지파가 끊어질 것을 염려합니다. 그리고 벧엘에 있는 하나님의 집에 와서는 저녁 늦게까지 통곡하며 슬퍼합니다. 왜 베냐민이 없어져야 하는지, 왜 이런 일이 일어났는지 하나님에게 투정합니다. 자기네들이 일을 저지르고 나서 하나님께 불평하는 것입니다. 베냐민과 결혼하지 않기로 자신들이 결정했지만, 이제는 베냐민의 씨가 말라 버릴까 봐 걱정합니다. 자기들 스스로 문제를 만들어 놓고는 그 문제에 대해서 하나님 앞에 가서 불평하고 있습니다. 조심해야 합니다.

남미의 한 나라에 갔는데 나이가 30쯤 되어 보이는 젊은 사람이 저를 찾아왔습니다. 그는 어느 교회의 청소년 담당 전도사라고 했습니다. 한참 대화를 해 보니 이분이 한국에서 신학교를 졸업하고는 해외 유학을 가고 싶은데 갈 길이 없자 관광 비자로 그 나라에 머물게 된 것이었습니다. 그래서 불법체류자가 되었는데, 하나님께 그 나라에서 공부할 수 있도록, 그리고 경찰에게서 구해 달라고 기도하고 있다고 했습니다. 그러면서 하나님이 왜 자기에게 이렇게 어려운 환경을 주시는지 모르겠다고 했습니다. 그래서 제가 하나님이 그렇게 하신 것이 아니라 자기 스스로 구덩이를 판 것이 아니냐고 말했습니다. 하나님께서 길을 열어 주시면 정상적인 코스를 밟아 제대로 공부하게 될 텐데, 하나님께서 열어 주시지 않는 길을 인간적인 생각과 욕심만으로 가려다 문제가 생긴 것이 아니냐고 했습니다. 자승자박한 것입니다. 하나님께 불평하는 것은 옳지 않습니다.

또 미국에 있을 때 어느 분이 저를 찾아와 어떤 서류에 사인을 해 달라고 요청을 했습니다. 제 사인을 받으면 미국의 영주권을 받을 수 있다고 했습니다. 그 서류를 보니 내용이 사실이 아니었습니다. 그래서 이것은 사실이 아니므로 사인할 수 없다고 했습니다. 그는 섭섭해 했습니다. 다른 목사님들은 다 이런 서류에 사인을 해 주는데 김 목사는 왜 못 해주냐고 불평했습니다. 그러나 기도는 해주겠다고 했습니다. 그리고 정당한 방법으로 해결되도록 저는 그분과 같이 기도했습니다. 얼마 후에 정당한 방법으로 그 문제가 해결되었습니다. 만일 그때 서류에 사인을 했으면 그분이 저에게 고마워하기는 했겠으나 한편으로는 많은 실망을 했을 것입니다. 그러나 그렇게 하지 않았기에 그분도 떳떳하고 저도 가짜 서류에 서명을 하지 않아도 됐습니다.

자기 자신들이 일을 저질러 놓고 하나님을 원망할 때가 종종 있는 것을 봅니다. 이스라엘 사람들처럼 말입니다. 우리는 행동이나 말을 조심스럽게 해야 합니다. 저는 보증 서지 말라고 말합니다. 성도들 간에 보증을 서서 상처당하는 일이 자주 있습니다. 줄 수 있는 돈이 있으면 없어질 셈치고 미련 없이 빌려 주는 것은 괜찮습니다. 어떤 일이든 하나님이 주시는 돈을 가지고 일을 해야 합니다. 그렇지 않으면 많은 문제들이 생기는 것을 자주 봅니다.

음모를 꾸며 동족을 살리다

이스라엘 백성들은 다음날 일찍 일어나서 제단을 쌓고 번제와 화목제를 드렸습니다. 일은 자기 맘대로 하면서 제사는 꼬박꼬박 드리는 것을 봅니다. 제사만 제대로 드리면 일이 다 됩니까? 신앙은 없고, 종교적인 형식만 갖추면 다 해결되는 것처럼 생각하는 것은 위험합니다. 부정한 방법으로 사업을 하면서도 하나님께 십일조만 드리면 너그러이 봐 주실 것처럼 생각하면 오산입니다. 불법을 저지르면서도 십일조만 드리면 다 되는 것처럼 생각하는 것은 엉터리 신앙입니다.

이스라엘 사람들은 제사를 마치면서 미스바 전쟁에 참여하지 않는 자들을 사형에 처해야 한다고 주장합니다. 제사, 곧 번제와 화목제를 드리고는 전쟁하러 가는 데에 안 도와 준 사람을 찾아 죽이고 말겠다는 것입니다. 이런 모습이 오늘날 우리 교회들에도 있습니다. 어떤 때는 저에게도 이런 모습이 보입니다. 비협력자들을 처형하려고 합니다. 자신의 행동을 제사라는 행위로 정당화합니다. 올바른 생각과 올바른 행동 없이 종교 행위인 예배만 드린다고 자신들의 행동이 정당화되는 것은 아닙니다. 신앙과 생활의 일치가 중요한 것입니다.

전쟁에 동참하지 않았기 때문에 야베스 길르앗 사람들은 다 죽임을 당합니다. 8~9절을 보십시오.

"또 가로되 이스라엘 지파 중 미스바에 올라와서 여호와께 이르지 아니한 자가 누구뇨 하고 본즉 야베스 길르앗에서는 한 사람도 진에 이르러 총회에 참여치 아니하였으니 백성을 계수할 때에 야베스 길르앗 거민이 하나도 거기 없음을 보았음이라."

미스바 전쟁에 야베스 길르앗 사람들이 한 명도 참여하지 않았다는 것이 드러나자 회중들은 12,000명의 군대를 보내서 그 도시의 남자, 여자, 어린아이 할 것 없이 모두 죽입니다. 과격한 행동입니다. 그리고 처녀 400명만 남겨 놓았습니다. 그들을 실로로 데려와서는 살아남아 있는 베냐민 남자들과 강제 결혼을 시킵니다. 처녀들의 부모와 동생들은 다 죽였습니다. 그 결혼이 행복하겠습니까? 비참한 일입니다.

결혼한 베냐민 남자들은 파괴된 야베스 길르앗에 와서 살았습니다. 이스라엘 백성들은 거의 멸절한 베냐민 지파의 형편을 보고 슬퍼했습니다. 그나마 조금의 동족애는 남아 있었습니다. 여자 400명이 있으나 아직도 200명의 여자가 모자라지 않습니까? 그들은 서원을 했기 때문에 자기들의 딸을 베냐민 사람들과 결혼시킬 수 없었습니다. 그래서 꾀를 썼습니다. 실로의 여자들을 납치하는 일을 생각해 낸 것입니다.

실로에서 열리는 연내 절기 잔치 때에 실로의 딸들이 나와서 춤을 추는 동안에 베냐민 남자들이 여자들 200명을 납치하라고 지시했습니다. 만일 실로 사람들이 항의하면 베냐민 사람들에게 은혜를 베풀어 주라고, 다 죽여 버릴 수도 있다고, 강제로 빼앗아 가는 것보다 낫지 않겠느냐고 장로들이 말했습니다. 영적으로 잘못되니까 엄청난 일들이 나타납니다.

실로 사람들도 딸들을 베냐민 사람들에게 주지 않겠다고 서약했지만, 실로 사람들이 자원해서 주는 것이 아니고 베냐민 사람들이 강제로 납치해 가는 것이기 때문에 실로 사람들이 서약을 파기하는 것이 아니니까 죄가 없다고 스스로 판단하는 것입니다. 쓸데없는 서약 하나 때문에 별 일들이 다 일어납니다.

그래서 베냐민 남자들은 실로 처녀들을 납치해 왔습니다. 납치해서 아내로 삼아 폐허가 된 도시를 재건하고 그곳에서 살았습니다. 전쟁에서 생긴 문제를 다 해결하고 나서는 모두 자기 거처로 돌아갔습니다. 그리고 25절에 보면 이스라엘에 왕이 없으므로 사람이 각각 그 소견에 옳은 대로 행했다고 함으로써 사사기를 맺고 있습니다. 이는 왕정 체제의 불가피성을 말하는 것입니다.

이제 사사기를 맺습니다. 여호수아와 사사기는 많은 대조를 이룹니다. 여호수아 서는 순종과 승리가 특징이지만 사사기는 불순종과 패배가 두드러지게 보입니다. 불신자들과 결혼했고 하나님과 우상을 섞어서 영적 혼합주의를 만들었습니다. 개인과 가정과 국가가 타락하여 강력했던 이스라엘은 약한 민족이 되어 버리고 말았습니다. 수차례 외세의 침략을 경험했고 많은 고난도 받았습니다. 때때로 회개하고 주님께 돌아왔으나 또다시 타락하는 모습을 볼 수 있습니다. 인간의 모습과 국가의 모습이 어찌 그렇게 비슷한지 모르겠습니다.

이 시대는 강력한 영적 리더를 필요로 합니다. 믿지 않는 사람과 믿어도 제대로 믿지 않는 사람에게 하나님의 말씀을 선포해야 합니다. "주의 말씀은 내 발의 등이요 내 길의 빛"이라는 시편의 말씀처럼, 하나님 말씀이 우리 삶의 기준이 되도록 이끌어 주어야 합니다. 각자가 먼저 영적 리더가 되어야 합니다.

저는 사사기를 보면서 이스라엘 사람들이 참 나쁘고 어리석다고 생각했습니다. 그런데 문득 이스라엘의 모습이 바로 우리 자신의 모습이라는 사실을 발견하고는 깜짝 놀랐습니다. 이스라엘 사람이 나쁘다고 손가락질을 한참 하다 보니 세 손가락이 나를 가리키고 있었습니다. 한 손가락으로는 이스라엘을 가리켰는데 나머지 세 손가락이 나를 향해 "그게 바로 너야!" 라고 하는 것이었습니다. 충격이었습니다.

하나님은 죄를 그대로 두지 않습니다. 죄에는 형벌이 따른다는 교훈과 경고를 주님은 우리에게 남겨 주셨습니다. 여호수아에게 주신 말씀을 언제나 경청하고 따라야 하겠다고 결단합니다. 여호수아 1:8을 읽으며 사사기 강해를 끝내기로 하겠습니다.

> "이 율법책을 네 입에서 떠나지 말게 하며 주야로 그것을 묵상하여 그 가운데 기록한 대로 다 지켜 행하라 그리하면 네 길이 평탄하게 될 것이라 네가 형통하리라."

여러분과 저에게는 사사기보다는 여호수아의 성공된 삶이 계속되기를 간절히 바랍니다.